Konrad Lemnitzer, Wolfgang Jaeger,
Harald Schwiewagner, Rodrigo Fernandez

Kompendium Schulrecht und Schulkunde in Bayern

Mit methodischen Hinweisen, Fragen und Fallbeispielen für die Prüfung

Klett | Kallmeyer

Unter **www.friedrich-verlag.de** finden Sie Materialien zum Buch als Download.
Bitte geben Sie den achtstelligen Download-Code in das Suchfeld ein:
d31760kb

Bibliografische Information der Deutschen Nationalbibliothek
Die Deutsche Nationalbibliothek verzeichnet diese Publikation in der Deutschen Nationalbibliografie; detaillierte bibliografische Daten sind im Internet über http://dnb.d-nb.de abrufbar.

Impressum

Konrad Lemnitzer, Wolfgang Jaeger, Harald Schwiewagner, Rodrigo Fernandez
Kompendium Schulrecht und Schulkunde in Bayern
Mit methodischen Hinweisen, Fragen und Fallbeispielen für die Prüfung

3. Auflage

Friedrich Verlag GmbH
Luisenstraße 9
D-30159 Hannover

www.friedrich-verlag.de

Redaktion: Stefan Hellriegel, Berlin
Illustrationen: Hendrik Kranenberg, Drolshagen (Claus Heiner), Rodrigo Fernandez (MEET-Seiten)
Druck: Gutenberg Beuys Feindruckerei GmbH, Hans-Böckler-Straße 52, 30851 Langenhagen
Printed in Germany

Für Fragen oder Hinweise zur Produktsicherheit unserer Publikationen wenden Sie sich bitte an folgende E-Mail-Adresse: produktsicherheit@friedrich-verlag.de.Unsere Produkte erfüllen die Anforderungen der EU-Produktsicherheitsverordnung (GPSR).

ISBN (print): 978-3-7727-1760-4
ISBN (E-Book): 978-3-7727-1761-1

Konrad Lemnitzer, Wolfgang Jaeger,
Harald Schwiewagner, Rodrigo Fernandez

Kompendium Schulrecht und Schulkunde in Bayern

Mit methodischen Hinweisen, Fragen und Fallbeispielen für die Prüfung

Klett | Kallmeyer

Inhalt

Grußwort des BLLV ... 7

Vorwort ... 9

1 Rechtliche Grundlagen ... 11
oder *Am Anfang war die Nummer*

1.1 *MEET* – Methoden erschließen Themen ... 12
1.2 Oberste Bildungsziele ... 14
1.3 Grundlagen des Schulbetriebes ... 19
1.4 *KNOW* – Karten nennen und organisieren Wissen ... 22

2 Schulkundliches Wissen ... 23
oder *Falten und lochen*

2.1 *MEET* – Methoden erschließen Themen ... 24
2.2 Darstellung des gegliederten Schulwesens ... 26
2.3 Schulaufsicht ... 33
2.4 Die Schulleitung ... 38
2.5 Lehr- und Lernmittel ... 41
2.6 *KNOW* – Karten nennen und organisieren Wissen ... 45

3 Vom Kindergarten bis zum Berufsbeginn ... 47
oder *Schuster, bleib bei deiner Leistung!*

3.1 *MEET* – Methoden erschließen Themen ... 48
3.2 Vom Kindergarten in die Grundschule ... 50
3.3 Einschulung und Schulbesuch ... 55
3.4 Leistungsnachweise ... 60
3.5 Zeugnisse und Lernentwicklungsgespräche ... 71
3.6 *KNOW* – Karten nennen und organisieren Wissen ... 78

3.7 *MEET* – Methoden erschließen Themen 80
3.8 Vorrücken und Wiederholen 82
3.9 Übertrittsverfahren 87
3.10 Abschlüsse an der Mittelschule, Zeugnisse und damit verbundene Berechtigungen 92
3.11 *KNOW* – Karten nennen und organisieren Wissen 101

4 Rechte und Pflichten der Schüler:innen 103
oder *Me, myself and I*

4.1 *MEET* – Methoden erschließen Themen 104
4.2 Rechte und Pflichten allgemein 106
4.3 Hausaufgaben 110
4.4 Erziehungs- und Ordnungsmaßnahmen 113
4.5 Schüler:innen mit nichtdeutscher Muttersprache 117
4.6 Schüler:innen mit sonderpädagogischem Förderbedarf 121
4.7 SMV: Schüler:innenmitverantwortung 129
4.8 *KNOW* – Karten nennen und organisieren Wissen 134

5 Kooperationen 137
oder *Teamwork makes the dream work*

5.1 *MEET* – Methoden erschließen Themen 138
5.2 Rechte und Pflichten der Erziehungsberechtigten 140
5.3 Elternvertretung 143
5.4 Schulforum an Mittelschulen 146
5.5 MSD 148
5.6 Förderzentrum 151
5.7 Schulberatung 157
5.8 Schulische und außerschulische Betreuung 160
5.9 *KNOW* – Karten nennen und organisieren Wissen 165

6 Rechte und Pflichten der Lehrkräfte 167
oder *Wer kann, der kann müssen*

6.1 *MEET* – Methoden erschließen Themen 168
6.2 Überblick über Rechte und Pflichten 170
6.3 Die Aufsichtspflicht 176
6.4 Amtliches Schriftwesen 181
6.5 Lehrkräftekonferenz 190
6.6 Personalvertretung 193
6.7 *KNOW* – Karten nennen und organisieren Wissen 197

7 Weiteres schulkundliches Wissen 199
oder *The show must go on*

7.1 *MEET* – Methoden erschließen Themen 200
7.2 Familien- und Sexualerziehung 202
7.3 Umwelterziehung 207
7.4 Mobilitäts- und Verkehrserziehung in der Grund- und Mittelschule 211
7.5 *KNOW* – Karten nennen und organisieren Wissen 215

Literatur/Quellen 219

Grußwort des Bayerischen Lehrer- und Lehrerinnenverbands (BLLV)

Sehr geehrte Damen und Herren,
liebe Kolleginnen und Kollegen,

mit dem vorliegenden *Kompendium Schulrecht und Schulkunde in Bayern* haben Sie die richtige Wahl getroffen, um sich auf aktuelle und moderne Art und Weise über alle Aspekte dieses weitläufigen inhaltlichen Felds optimal informieren zu können.

Auch wenn vielleicht Schulrecht und Schulkunde in all seinen Tiefen nicht für alle immer das beliebteste Fach in der Lehrerbildung sein dürfte.

Auch wenn man es vielleicht erst einmal in der Vorstellung dessen, wofür dieses Wissen notwendig ist, eher mit nicht sehr positiven Erlebnissen in Verbindung bringen dürfte.

Auch wenn sich vielleicht viele von Ihnen doch lieber mit rein pädagogischen Themen beschäftigen wollen würden.

Sicher werden die hier angeführten Annahmen nicht alle dem Themenkomplex gerecht. Denn Schulrecht und Schulkunde sind so ungemein wichtig für uns alle als Lehrkräfte.

Selbstverständlich wollen wir alle exzellente Pädagoginnen und Pädagogen sein. Wir wollen den gesamten pädagogischen Instrumentenkasten verwenden, um abwechslungsreichen, individuellen und ganzheitlichen Unterricht halten zu konnen. Wir wollen für dieses Ziel gemeinsam mit den Kolleginnen und Kollegen aller Professionen im Team eng zusammenarbeiten. Genau für all die genannten Punkte ist es unabdingbar, alle Ebenen von Schulrecht und Schulkunde genau zu kennen. Denn man muss die Rahmenbedingungen in Gänze kennen, um sich richtig verhalten zu können.

Dennoch steht für uns eines fest: All die Regelungen und Informationen sollten einen Rahmen bieten, innerhalb dessen man eine Schule so machen kann, dass diese für alle Beteiligten bestmöglich ausgestaltet ist.

Angehende Lehrerinnen und Lehrer müssen sich für ihren Beruf aber auch mit diffizilen Themen auseinandersetzen, die am Arbeitsplatz Schule konkrete Realität darstellen können – Konflikte aus unterschiedlichen und meist nachvollziehbaren Gründen, die alle an Schule Beteiligte haben:

- Schüler, die aus vielen möglichen Gründen ein schwieriges Verhalten an den Tag legen, und Lehrkräfte, die damit pädagogisch, aber eben auch disziplinarisch umgehen müssen.
- Eltern, die im Grunde das Beste für ihre Kinder wollen, aber sich manchmal nicht anders zu helfen wissen, als auf vielfältige Art und Weise Druck auf die Lehrkräfte auszuüben. Manchmal auch Druck juristischer Natur.

Für rechtlichen Beistand steht die Rechtsabteilung des Bayerischen Lehrer- und Lehrerinnenverbands allen Mitgliedern jederzeit mit Rat und Tat zur Verfügung. Aber auch bei allen anderen Fragen und Problemen, die sich aus der Tätigkeit als Lehrkraft ergeben, ist der BLLV stets für seine Mitglieder da. Die Expertise von 67.000 Mitgliedern und tausenden Mandatsträgern in ganz Bayern kommt jedem Mitglied zugute – seit nun fast 200 Jahren sind wir stark an der Seite unserer Mitglieder.

Denn Schule wird von Menschen für Menschen gemacht, und Menschen machen eben auch Fehler. Um sich als Lehrkraft jedoch auch in schwierigen Situationen schützen zu können, muss man zuallererst bestens informiert sein.

Diese Informationen bietet das *Kompendium Schulrecht und Schulkunde*, welches Ihnen nun vorliegt.

Mittels einer Vielzahl von abwechslungsreichen Methoden können Sie sich auf alle Prüfungen und den schulischen Alltag vorbereiten: Wie sehen beispielsweise die rechtlichen Grundlagen von Schule aus? Die obersten Bildungsziele? Was ist Auftrag und Aufgabe von Schule? Wie genau ist das Schulwesen gegliedert? Welche Ebenen gibt es darin und was genau ist die Aufgabe von Schulaufsicht und Schulleitung? Wie ist das Thema Lehr- und Lernmittel konkret geregelt?

Wenn man sich die Zeit vom Kindergarten bis zum Berufsbeginn betrachtet: Wie genau ist die Grundschule aufgebaut? Wie sieht dies für Einschulung und Schulbesuch aus? Wie steht es um Leistungsnachweise und Hausaufgaben? Was muss man bei einer Zeugniserstellung beachten?

Was sind die Rechte und Pflichten der Schülerinnen und Schüler? Was muss ich bei Hausaufgaben oder Erziehungs- und Ordnungsmaßnahmen beachten? Was bei Schülerinnen und Schülern mit nichtdeutscher Muttersprache? Was bei Schülerinnen und Schülern mit sonderpädagogischem Förderbedarf? Wie funktioniert die Schülermitverwaltung?

Welche Rechte und Pflichten habe ich als Lehrkraft? Wie steht es um die Aufsichtspflicht, die Teilnahme am Unterricht, das amtliche Schriftwesen oder die Lehrerkonferenz?

Und es gibt noch sehr viel mehr in diesem Kompendium zu entdecken!

Wir wünschen Ihnen allen nun eine optimale Vorbereitung, erfolgreiche Prüfungen und einen gelungenen Einstieg in die Tätigkeit als Lehrkraft!

Simone Fleischmann
Präsidentin des Bayerischen Lehrer- und Lehrerinnenverbands (BLLV)

Gerd Nitschke
1. Vizepräsident des Bayerischen Lehrer- und Lehrerinnenverbands (BLLV)

Vorwort

Wenn es um eine geregelte und faire Bildung geht, spielt gerade in den ersten prägenden Jahren im schulischen Leben eines Kindes das Schulrecht eine zentrale Rolle. Für alle Beteiligten in der Schulfamilie ist es darum wichtig, dass Rechte und Pflichten im gesamten Kontext klar definiert sind und Orientierung bieten.

Das von Konrad Lemnitzer, Wolfgang Jaeger und Robert Weber (†) verfasste *Kompendium Schulrecht und Schulkunde in Bayern* erschien erstmals 1999 und wurde letztmals 2017 aktualisiert. Die hier vorliegende Neubearbeitung basiert in weiten Teilen auf dem Text der alten Ausgabe, daher werden Konrad Lemnitzer und Wolfgang Jaeger als Co-Autoren dieser Ausgabe aufgeführt. Lassen wir nun weitere Beteiligte direkt zu Wort kommen:

Claus Heiner (ein Lehramtsanwärter): Dann feiert das *Kompendium* ja bald seinen 25. Geburtstag und ist damit älter als ich. Aber was ist denn nun neu?

Rodrigo: Wir haben das *Kompendium* inhaltlich auf den aktuellen Stand gebracht und dabei versucht, uns auf das Wesentliche zu konzentrieren – das, was im Lehramtsstudium auch prüfungsrelevant ist. Zum Beispiel haben wir die Kapitel neu strukturiert und den Gesamtumfang des Bandes deutlich gestrafft – wir sind uns schließlich bewusst, dass für Lehramtsanwärter:innen das Thema Schulrecht nicht immer ganz oben auf der Beliebtheitsskala steht.

Claus Heiner: Ja, das muss ich zugeben. Vor allem wünschte ich mir, Gesetzestexte müssten nicht so trocken vermittelt werden.

Harald: Deshalb haben wir auch einen Doppelgänger von dir geschaffen. Die Figur Claus Heiner begleitet die Leser:innen beim Studium des Kompendiums mit kleinen, teils witzigen Episoden aus seinem Leben als Lehramtsanwärter durch das ganze Buch. Sie erzählen u. a. davon, wie er sich auf die Schulrechtsprüfung vorbereitet und nicht zum Lernen kommt. Mit diesen Episoden wollten wir die Studier- und Lernphasen etwas auflockern.

Claus Heiner: Immer gut, wenn es auch etwas zum Schmunzeln gibt. Ich habe schon alle diese Kurzgeschichten durchgelesen. Zum Glück gibt es am Schluss ein Happy End. Und was ist noch neu?

Rodrigo: Ebenfalls neu sind die *MEET-Methodenseiten* und die *KNOW-Karten*, die das Wichtigste in einer Art „Spickzettel“ zusammenfassen.

Claus Heiner: Also doch ein ganz neues oder zumindest anderes Buch?

Harald: Es gibt auch viel Bewährtes, das wir aus den früheren Auflagen übernommen haben. Aber wir haben intensiv am Layout gefeilt, um die wichtigen Themen rund ums Schulrecht interessant und informativ zu gestalten.

Claus Heiner: Kommen wir nochmals auf die Autoren Herrn Lemnitzer und Herrn Jaeger zurück, die in unserem Interview ja nicht zu Wort kommen.

Rodrigo: Dafür ist ihr geschriebenes Wort aus den früheren Ausgaben besonders gewichtig. Viele Informationen und Beiträge aus dem bisherigen *Kompendium* haben wir teils direkt übernommen, weil sie zeitlos sind, teils in einen neuen Kontext gestellt, wenn sich z. B. die Gesetzeslage geändert hat.

Claus Heiner: Ich sehe vor jedem großen Kapitel zwei Seiten eines *MEET*-Methodenarrangements. Ein Kompendium mit methodischem Anspruch?

Harald: Dieses Buch dient als Grundlage oder Hilfe für alle am Schulrecht interessierten Kolleg:innen. Bei den Methodikseiten haben wir vor allem an die Seminare gedacht, die sich die Inhalte der einzelnen Kapitel auf abwechslungsreiche Art und Weise aneignen wollen, um sich für ihren Alltag und auf ihre Prüfungen vorzubereiten. Diese Seiten dienen als Anregung und können flexibel eingesetzt werden. – Sind dir übrigens auch die Prüfungsfragen und Fälle aufgefallen, die immer wieder zwischen den einzelnen Kapiteln auftauchen?

Claus Heiner: Muss ich am Ende des Kompendiums etwa eine Prüfung ablegen?

Harald: Nein, du doch nicht, bloß dein Doppelgänger im Buch. Für alle Lehramtsanwärter:innen, die sich auf die Prüfung vorbereiten, sollen die Prüfungsfragen und dargestellten Fälle Impulse darstellen, die vielleicht genauso oder ähnlich in einer Prüfungssituation vorkommen könnten.

Claus Heiner: Und die ganzen Gesetzestexte – muss ich die auch alle lesen?

Rodrigo: Viele ausgesuchte Paragraphen und Artikel sind aufgeführt, damit die Lesenden den Wortlaut im Original nachvollziehen können. Diese Quellen sind ein wesentlicher Bestandteil in unserer Berufswelt und als Fundament für die Vorbereitung unumgänglich. Allerdings sind sie in einen nachvollziehbaren Kontext eingebettet, um den Lese- und Lernprozess zu erleichtern.

Claus Heiner: Mir sind die *KNOW*-Lernkarteien am Ende jedes Kapitels aufgefallen, die viele Informationen kurz zusammenfassen. Zum Lernen ist das sicher eine große Hilfe. Die würde ich mir sofort rauskopieren.

Rodrigo: Brauchst du nicht. Es gibt einen Downloadbereich, in dem alle Karteikarten zu finden sind (siehe Seite 224).

Claus Heiner: Herzlichen Dank für das Vorwort, äh ... das Interview. Jetzt habe ich das neue Konzept des Kompendiums verstanden.

Harald: Und selbstverständlich wünschen wir allen Lehramtsanwärter:innen viel Erfolg für ihre Prüfungen und allen anderen Kolleg:innen interessante Lesemomente, wenn sie in die Schulrechtsmaterie eintauchen.

Harald Schwiewagner und Rodrigo Fernandez
(im Interview mit dem Lehramtsanwärter Claus Heiner)

1 Rechtliche Grundlagen

oder Am Anfang war die Nummer

Wie am Anfang die Entdeckung des Feuers den Beginn der Zivilisation einleitete, so schafft die „Nummer“ 131 der Bayerischen Verfassung die schulrechtliche Menschwerdung der modernen Lehrkräfteschaft. Lassen Sie dieses Feuer nie ausgehen. Dieses Kapitel bietet die rechtliche Fundierung für die gesamten Inhalte dieses Buches.

Am Anfang finden Sie *MEET-Methodenvorschläge* für das Seminar zur Erschließung der Inhalte. Kooperative Lernformen werden in diesem wie in allen weiteren Kapiteln eine wichtige Grundlage darstellen.
Die folgenden *obersten Bildungsziele* leiten sich aus der Bayerischen Verfassung ab. Die *Grundlagen des Schulbetriebs* finden sich im Bayerischen Gesetz über das Erziehungs- und Unterrichtswesen.
Im Fokus befindet sich die Beschulung unserer Schüler:innen, gefolgt von Hinweisen, was und wie von den Grund- und Mittelschulen umgesetzt werden soll. Es geht um die Übertragung des elterlichen Rechts zur Erziehung an die Schulen und deren zwangsläufige strikte Befolgung diverser Werte.
Zahlreiche Unterpunkte der Bayerischen Verfassung wie auch im BayEUG untermauern die vorherigen Ausführungen.
Die Seite *KNOW – Karten nennen und organisieren das Nötigste* fasst die beiden Kapitel in Form von Spickzetteln zusammen.

Claus Heiner nimmt sich die Nummern zur Brust, auf denen das Schulwesen aufbaut!

1.1 MEET – Methoden erschließen Themen

Brainstorming als Kartenabfrage

Die Seminarteilnehmer:innen notieren ihnen bereits bekannte Bildungsziele auf je einer Wortkarte und hängen diese an einer Pinnwand auf.

Gesetzescheck mit dem Schulrechtskompendium oder der BV

Die Seminarteilnehmer:innen betrachten den Gesetzestext aus der Bayerischen Verfassung (BV) und vervollständigen die Karten an der Flipchart. Karten, die nicht passen, sowie doppelt vorhandene werden aussortiert. Es sollten acht Karten (analog zu den acht obersten Bildungszielen aus dem Kompendium) übrigbleiben.

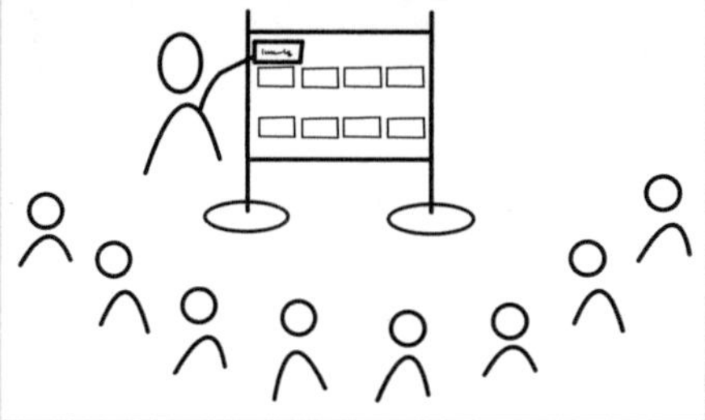

Recherchezeit

Die Seminarteilnehmer:innen wählen eine Karte mit einem Bildungsziel aus, schreiben ihren Titel auf die Vorderseite und eine Erklärung dazu auf die Rückseite. Die Rückseiten werden auf dem Kopf beschrieben. Die Seminarteilnehmer:innen können auch mehrere Karten produzieren.

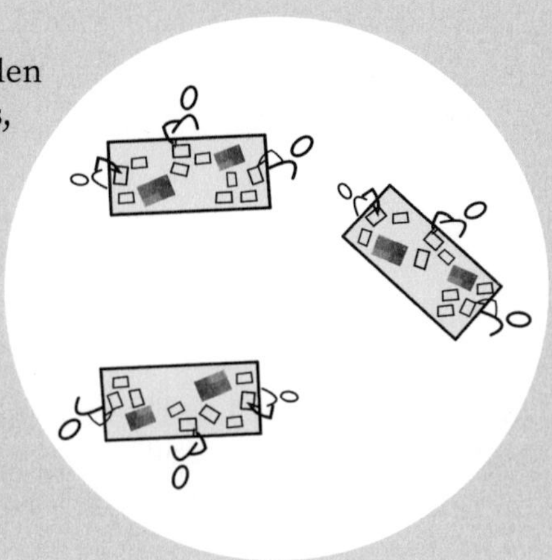

Austausch der Inhalte als „wandelnde Informationssäulen"

Im Anschluss heften die Seminarteilnehmer:innen die Karten an ihre Körper (bitte unverfängliche Stellen) und laufen durch den Raum. Wenn Sie auf eine weitere Person treffen, fragen sie nach dem Inhalt einer angehefteten Karte des Gegenübers. Zur Kontrolle, Erinnerung oder Absicherung kann diese Karte angehoben und mit dem Gesprächsinhalt verglichen werden. So werden zahlreiche Ergebnisse erneut verbalisiert.

Gemeinsame Präsentation mit Fragerunde

Im Plenum werden nun einzelne (oder alle) Inhalte anhand der Karten noch einmal vorgestellt. Wichtig ist, dass die Seminarteilnehmer:innen die Karten anderer präsentieren. Alternativ ist ein Vergleich mit den BayEUG-Inhalten denkbar.

➔ Alternative Methoden finden Sie zu Beginn jedes weiteren Kapitels.

1.2 Oberste Bildungsziele

Rechtsgrundlagen zur Thematik „oberste Bildungsziele“

Die obersten Bildungsziele sind in Art. 131 der Bayerischen Verfassung (BV), also im wichtigsten bayerischen Gesetzeswerk, niedergelegt:

§

BV Art. 131 (Bildungsaufgabe, oberste Bildungsziele)

(1) Die Schulen sollen nicht nur Wissen und Können vermitteln, sondern auch Herz und Charakter bilden.

(2) Oberste Bildungsziele sind Ehrfurcht vor Gott, Achtung vor religiöser Überzeugung und vor der Würde des Menschen, Selbstbeherrschung, Verantwortungsgefühl und Verantwortungsfreudigkeit, Hilfsbereitschaft, Aufgeschlossenheit für alles Wahre, Gute und Schöne und Verantwortungsbewußtsein für Natur und Umwelt.

(3) Die Schüler sind im Geiste der Demokratie, in der Liebe zur bayerischen Heimat und zum deutschen Volk und im Sinne der Völkerversöhnung zu erziehen.

(4) Die Mädchen und Buben sind außerdem in der Säuglingspflege, Kindererziehung und Hauswirtschaft besonders zu unterweisen.

Oberste Bildungsziele

Rechtsgrundlagen der obersten Bildungsziele:	Einzeldarstellung der obersten Bildungsziele:
• Art. 128 BV: Anspruch auf Bildung • Art. 129 BV: Schulpflicht • Art. 130 BV: Schulaufsicht durch den Staat • Art. 1 BayEUG: Bildungs- und Erziehungsauftrag • Art. 2 BayEUG: Aufgaben der Schulen	• Ehrfurcht vor Gott • Achtung vor religiöser Überzeugung und vor der Würde des Menschen • Selbstbeherrschung • Verantwortungsgefühl und Verantwortungsfreudigkeit, Hilfsbereitschaft • Aufgeschlossenheit für alles Wahre, Gute und Schöne • Verantwortungsbewusstsein für Natur und Umwelt • Erziehung im Geiste der Demokratie • Liebe zur bayerischen Heimat und zum deutschen Volk • Erziehung im Sinne der Völkerversöhnung

Oberste Bildungsziele und ihre Verwirklichung

Einzeldarstellung der obersten Bildungsziele

(1) Ehrfurcht vor Gott, Achtung vor religiöser Überzeugung

Diese Formulierung des Art. 131 BV ist kein Bekenntnis zu einer bestimmten Religion. Die Achtung vor religiöser Überzeugung gebietet, die Ehrfurcht eines Menschen vor Gott zu respektieren. Deshalb bedeutet Toleranz in einer pluralen Gesellschaft, sich gegenseitig die Freiheit zur Religionsausübung wie auch die Freiheit von ihr zu gewähren. Also dürfen Erziehungsberechtigte und religionsmündige Schüler:innen, die Atheist:innen sind, eine Erziehung zur Ehrfurcht vor Gott ablehnen.

Für die schulische Erziehung folgt aus dem Gebot der Toleranz der Verzicht auf Indoktrination. Die Schule darf religiöse Überzeugungen nicht aufdrängen oder gar missionarisch wirken und die Verbindlichkeit christlicher Glaubensinhalte für alle festlegen. Sie muss auch für andere weltanschauliche und religiöse Inhalte und Werte in der Weise offen sein, dass deren Anhänger:innen gleichberechtigt in die Schulgemeinschaft integriert werden und weder rechtlich noch faktisch einem Zwang ausgesetzt sind. Die Schule muss die Frage nach dem Sinn des Lebens und nach Gott stellen, weil den Schüler:innen die Chance geboten werden soll, die Sinnerfüllung ihres Lebens aus einer Glaubenshaltung heraus zu gewinnen.

Schulische Maßnahmen zur Unterstützung dieses Bildungsziels:

- Durchführung von Schulgottesdiensten und -andachten; Schulgebet;
- Anbringen eines Kreuzes in jedem Klassenraum (Art. 7 Abs. 4 BayEUG);
- Religionsunterricht als ordentliches Lehrfach (Pflicht- bzw. Vorrückungsfach);
- Beurlaubung von Schüler:innen zur Erfüllung ihrer religiösen Pflichten nach den Bestimmungen der jeweiligen Kirche.

Claus Heiner studiert das Kompendium

... Claus Heiner L. hat es geschafft. Er ist jetzt Lehramtsanwärter und stolz auf seine allererste Klassenleitung. Diese Woche hat er ganz viele Arbeitsblätterstapel zum Korrigieren nach Hause mitgenommen. Zum Glück hat seine umsorgende und auch etwas esoterische Mutter beim Kochen und Putzen geholfen, während er nach der Schule noch im Fitnessstudio war. Als er nach Hause kommt, findet er eine Notiz von ihr auf dem Schreibtisch: „Schatzilein, ich habe das gesamte Altpapier und die ganzen Stapel von deinem Schreibtisch bereits zum Wertstoffhof gebracht ..."

to be continued ...

(2) Achtung vor der Würde des Menschen

Die Würde des Menschen ist unantastbar. Sie kann nicht verwirkt und darf nicht eingeschränkt werden. Die Würde des Menschen wird nur dann geachtet, wenn die Menschen ihr Leben in Freiheit gestalten können und wenn sie jedem anderen diese Freiheit zu lassen bereit sind. Alle Menschen sind unverwechselbare und einmalige Personen. Bei der Behauptung und Entfaltung ihrer Personen sind die Menschen auf die Hilfe anderer angewiesen. Selbstentfaltung darf nicht verwechselt werden mit egoistischer Verabsolutierung des eigenen Ichs.

(3) Selbstbeherrschung, Verantwortungsgefühl, Verantwortungsfreudigkeit und Hilfsbereitschaft

Diese Bildungsziele zielen auf charakterliche Eigenschaften, die vor allem zu sozialem Handeln befähigen sollen. Soziale Verantwortung und soziales Handeln sind Ausdruck der gemeinschaftsgebundenen Persönlichkeit, wie sie dem vorangestellten Ziel der Achtung vor der Menschenwürde entspricht. Alle Menschen sind auf Gemeinschaft angewiesen.

(4) Aufgeschlossenheit für alles Wahre, Gute und Schöne

Dieses Bildungsziel betrifft ethische und ästhetische Wertvorstellungen, die sich in der abendländischen Geschichte entwickelt haben. Wegen der großen Vielfalt heutiger Meinungen und Werthaltungen steht die Schule hier vor einer besonders schwierigen Aufgabe. Die Schule soll sich dieser Situation stellen. In der Auseinandersetzung mit Gegenwart und Tradition soll gezeigt werden, dass auch unsere Generation wie jede vor ihr vor die Aufgabe gestellt wird, im wissenschaftlichen, philosophischen, ästhetischen und ethischen Bereich ein Wertbewusstsein zu entwickeln und Maßstäbe zu finden.

(5) Verantwortungsbewusstsein für Natur und Umwelt

Dieses Bildungsziel zielt darauf, die natürlichen Lebensgrundlagen zu schützen. Diesem Erziehungsziel muss in der Schule angesichts der zunehmenden Bedrohung der natürlichen Lebensgrundlagen erhöhte Bedeutung zugemessen werden. Erklärtes Ziel dieser Umwelterziehung muss es daher sein, eine grundlegende Neuorientierung der menschlichen Denkgewohnheiten gegenüber der natürlichen, sozialen und kulturellen Mitwelt anzustreben.

Der neue Ansatz der Umweltbildung besteht darin, dass sie das zentrale Anliegen der Bildung für eine nachhaltige Entwicklung ist. In ihr überschneiden sich ökologische Fragen, ökonomische Problemstellungen und Aspekte sozialer Entwicklungen in der *Einen Welt*. Eine wichtige Basis ist der verantwortungsbewusste Umgang mit Natur und Umwelt, der von Kindern und Jugendlichen selbst erlernt werden muss. Es geht darum, Kinder und Jugendliche zu befähigen, dass sie altersangemessen aktiv am gesellschaftlichen Geschehen teilhaben (Partizipation) und es mitgestalten können (Gestaltungskompetenz). Umweltbildung ist Teil politischer Bildung.

(6) Erziehung im Geiste der Demokratie

Im Geiste der Demokratie zu erziehen, bedeutet die Erziehung zu einer positiven Einstellung zur freiheitlichen demokratischen Grundordnung im Sinne des Grundgesetzes und der Bayerischen Verfassung. Die freiheitliche demokratische Grundordnung ist eine Ordnung, die unter Ausschluss jeglicher Gewalt- und Willkürherrschaft eine rechtsstaatliche Herrschaftsordnung auf der Grundlage der Selbstbestimmung des Volkes nach dem Willen der jeweiligen Mehrheit und der Freiheit und Gleichheit darstellt.

Demokratisches Zusammenleben beginnt in Familie, Kindergarten und Schule und muss im wahrsten Sinne des Wortes *erlebt* werden. Die Schüler:innen müssen in der Schule zur Teilnahme am politischen Prozess motiviert und befähigt werden.

(7) Erziehung in der Liebe zur bayerischen Heimat und zum deutschen Volk

Dieses Bildungsziel ist Ausdruck einer inneren Bindung, die der Mensch zu größeren Lebenskreisen eingeht, denen er seit seiner Kindheit oder durch späteren Zuzug angehört. Diese Lebenskreise umgreifen die Heimat im engeren Sinne, also die überschaubare, durch Natur und Menschen geprägte Umwelt, aber auch Bayern als geschichtlich gewachsene kulturelle und politische Einheit und das deutsche Volk als eine Lebensgemeinschaft von Menschen, denen das kulturelle Erbe, insbesondere die Sprache, und das historische Schicksal gemeinsam sind.

(8) Erziehung im Geiste der Völkerversöhnung

Die Erziehung zur Völkerversöhnung als staatsbürgerliche Tugend wurzelt in der Einsicht, dass jedem einzelnen Volk ein Recht auf Individualität und Selbstverwirklichung zukommt. Dieses Recht darf allerdings nur unter Beachtung der Bedürfnisse der Mitvölker wahrgenommen werden. Zur Sicherung einer menschenwürdigen Zukunft ist die Verständigung aller Nationen unbedingt notwendig. Die Sicherung des Friedens ist Voraussetzung unserer weiteren Existenz. Im friedlichen Zusammenleben müssen sich die Völker für die Erhaltung unserer aufs Äußerste bedrohten natürlichen Umwelt, die Bekämpfung von Hunger und Not sowie für den behutsamen Umgang mit den Möglichkeiten von Wissenschaft und Technik einsetzen.

Fälle

Der pubertierende Jan-Ödipus (14 Jahre) fragt seine Eltern, warum er überhaupt in die Schule gehen muss. Was bringe das für sein Leben? Die Eltern antworten auf gesetzlicher Grundlage …

Die 8-jährige Corinna fragt ihren Opa, welche Aufgaben die Schule hat. Er schaut selbstverständlich im BayEUG nach. Dann antwortet er: „Die für mich drei wichtigsten Aufgaben von Schule sind: …“

Claus Heiner studiert das Kompendium

Claus Heiner ist mehr als froh, als seine Schüler:innen in den nächsten Tagen nicht mehr nach den versehentlich entsorgten Arbeitsblättern fragen. Jetzt muss er den Rest seines Schriftwesens noch auf Vordermann bringen und vor allem seine Schüler:innnenbeobachtungen komplettieren. Nach einem Hilferuf in der Seminargruppe erhält er einen Internettipp. Er findet einen Zufallsgenerator, der die Seiten für seine Schüler:innen vollständig von selbst ausfüllt. Ab morgen nimmt er sich fest vor, für die mündlichen Prüfungen zu lernen. Auf jeden Fall …

to be continued …

1.3 Grundlagen des Schulbetriebes

Der Bildungs- und Erziehungsauftrag der Schulen nach Art. 1 BayEUG

Den wichtigen Auftrag der Schulen in Bayern fasst neben der Bayerischen Verfassung auch das BayEUG zusammen. Zahlreiche Überschneidungen sind beabsichtigt, schließlich leitet sich das Gesetz von der Verfassung ab. Wichtig ist, dass die Schule eine wichtige Aufgabe der Eltern übernimmt und dies daher entsprechend enger Vorgaben zu erfolgen hat.

§

BayEUG Art. 1 (Bildungs- und Erziehungsauftrag)

(1) Die Schulen haben den in der Verfassung verankerten Bildungs- und Erziehungsauftrag zu verwirklichen. Sie sollen Wissen und Können vermitteln sowie Geist und Körper, Herz und Charakter bilden. Oberste Bildungsziele sind Ehrfurcht vor Gott, Achtung vor religiöser Überzeugung, vor der Würde des Menschen und vor der Gleichberechtigung der Geschlechter, Selbstbeherrschung, Verantwortungsgefühl und Verantwortungsfreudigkeit, Hilfsbereitschaft, Aufgeschlossenheit für alles Wahre, Gute und Schöne und Verantwortungsbewusstsein für Natur, Umwelt, Artenschutz und Artenvielfalt. Die Schülerinnen und Schüler sind im Geist der Demokratie, in der Liebe zur bayerischen Heimat und zum deutschen Volk und im Sinn der Völkerversöhnung zu erziehen.

(2) Bei der Erfüllung ihres Auftrages haben die Schulen das verfassungsmäßige Recht der Eltern auf Erziehung ihrer Kinder zu achten.

Beim Durchlesen dieses Artikels 1 des BayEUG ist Ihnen sicherlich aufgefallen, dass sich das Gesetz voll und ganz auf die obersten Bildungsziele der Bayerischen Verfassung bezieht. In Abs. 2 wird auf die gemeinsame Erziehungsaufgabe von Elternhaus und Schule, dem Nebeneinander von elterlichem und staatlichem Erziehungsrecht, hingewiesen.

Aufgaben der Schulen nach Art. 2 BayEUG

Art. 2 erweitert, vertieft und präzisiert die Bestimmungen des Art. 1. Die Aufzählung der Aufgaben ist aber nicht vollständig und abschließend; dies ergibt sich aus dem Wort „insbesondere“ in der Eingangsformulierung. Die Reihenfolge der einzelnen Aufgaben bedeutet auch keine Rangfolge oder Aussage über die Bedeutsamkeit. Außerdem werden die wichtigen Protagonisten im schulischen Umfeld genannt. Deren Zusammenarbeit und gegenseitige Offenheit ermöglichen eine individuelle Ergänzung oder Präzisierung einzelner Unterpunkte. So ist die Einführung inklusiver Schulen eine neue begrüßenswerte Entwicklung, die wieder den Elternwillen in den Vordergrund stellt.

§

BayEUG Art. 2 (Aufgaben der Schulen)

(1) Die Schulen haben insbesondere die Aufgabe,

- Kenntnisse und Fertigkeiten zu vermitteln und Fähigkeiten zu entwickeln,
- zu selbständigem Urteil und eigenverantwortlichem Handeln zu befähigen,
- zu verantwortlichem Gebrauch der Freiheit, zu Toleranz, friedlicher Gesinnung und Achtung vor anderen Menschen zu erziehen, zur Anerkennung kultureller und religiöser Werte zu erziehen,
- Kenntnisse von Geschichte, Kultur, Tradition und Brauchtum unter besonderer Berücksichtigung Bayerns zu vermitteln und die Liebe zur Heimat zu wecken,
- zur Förderung des europäischen Bewusstseins beizutragen,
- im Geist der Völkerverständigung zu erziehen und die Integrationsbemühungen von Migrantinnen und Migranten sowie die interkulturelle Kompetenz aller Schülerinnen und Schüler zu unterstützen,
- die Bereitschaft zum Einsatz für den freiheitlich-demokratischen und sozialen Rechtsstaat und zu seiner Verteidigung nach innen und außen zu fördern,
- die Durchsetzung der Gleichberechtigung von Frauen und Männern zu fördern und auf die Beseitigung bestehender Nachteile hinzuwirken,
- die Schülerinnen und Schüler zur gleichberechtigten Wahrnehmung ihrer Rechte und Pflichten in Familie, Staat und Gesellschaft zu befähigen, insbesondere Buben und junge Männer zu ermutigen, ihre künftige Vaterrolle verantwortlich anzunehmen sowie Familien- und Hausarbeit partnerschaftlich zu teilen,
- berufsorientierte Bildung zu vermitteln,
- auf Arbeitswelt und Beruf vorzubereiten, in der Berufswahl zu unterstützen und dabei insbesondere Mädchen und Frauen zu ermutigen, ihr Berufsspektrum zu erweitern,
- Verantwortungsbewusstsein für die Umwelt und Verständnis für die Zusammenhänge nachhaltiger Entwicklung, gesunder Ernährung und verantwortungsvoller landwirtschaftlicher Erzeugung zu wecken.

(2) Inklusiver Unterricht ist Aufgabe aller Schulen.

(3) Die Schulen erschließen den Schülerinnen und Schülern das überlieferte bewährte Bildungsgut und machen sie mit Neuem vertraut.

(4) [1]Die Schulleiterin oder der Schulleiter, die Lehrkräfte, die Schülerinnen und Schüler und ihre Erziehungsberechtigten (Schulgemeinschaft) arbeiten vertrauensvoll zusammen und pflegen eine Kultur der offenen Kommunikation. [2]Mit dem Ziel der Qualitätssicherung und -entwicklung gestaltet die Schule den Unterricht, die Erziehung und das Schulleben sowie die Leitung, Organisation und Verwaltung im Rahmen des verfassungsrechtlichen Bildungsauftrags und der Rechts- und Verwaltungsvorschriften in eigener Verantwortung (eigenverantwortliche Schule). [3]Dabei ist die Schulgemeinschaft bestrebt, das Lernklima und das Schulleben positiv und transparent zu gestalten und Meinungsverschiedenheiten in der Zuständigkeit der in der Schulgemeinschaft Verantwortlichen zu lösen. […]
(5) [1]Die Öffnung der Schule gegenüber ihrem Umfeld ist zu fördern. [2]Die Öffnung erfolgt durch die Zusammenarbeit der Schulen mit außerschulischen Einrichtungen, insbesondere mit Betrieben, Sport- und anderen Vereinen, Kunst- und Musikschulen, freien Trägern der Jugendhilfe, kommunalen und kirchlichen Einrichtungen sowie mit Einrichtungen der Weiterbildung.

Fall

Der Fußballtrainer der Spvgg Fürth der 10-jährigen Jasmin ruft ihren Schulleiter an und fragt nach einer möglichen Kooperation zwischen Schule und Verein.

Schüler:innen sind nach dem Gesetz gleichberechtigt. Wie zeigt sich das in Ihrem Unterricht?

1.4 KNOW – Karten nennen und organisieren Wissen

Oberste Bildungsziele

BV Art. 131:
- „Nicht nur Wissen und Können, sondern auch Herz und Charakter"
- „Ehrfurcht vor Gott": Bekenntnis zur Religion
- „Aufgeschlossenheit für alles Wahre, Gute und Schöne": ethische und ästhetische Wertvorstellungen, die sich in der abendländischen Geschichte entwickelt haben
- „Verantwortungsbewusstsein für Natur und Umwelt": Schützen der natürlichen Lebensgrundlagen
- „Erziehung im Geiste der Demokratie": eine positive Einstellung zur freiheitlichen demokratischen Grundordnung herstellen
- „Erziehung in der Liebe zur bayerischen Heimat und zum deutschen Volk": Bayern als geschichtlich gewachsene kulturelle und politische Einheit und das deutsche Volk und dessen Erbe, kennen und annehmen
- Achtung vor der Würde des Menschen

Grundlagen des Schulbetriebs

- Bildungs- und Erziehungsauftrag: Wissen und Können vermitteln sowie Geist und Körper, Herz und Charakter bilden und weiterer Auftrag analog zu Art. 131 oben
- Das Recht der Eltern auf Erziehung ihrer Kinder ist zu achten. → Nebeneinander von staatlichem und elterlichem Recht
- Inhaltliche Ergänzung: Aufgaben, Kenntnisse und Fertigkeiten sind zu vermitteln.
- Inklusion als Aufgabe aller Schulen
- Kultur der offenen Kommunikation aller an Schule Beteiligten
- Lernklima und Schulgemeinschaft sollen positiv gestaltet werden.
- Buben und Mädchen sind auf ihre zukünftige Rolle vorzubereiten; dabei geht es auch um Verständnis für nachhaltige Entwicklung und gesunde Ernährung.
- Die Schule öffnet sich nach außen, arbeitet mit Betrieben, Vereinen, kulturellen, kommunalen und kirchlichen Einrichtungen zusammen.

2 Schulkundliches Wissen

oder Falten und lochen

Will man ein guter Beamter oder eine gute Beamtin sein, egal in welcher Position der Schullandschaft, so sollten die wichtigsten Schlüsselkompetenzen vorhanden sein: falten, lochen und eigentlich auch laminieren.

Dieses Kapitel erläutert den Aufbau des bayerischen Schulwesens. Es beginnt mit zwei *Methodenseiten*, die variativ die Erarbeitung des Kapitels ermöglichen. Die Methoden können auch zur Erarbeitung eines einzelnen Bereiches genutzt werden, müssen dann jedoch angepasst werden.
Inhaltlich geht es zunächst um die Unterscheidung zwischen staatlichen und privaten Schulen und die *Darstellung des gegliederten Schulwesens*. In beiden Bereichen gibt es für Lehrkräfte relevante Untergliederungen.
Der zweite Teil widmet sich der *Schulaufsicht*. Deren zahlreiche Aufgaben und die Zusammenarbeit mit den Schulen, Lehrkräften und außerschulischen Partnern wird erläutert und in Übersichten aufgezeigt. Dabei wird der Begriff „Schulaufsicht" weit gefasst und auch kommunale und überkommunale Gremien werden einbezogen. Eine ausführliche Darstellung der *Schulleitung* erfolgt im Anschluss. Sowohl deren Rechte als auch die zahlreichen und immer zunehmenden Aufgabenbereiche werden aufgeführt.
Nach der hierarchische Struktur von der Schulaufsicht über die Schulleitung zu den Lehrkräften rundet das Kapitel ein kurzer Beitrag zu den *Lehr- und Lernmitteln*, deren Unterscheidung und Einsatz ab. Gerade die umfangreiche Digitalisierung und die Nutzung von Lernplattformen bieten hier einen aktuellen Gesprächsanlass und machen aufgrund der ständigen Entwicklung immer wieder einen Blick in die aktuellen Gesetztestexte und Bestimmungen notwendig. Die *KNOW-Karten* runden das Kapitel ab.

Claus Heiner will das Schulwesen falten und lochen.

2.1 MEET – Methoden erschließen Themen

ABC-Methode als Vorwissensaktivierung

Die Seminarleitung nennt aus einem Themenbereich ein Stichwort, z. B. Schulaufsicht, Schulwesen oder Schulleitung. Dann beginnt ein:e Seminarteilnehmer:in damit, dass er:sie einen Begriff mit A anschreibt, z. B. „Abitur". Anschließend ergänzen die anderen Seminarteilnehmer:innen die darauffolgenden Buchstaben des Alphabetes Wort um Wort. Ein Alphabet an Begriffen entsteht.

Recherchezeit zu öffentlichen und privaten Schulen

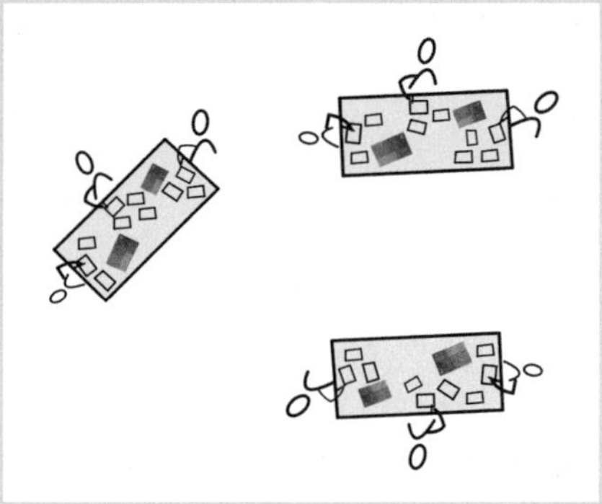

Die Seminarteilnehmer:innen erarbeiten die inhaltlichen und unterschiedlichen Merkmale der privaten oder der staatlichen Schulen auf persönlichen Karteikarten. Folglich vertritt die eine Hälfte die privaten und die andere Hälfte die staatlichen Schulen.

Ja-aber-Diskussion im Plenum

Je ein:e Seminarteilnehmer:in stellt einen Fakt zur erarbeiteten Schulform vor. Dabei preist er:sie die jeweiligen Vorzüge an. Im Anschluss folgt die „Gegenseite" mit einem eigenen Argument.

Jeder Satz beginnt mit einer Wiederholung des vorherigen Inhalts und einem „Ja, aber ..."; dann folgt das eigene Argument.

Recherchezeit zur Schullaufbahn

Die Seminarteilnehmer:innen kreieren anhand des Kompendiums kleine Steckbriefe von fiktiven Personen. Diese durchlaufen die Schullaufbahn auf möglichst ungeraden Wegen, das heißt nicht direkt von der Grundschule auf das Gymnasium, kommen dabei aber durchaus zu hohen Abschlüssen.

Austausch der Steckbriefe

Die Seminarteilnehmer:innen stellen sich die Biografien ihrer erfundenen Personen gegenseitig vor. Dabei kann auch auf die eigene Bildungsbiografie eingegangen werden. Einzelne Beispiele werden im Plenum vorgestellt.

Imaginationsspiel: Wenn ich einen Tag in der Schulleitung wäre ...

Für den letzten Ausbildungsteil in diesem Kapitel notieren die Seminarleiter:innen die drei für sie wichtigsten Aufgaben, die sie als Schulleiter:in (oder Schulaufsicht) auf jeden Fall umsetzen würden. Dies wird auf Wortkarten notiert. Dabei kann das Kompendium als Spickzettel dienen.
Die Vorstellung erfolgt reihum, die Karten werden jeweils zu einer als Superheld stilisierten Person an einer Flipchart angebracht.

→ Alternative Methoden finden Sie zu Beginn jeden Kapitels.

2.2 Darstellung des gegliederten Schulwesens

Dieses Kapitel informiert über
- die rechtlichen Vorgaben der Bayerischen Verfassung,
- die Gliederung in öffentliche und private Schulen,
- den Aufbau des Schulwesens in Bayern,
- ausgewählte Schularten in Kurzbeschreibungen.

Rechtliche Vorgaben der Bayerischen Verfassung

Die folgende Übersicht fasst die wichtigsten Rechtsgrundlagen zusammen.

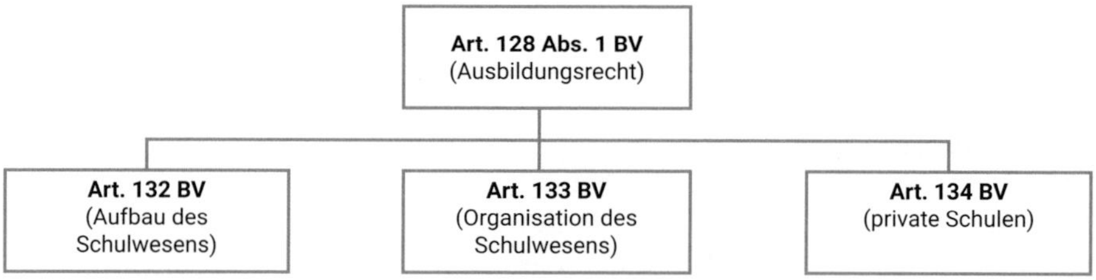

Rechtsgrundlagen zum Ausbildungsrecht aller Bewohner Bayerns

Entscheidend ist das „Ausbildungsrecht“, das allen Bewohner:innen Bayerns nach **Art. 128 Abs. 1 BV** zusteht: „Jeder Bewohner Bayerns hat Anspruch darauf, eine seinen erkennbaren Fähigkeiten und seiner inneren Berufung entsprechende Ausbildung zu erhalten.“
- **Art. 132 BV (Aufbau des Schulwesens):**
  - Ausgerichtet an der Mannigfaltigkeit der Lebensberufe.
  - Maßgebend für die Aufnahme eines Kindes in eine bestimmte Schule sind seine Anlagen, seine Neigung, seine Leistung und seine innere Berufung, nicht aber die wirtschaftliche und gesellschaftliche Stellung der Eltern.
- **Art. 133 BV (Organisation des Schulwesens):**
  - Die Bildung der Jugend erfolgt durch öffentliche Anstalten.
  - Bei ihrer Einrichtung wirken Staat und Gemeinde zusammen.
  - Anerkannte Religionsgemeinschaften und weltanschauliche Gemeinschaften sind ebenso Bildungsträger.
- **Art. 134 BV (private Schulen):**
  - Privatschulen müssen den an die öffentlichen Schulen gestellten Anforderungen entsprechen.
  - Errichtung und Betrieb nur mit Genehmigung des Staats.

Öffentliche und private Schulen

Die Schulen in Bayern gliedern sich in öffentliche und private Schulen (siehe auch Art. 3 BayEUG). Die Eltern können in eigener Verantwortung die Wahl zwischen öffentlichen und privaten Schulen treffen. Die Übersichten auf den folgenden Seiten präzisieren dies.

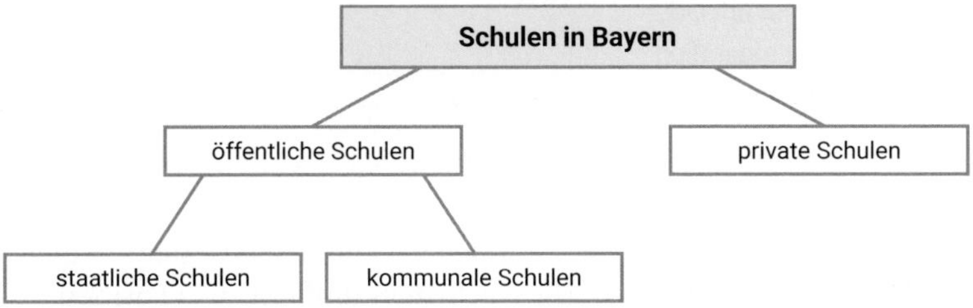

Untergliederung des Schulsystems

Öffentliche Schulen unterteilen sich in
- staatliche und
- kommunale Schulen.

Gemeinsam sind für beide Formen der öffentlichen Schule:
- die Lehrpläne,
- die Stundentafeln,
- die Vorrückungsbestimmungen,
- die Kriterien der Leistungsmessung und
- die Prüfungsanforderungen, die vom Staatsministerium für Unterricht und Kultus festgelegt werden,
- die Zeugnisse: staatliche und kommunale Schulen verleihen die gleichen Berechtigungen.

Staatliche und kommunale Schulen unterscheiden sich jedoch durch den Dienstherrn der jeweiligen Lehrkräfte.

Neben den öffentlichen gibt es die **privaten Schulen.** Sie dienen dazu, das öffentliche Schulwesen zu vervollständigen und zu bereichern. Sie sind im Rahmen der Gesetze frei in der Entscheidung über eine besondere pädagogische, religiöse oder weltanschauliche Unterrichtsorganisation. Das Recht, private Schulen zu errichten, ist im Grundgesetz und in der Bayerischen Verfassung verankert.

Träger einer Privatschule kann z. B. sein:
- eine Stiftung,
- ein eingetragener Verein,
- eine Kirche oder Religionsgemeinschaft,
- ein Orden oder
- eine Privatperson.

Fall

Der 6-jährige Maurice-Guido soll eingeschult werden. Seine Eltern überlegen, auf welche Schule er gehen soll: Montessori? Waldorf? Jenaplan? Alles ist am Ort. Aber was spricht eigentlich für eine private Schule?

Welche Privatschulen kennen Sie?
Wie ergänzen diese das öffentliche Angebot?

Die privaten Schulen in Bayern unterscheiden sich v. a. durch das Genehmigungsverfahren, das sie durchlaufen müssen. Dieser Prozess umfasst zwei Formen:

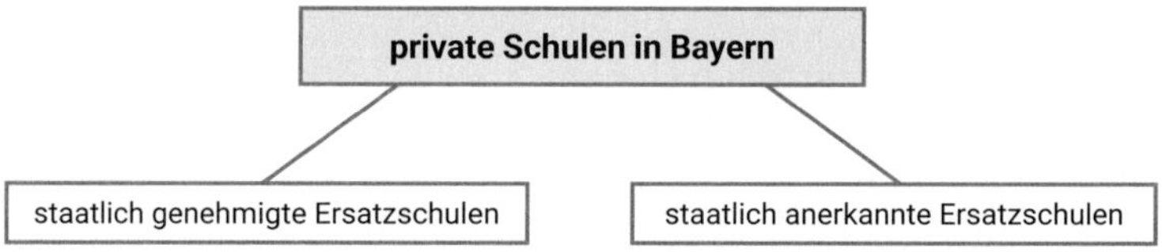

Private Schulen in Bayern

Staatlich genehmigte Ersatzschulen entsprechen in ihren Bildungs- und Erziehungszielen den öffentlichen Schulen. Die Ausbildung muss mit der an öffentlichen Schulen vergleichbar sein. Ersatzschulen dürfen nur mit Genehmigung des Staates errichtet und betrieben werden.

Die Genehmigung setzt u. a. voraus, dass die Schulen

- in ihren Lehrzielen,
- in ihren Einrichtungen und
- in der wissenschaftlichen Ausbildung der Lehrer:innen

nicht hinter den öffentlichen Schulen zurückstehen.

Zeugnisse der staatlich genehmigten Ersatzschulen verleihen jedoch nicht dieselben Berechtigungen wie die der öffentlichen Schulen. Diese können nur durch eine zusätzliche staatliche Prüfung erreicht werden.

Staatlich anerkannte Ersatzschulen können auf Antrag aus staatlich genehmigten gebildet werden. An diesen Schulen gelten für die Aufnahme, das Vorrücken und beim Schulwechsel sowie bei der Abhaltung von Prüfungen die gleichen Bestimmungen wie an den öffentlichen Schulen.

Eine Ersatzschule kann zunächst staatlich genehmigt sein und dann zu einem späteren Zeitpunkt staatlich anerkannt werden.

Zeugnisse der staatlich anerkannten Ersatzschulen verleihen daher die gleichen Berechtigungen wie die der öffentlichen Schulen.

Sie ersetzen an manchen Orten die öffentlichen Schulen bzw. stellen für die Elternschaft eine gleichwertige Alternative dar und ziehen so Schülerschaft von den öffentlichen Schulen ab.

Fall

Auf dem ersten Elternabend der privaten Montessori-Schule wollen die Erziehungsberechtigten wissen, ob ihre Kinder einen Abschluss bekommen.

Welche Arten von privaten Schulen gibt es?
Wie unterscheiden sie sich?

Der Aufbau des Schulwesens in Bayern

Art. 132 BV schreibt vor, dass für den Aufbau des Schulwesens die „Mannigfaltigkeit der Lebensberufe“ maßgebend ist. Diese Vorgabe führt in Bayern zu einem hochdifferenzierten Schulsystem mit hoher Spezialisierung und großer **Durchlässigkeit.** Die Bezeichnung „dreigliedriges Schulsystem“ beschreibt nur die Grobgliederung, wie sie sich in der Grafik links („allgemein bildende Schulen“) wiederfindet.

dreigliedriges Schulwesen		
allgemein bildende Schulen (Art. 7 bis 10BayEUG)	**berufliche Schulen** (Art. 11 und 13 bis 18 BayEUG)	**Förderschulen und Schulen für Kranke** (Art. 19 bis 24 und 41 BayEUG)
• Grundschule/Mittelschule • Realschule • Gymnasium • Schulen des Zweiten Bildungsweges, z. B.: – Abendrealschule – Abendgymnasium – Kolleg	• Berufsschule • Berufsfachschule • Wirtschaftsschule • Fachschule • Fachoberschule • Berufsoberschule • Fachakademie	Schulen für Kinder und Jugendliche, die einer sonderpädagogischen Förderung bedürfen (Förderschulen) und Schulen für Kranke

Gliederung des öffentlichen Schulwesens in Bayern

Der Flyer *Das bayerische Schulsystem* erläutert:

> Die *Grundschule* ist die erste und gemeinsame Schule für alle Kinder. Am Ende der Grundschule erfolgt der Übertritt auf die weiterführenden Schulen Mittelschule, Realschule oder Gymnasium. Die Wirtschaftsschule kann ab Jahrgangsstufe 6 besucht werden.
> Ein Wechsel zwischen den *weiterführenden Schularten* ist bei entsprechender Leistungsentwicklung des Kindes möglich.
> Die *Förderschulen* besuchen Kinder und Jugendliche mit sonderpädagogischem Förderbedarf mit einem der Förderschwerpunkte Sprache, Lernen, emotionale und soziale Entwicklung, Hören, Sehen, körperliche und motorische Entwicklung oder geistige Entwicklung. Die Schulen für Kranke unterrichten Schülerinnen und Schüler, die sich in Krankenhäusern oder vergleichbaren Einrichtungen befinden.
> Jeder erreichte Schulabschluss eröffnet neue Wege und Anschlüsse.
>
> (BayKM 2022)

Fall

Der 14-jährige Sildi behauptet steif und fest, die Mittelschule sei auch eine weiterführende Schule. Hat er mit dieser Aussage Recht?

Wieso stimmt es nicht ganz, die Grundschule als erste gemeinsame Schule zu bezeichnen, bzw. welche Ausnahmen sind Ihnen geläufig?

Mögliche Anschlüsse nach einem Abschluss der Mittelschule:
- Berufsausbildung:
  - im dualen System: Berufsschule
  - vollzeitschulisch: Berufsfachschule
  - im Anschluss: Fachschule bzw. Fachakademie oder Berufliche Oberschule (BOS)

Mögliche Anschlüsse nach dem mittleren Schulabschluss an der Mittelschule:
- Berufsausbildung:
  - im dualen System: Berufsschule
  - vollzeitschulisch: Berufsfachschule
  - im Anschluss: Fachschule bzw. Fachakademie oder Berufliche Oberschule (BOS)
  - Berufliche Oberschule (FOS)
  - Gymnasium (Oberstufe)

(Quelle: BayKM 2022)

Fall

Für die 15-jährige Ilona ist nach der Mittelschule „noch lange nicht Schluss“. Ihre Eltern zeigen Ihr einen Weg auf, der sie zu höheren Weihen führen könnte.

Zeichnen Sie einen Bildungsweg auf, der exemplarisch über die Mittelschule zu einem allgemeinen Abitur führt.

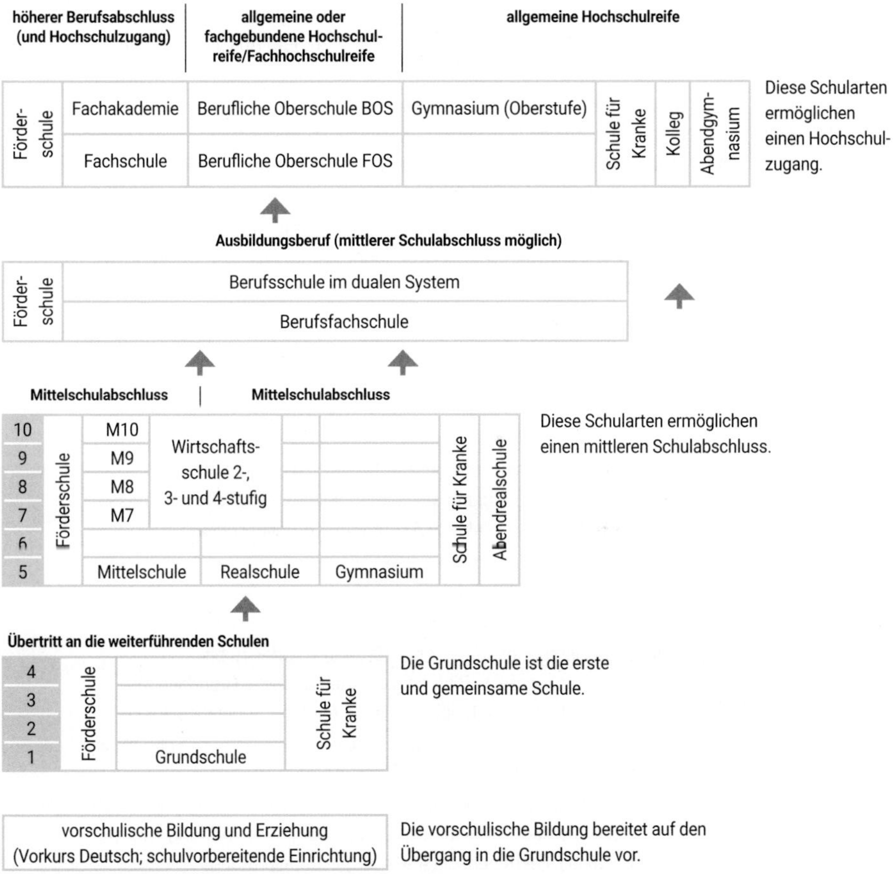

Zum Schuljahr 2018/19 erfolgte beginnend mit den Jgst. 5 und 6 die Umstellung auf das neunjährige Gymnasium. Der erste Jahrgang des neunjährigen Gymnasiums legt im Schuljahr 2025/26 das Abitur in Jgst. 13 ab. Die Möglichkeit, die Lernzeit individuell auf acht Jahre zu verkürzen, wird eröffnet.

Mittelschulabschluss: erfolgreicher oder qualifizierender Abschluss der Mittelschule

Das bayerische Schulsystem (nach: https://www.mein-bildungsweg.de/infografik-deutsch)

Kurzbeschreibung ausgewählter Schularten im Überblick

Nachfolgend werden einige in Bayern verbreitete Schularten in im BayEUG begründeten Schularten kurz charakterisiert:

Schulart	Beschreibung
Grundschule (Art. 7 BayEUG)	• erste und gemeinsame Schule für alle Kinder • umfasst die Jahrgangsstufen 1 bis 4 • vermittelt grundlegende Bildung als Voraussetzung für jede weitere schulische Laufbahn
Mittelschule (Art. 7a BayEUG)	• umfasst die Jahrgangsstufen 5 bis 9 oder 5 bis 10 • Unterricht ist stark auf berufsbezogene Inhalte ausgerichtet • Abschlüsse: Mittelschulabschluss, qualifizierender Abschluss, mittlerer Schulabschluss
Realschule (Art. 8 BayEUG)	• umfasst die Jahrgangsstufen 5 bis 10 • vermittelt neben einer allgemeinen Bildung mittels verschiedener Ausbildungsrichtungen Grundkenntnisse für die Berufsausbildung • Abschluss: mittlerer Schulabschluss
Gymnasium (Art. 9 BayEUG)	• umfasst die Jahrgangsstufen 5 bis 13 und vermittelt eine vertiefte allgemeine Bildung mittels verschiedener Ausbildungsrichtungen, die für ein Hochschulstudium vorausgesetzt wird • Abschluss: Abitur (allgemeine Hochschulreife)
Förderschule (Art. 19 bis 24 BayEUG)	• wird besucht von Kindern und Jugendlichen mit sonderpädagogischem Förderbedarf, der nicht durch andere Schulen erfüllt werden kann • umfasst Abschlüsse der Grund- und Mittelschule und der Berufsschulstufe, damit die Jahrgangsstufen 1 bis 12
Berufsschule (Art. 11 BayEUG)	• umfasst die Jahrgangsstufen 10 bis 12 bzw. 10 bis 13 • vermittelt allgemeine Bildung sowie theoretische berufliche Kenntnisse • Abschlüsse: Berufsschulabschluss, mittlerer Schulabschluss
Berufsfachschule (Art. 13 BayEUG)	• vermittelt auf schulischem Weg eine abgeschlossene Berufsausbildung • dauert in der Regel 2 bis 3 Jahre • Abschlüsse: Berufsschulabschluss, mittlerer Schulabschluss
Wirtschaftsschule (Art. 14 BayEUG)	• umfasst die Jahrgangsstufen 7 bis 10, 8 bis 10 oder 10 bis 11 • vermittelt eine allgemeine Bildung und eine berufliche Grundbildung • Abschluss: Wirtschaftsschulabschluss (= mittlerer Schulabschluss)
Fachschule (Art. 15 BayEUG)	• dauert 1 bis 4 Schuljahre, teilweise in Teilzeitunterricht, in verschiedenen Ausbildungsrichtungen • Aufnahmebedingungen: abgeschlossene Berufsausbildung und/oder Berufstätigkeit • Abschlüsse: staatliche Abschlussprüfung oder Meisterprüfung, mittlerer Schulabschluss, Fachhochschulreife (Ergänzungsprüfung)
Fachoberschule (Art. 16 BayEUG)	• führt innerhalb der Jahrgangsstufen 11 und 12 zum Fachabitur, über die Jahrgangsstufe 13 (FOS 13) optional zum allgemeinen Abitur • vermittelt allgemeine, fachtheoretische und fachpraktische Bildung • Abschluss: fachgebundene oder allgemeine (2. Fremdsprache) Hochschulreife

Kurzbeschreibung der Schularten in Bayern

2.3 Schulaufsicht

Historische Aspekte zur Schulaufsicht

Seit es eine Schulpflicht gibt, ist auch eine Schulaufsicht eingerichtet. Sie war ursprünglich kirchlich (der Ortspfarrer als „Schulrat") und ging später in staatliche Hände über. Die Grundlagen der staatlichen Schulaufsicht in Bayern sind in Art. 130 Abs. 2 BV und in den Artikeln 111 bis 116 des BayEUG niedergelegt.

Die nachstehende Skizze zeigt, wie sich die Aufgaben und das Selbstverständnis der Schulaufsicht in den letzten Jahren gewandelt haben:

Art der Schulaufsicht	Merkmale	Einfluss
Inspektion (etwa bis 1920)	Überprüfung, ob die staatlichen Vorschriften und die gesellschaftlichen Regeln durch bürokratische Kontrolle eingehalten werden	autokratische Staatsauffassung
Aufsicht (etwa bis 1970)	Überwachung, ob das Verhalten der Lehrpersonen den Regeln über erfolgreiches Unterrichten entspricht, damit gute Lernerfolge erzielt werden, und bürokratische Überwachung	wissenschaftliche Erkenntnisse zum Lehren und Lernen
Unterstützung (bis heute)	Verbesserung des Unterrichtes und der Schule sowie Erhöhung der Zufriedenheit aller Schulangehörigen mit dem Ziel, die Wirksamkeit der Schule in erzieherischer und bildungsmäßiger Hinsicht durch gemeinsame und konsultative Arbeit der Schulaufsicht mit der Schule zu steigern	Einflüsse der Human Relation-Bewegung, gruppendynamische Prozesse und Demokratisierungstendenzen
Controlling	Förderung der Schulentwicklung mit dem Ziel, die Qualität der Schule zu verbessern durch Controlling und Beratung	Teilautonomie der Schulen und New Public Management

Historische Aspekte zur Schulaufsicht (nach: Dubs 2002)

Aktuelle Aufgaben der Schulaufsicht

Nach Art. 111 Abs. 1 BayEUG umfasst die staatliche Schulaufsicht:

- die Planung und Ordnung des Unterrichtswesens,
- die Sicherung der Qualität von Erziehung und Unterricht, insbesondere durch den Abschluss von Zielvereinbarungen mit den Schulen,
- die Förderung und Beratung der Schulen, auch unter Einbeziehung der staatlichen Schulberatungsstellen,

- die Aufsicht über die inneren und äußeren Schulverhältnisse sowie über die Schulleitung und das pädagogische Personal und
- die Förderung der Zusammenarbeit der Schulen mit den Jugendämtern und den Trägern der freien Jugendhilfe sowie anderen Trägern und Einrichtungen der außerschulischen Erziehung und Bildung bei der Erfüllung ihrer gemeinsamen Aufgaben.

Aktuelle Aufgaben der Schulaufsicht

Aus der Bekanntmachung des Bayerischen Staatsministeriums für Unterricht und Kultus über die Aufgaben der Staatlichen Schulämter vom 6. Juli 2006 (KWMBl. I S. 183), zuletzt geändert durch Bekanntmachung vom 17. November 2020 (BayMBl. Nr. 691):

1. Organisation des Unterrichts und der Schulen
Die Staatlichen Schulämter schaffen die personellen und organisatorischen Rahmenbedingungen, innerhalb derer die Schulen in Eigenverantwortung einen geordneten und pädagogisch wirksamen Unterrichtsbetrieb sicherstellen. Sie weisen bedarfsgerecht Personal zu und entscheiden über die Klassenbildung.

2. Personalmanagement und Personalförderung
Neben einer bedarfsgerechten Personalzuweisung stellen die Staatlichen Schulämter auch eine nachhaltige Professionalisierung und die berufliche Weiterbildung der Lehrkräfte sicher, wieder in Kooperation mit den Schulleitungen.

3. Qualitätssicherung von Unterricht und Erziehung
Unterricht und Erziehung sind im besonderen Blick der Schulaufsicht. Es geht bei Eigenverantwortung der Lehrkräfte und Schulen um qualitätsvollen Unterricht, vergleichbare Standards bei der Leistungsfeststellung und -bewertung, effiziente Verwendung der Lehrerstunden sowie um intensive und stetige Erziehungsarbeit. Die Staatlichen Schulämter gestalten Qualitätssicherungsprozesse.

4. Systemische Beratung, Kooperation und Vernetzung
Die Beratung der Schulen betrifft den Bereich des Unterrichts und der Erziehung, aber auch schul- und dienstrechtliche Fragestellungen, Verwaltungs- und Organisationsabläufe an Schulen, das Zusammenwirken der Lehrkräfte innerhalb der Schulen und die Zusammenarbeit mit den Elternvertretungen, den Sachaufwandsträgern und weiteren Bezugspartner:innen der Schule.

5. Dienstrechtliche Aufgaben
Die Schulrät:innen nehmen auch Zuständigkeiten von Dienstvorgesetzten der Lehrkräfte und Schulleitungen wahr. Sie führen Versetzungen und Abordnungen in ihrem Schulamtsbezirk durch und pflegen eine vertrauensvolle Zusammenarbeit mit der Personalvertretung. Im Rahmen der bestehenden Vorgaben sind sie zuständig für die Genehmigung von Dienstbefreiungen und Dienstreisen. Die Staatlichen Schulämter achten auf die Einhaltung von amtlichen Vorgaben.

6. Öffentlichkeitsarbeit
Die Staatlichen Schulämter verstehen sich als Vermittler zwischen verschiedenen Interessensgruppen wie Elternschaft, Sachaufwandsträger und Lehrerkollegien in einem regel-

mäßigen Informationsaustausch zwischen diesen. Die Staatlichen Schulämter informieren die Öffentlichkeit auch über besondere Leistungen der Schulen. Sie stellen Innovationen gemeinsam mit den Schulleitungen auch der Öffentlichkeit und der Presse gegenüber dar.

7. Verwaltungsmanagement

Die Pflege der an den Schulämtern notwendigen Daten führt zu einer fachgerechten und effizienten Verwaltung. Die Schulämter legen Fachstatistiken an.

[...]

Benennen Sie mindestens drei wichtige Aufgaben der Schulaufsicht und explizieren Sie davon eine Aufgabe näher.

Claus Heiner studiert das Kompendium

... Auf jeden Fall muss Claus Heiner sich einige Kapitel aus dem Kompendium durchlesen, kann sich aber nicht so recht entscheiden, auf welche Schwerpunkte er setzen soll. Heute wird er sich von nichts, auch gar nichts und niemandem ablenken lassen. Da klingelt sein Handy; seine Mutter ruft an. „Stell dir vor", meint sie „ich habe in deinem Horoskop gelesen, dass du dich auf eine zu erwartende Prüfung vorbereiten solltest. Schau mit viel Aufsicht auf dein Gegenüber, heißt es weiter." Jetzt ist er sich sicher und liest sich vorsichtshalber das Kapitel „Aufsichtspflicht" im Kompendium durch. Auch wenn er gar nichts von Horoskopen hält, kauft er sich vorsichtshalber noch ein paar von seiner Mutter empfohlene Zeitschriften, weil es nicht schaden kann ...

to be continued ...

Aufbau der Schulverwaltung in Bayern im Hinblick auf die Grund- und Mittelschulen

An der Schulverwaltung sind die in der folgenden Tabelle aufgeführten Institutionen beteiligt.

Unter der Überschrift „Schulverwaltung" erwartet man Institutionen der Exekutive. Der Bayerische Landtag als Legislative wurde trotzdem mit aufgenommen, da er durch seine Gesetzgebung ganz maßgeblich auf das System Schule einwirkt und die übrigen genannten Behörden an diese Vorgaben gebunden sind.

Institutionen, Behörden, Personen	Aufgaben
Bayerischer Landtag (Legislative)	• einschlägige Gesetzgebung gemäß BV: BayEUG, GrSO, MSO, …
Staatsministerium für Unterricht und Kultus (Exekutive)	• Aufsicht über Regierungen und Schulämter • Zulassung von Lernmitteln • Lehrerbildung in allen Phasen • Erstellung von Lehrplänen • Organisation, Ordnung, Förderung und Überwachung öffentlicher und privater Schulen
Bezirksregierungen (Exekutive)	• Aufsicht über die Schulämter • Organisation öffentlicher Schulen • Dienstaufsicht über staatliche Lehrer:innen (soweit nicht Schulamt) • amtliche Fortbildung • Schulhausbau öffentlicher und privater Schulen • Zulassung von privaten Schulen • Personalfragen • berufliche Schulen
Staatliche Schulämter in den Landkreisen und den kreisfreien Städten (Exekutive)	• Aufsicht über öffentliche Grund- und Mittelschulen im Aufsichtsbezirk • Dienstaufsicht über staatliches Lehrpersonal • diesem gegenüber fachliches Weisungsrecht • dienstliche Beurteilung des o. a. Personenkreises in bestimmten Fällen • Fachaufsicht über Schulleitungen
Schulleitungen und deren Stellvertretungen (Exekutive)	• Schulaufnahmeverfahren • Klassenbildung • Durchführung von Lehrkräftekonferenzen • Unterrichtsbesuche • Übersicht Leistungsfeststellungen • Vertretung der Schule nach außen • Information des Kollegiums • Überwachung der Ordnungsmaßnahmen • dienstliche Beurteilung
Lehrkräfte (Exekutive)	• unmittelbare pädagogische Verantwortung für ihre Erziehungsarbeit und den eigenen Unterricht • sonstige allgemeine Beamtenpflichten

Aufbau der Schulverwaltung in Bayern

Fall

Die Eltern der Zwillinge Nina und Nani sind mit der Probensituation in der Klasse ihrer Töchter absolut nicht einverstanden. Sie wenden sich direkt an den Landtag. Was würden Sie empfehlen?

Die Hierarchie der Schulaufsicht bildet sich auch im sogenannten „Dienstweg“ ab. Nehmen Sie zu dieser Aussage Stellung.

Aussagen der BaySchO zum Thema „Schulaufsicht“

Der Art. 44 der BaySchO regelt die Schulaufsicht in Bayern. Wichtig ist die Unterscheidung in rechtliche und fachliche Leitungen. Diese stellt sich wie folgt dar:

Regelung des § 44 BaySchO	rechtliche Leitung	fachliche Leitung
Wahrnehmung durch	• Landrätin/Landrat oder Oberbürgermeister:in	• fachlicher Leiter/fachliche Leiterin des Staatlichen Schulamts
Aufgaben	• vorwiegend rechtlicher Natur	• vorwiegend fachlicher Natur
Beispiele	• Rechtsbehelfsverfahren • Verwaltungszwangsverfahren • Ordnungswidrigkeitsverfahren • Vollzug sicherheits- und gesundheitsrechtlicher Vorschriften	• Organisation des Unterrichts und der Schulen • Personalmanagement • Personalförderung • Qualitätssicherung von Unterricht und Erziehung • systemische Beratung • Kooperation • Vernetzung

Schulaufsicht für den Bereich der Grund- und Mittelschulen

Für die Zusammenarbeit gilt
- die Verpflichtung zu vertrauensvoller Zusammenarbeit,
- die Eigenverantwortung im jeweiligen Aufgabenbereich,
- die Außenvertretung im jeweiligen Aufgabenbereich.

Fall

Die 26-jährige Junglehrkraft Frau Hanebüchen ist schwanger. Leider weiß sie nicht genau, was das für ihren Einsatz bedeutet. An wen könnte sie sich wenden? Wer ist zuständig?

Wer sind die fachliche und die rechtliche Leitung Ihres Schulamtsbezirkes? Was unterscheidet sie?

2.4 Die Schulleitung

Rechtliche Stellung der Schulleitung

Nach Art. 57 BayEUG ist für jede Schule eine Schulleitung zu bestellen, die zugleich Lehrkraft ist. Es herrscht also an bayerischen Schulen nicht das Prinzip der kollegialen Schulverwaltung. Es gilt das Behördenprinzip für die Grund- und Mittelschulen. An ihrer Spitze steht eine verantwortliche Leitung. Eine Schulleitung wird mit dieser Aufgabe „betraut", das heißt sie wird von der Schulaufsichtsbehörde zur Schulleitung ernannt. Die Bestellung erfolgt grundsätzlich nach Ausschreibung unter Beachtung des Leistungsprinzips, nach Eignung, Befähigung und fachlicher Leistung ohne Rücksicht auf Geschlecht, Abstammung, Rasse, Glauben, religiöse oder politische Anschauungen, Herkunft oder Beziehungen.

Die Schulleitung ist Vorgesetzte:r, aber nicht Dienstvorgesetzte:r der Lehrkräfte (Art. 3 BayBG). Dienstvorgesetzte sind diejenigen Personen, die für beamtenrechtliche Entscheidungen der ihnen nachgeordneten Beamten zuständig sind. Das sind im Grund- und Mittelschulbereich in der Regel die Schulrät:innen.

§

BayEUG Art. 57 Abs. 1–3 (Schulleiterin oder Schulleiter)

(1) [1]Für jede Schule ist eine Person mit der Schulleitung zu betrauen; sie ist zugleich Lehrkraft an der Schule (Schulleiterin oder Schulleiter). [2]Bei allgemein bildenden Schulen, Förderschulen und beruflichen Schulzentren (Art. 30a Abs. 2) kann eine Person mit der Leitung mehrerer Schulen, auch verschiedener Schularten, betraut werden; sie ist zugleich Lehrkraft an einer der Schulen.

(2) [1]Die Schulleiterin oder der Schulleiter ist für einen geordneten Schulbetrieb und Unterricht sowie gemeinsam mit den Lehrkräften für die Bildung und Erziehung der Schülerinnen und Schüler sowie die Überwachung der Schulpflicht verantwortlich; sie oder er hat sich über das Unterrichtsgeschehen zu informieren. [2]In Erfüllung dieser Aufgaben ist sie oder er den Lehrkräften und dem sonstigen pädagogischen Personal sowie dem Verwaltungs- und Hauspersonal gegenüber weisungsberechtigt. [3]Die Schulleiterin oder der Schulleiter kann Lehrkräften Weisungsberechtigung für ihnen übertragene Fachaufgaben erteilen, soweit Rechts- und Verwaltungsvorschriften dies vorsehen. [4]Sie oder er berät die Lehrkräfte und das sonstige pädagogische Personal und sorgt für deren Zusammenarbeit.

(3) Die Schulleiterin oder der Schulleiter vertritt die Schule nach außen.

Fall

Der bereits erwachsene Claus Heiner wird von der Schulleitung ausgerufen und ins Rektorat gebeten. Leider befindet er sich gerade in der Pausenaufsicht.

Welche Aufgaben hat die Schulleitung? Nennen Sie konkrete Beispiele aus Ihrer Unterrichtspraxis.

Werner Schiedermair (o. J.) beschreibt in einem Beitrag drei sogenannte „Wirkungsmittel" der Schulleitung:

Weisungsrecht: Es umfasst zum einen die Berechtigung, die Tätigkeit nachgeordneter Beamt:innen zu überwachen. Zum anderen beinhaltet es das Recht, den Lehrkräften Anordnungen zu erteilen, die diese dann zu befolgen haben. Das Weisungsrecht hat stets den Charakter einer Pflicht. Die Schulleitung muss davon Gebrauch machen, wenn es zur Aufrechterhaltung eines geordneten Schulbetriebs nötig ist. Das Weisungsrecht besteht nur im Rahmen der der Schulleitung zugewiesenen Aufgaben. Weisungen dürfen nicht gegen ein Gesetz verstoßen. Aus pädagogischem Grunde sollte sich die Schulleitung in erster Linie bemühen, ihre Lehrkräfte durch Bitten, Erklären oder Überzeugen für die Erfüllung ihrer Dienstaufgaben zu gewinnen. Der ständige Hinweis auf Vorschriften kann das Erklären und Werben nicht ersetzen.

Delegationsrecht: Der Schulleitung ist es als Einzelperson nicht möglich, alle ihr übertragenen Aufgaben allein zu erledigen. Sie kann deshalb Aufgaben auf Mitarbeiter:innen übertragen, insbesondere auf die Stellvertretung. In einzelnen Fällen besteht sogar die Pflicht, Aufgaben zu delegieren, z. B. bei der Bestellung von Sicherheitsbeauftragte:n. Das Delegationsrecht besteht allerdings nicht unbeschränkt, z. B. die Erstellung der dienstlichen Beurteilung, der Befreiung von der Verschwiegenheitspflicht und Personalangelegenheiten sollte die Schulleitung selbst bearbeiten. Dasselbe gilt für die Leitung der Lehrkräftekonferenz, die Verbindung zu Elternbeirat und Personalrat sowie für die Vertretung der Schule nach außen. Schreiben an vorgesetzte Behörden hat die Schulleitung grundsätzlich selbst zu unterzeichnen.

Hausrecht: Die Schulleitung übt in der Schulanlage das Hausrecht für den Schul- bzw. Sachaufwandsträger aus. Die Schulleitung ist Hausherrin oder Hausherr an der Schule. Sie regelt deshalb die Ordnung im Schulgebäude. Gegebenenfalls erlässt sie eine Hausordnung. Ausfluss des Hausrechts ist es, schulfremde Personen aus der Schulanlage hinauszuweisen.

Die Gesamtverantwortung der Schulleitung für die Schule

§2 der BaySchO beschreibt die Gesamtverantwortung der Schulleitung für die jeweilige Schule:

§

BaySchO Art. 2 (Schulleiterin oder Schulleiter)

(1) Die Schulleiterin oder der Schulleiter trägt die pädagogische, organisatorische und rechtliche Gesamtverantwortung.

(2) [1]Vorbehaltlich anderweitiger Regelungen entscheidet die Schulleiterin oder der Schulleiter insbesondere

1. über die Durchführung und Verbindlichkeit von sonstigen Schulveranstaltungen,
2. über den Erlass einer Hausordnung,
3. über Sammelbestellungen im schulischen Interesse,
4. über die Verbreitung von gedruckten oder digitalen Schriften und Plakaten im schulischen Interesse und
5. im Einvernehmen mit dem Aufwandsträger über die Zulässigkeit von Bild-, Film-, Fernseh- und Tonaufnahmen in der Schule.

[…]

Aufgabenfelder oder Arbeitsbereiche der Schulleitung (in Auswahl):

- Behördenleitung
- Vertretung der Schule
- Vorgesetzte:r mit Weisungsbefugnis
- Verwaltung der Schulanlage und des Schulvermögens
- Vorsitzende:r der Lehrkräftekonferenz
- Verantwortlichkeit für einen geordneten Schulbetrieb
- Ausführung der Beschlüsse der Lehrkräftekonferenz
- Zusammenarbeit mit dem Personalrat
- Erlass einer Hausordnung
- Unterstützung der Schüler:innenmitverantwortung
- Gewährung von Dienstbefreiung für Lehrkräfte
- Befreiung und Beurlaubung von Schüler:innen vom Unterricht
- Überweisung an eine Förderschule
- dienstliche Beurteilung des Lehrpersonals
- Überprüfung der Benotung
- Vorlage der Stundenpläne beim Staatlichen Schulamt
- Definition von „schulischen Veranstaltungen“
- Vorsitzende:r der Prüfungskommissionen
- Genehmigung des Überspringens einer Jahrgangsstufe

2.5 Lehr- und Lernmittel

Definition „Lehrmittel – Lernmittel"

Lehrmittel sind Hilfsmittel des Unterrichts, die die Lehrkraft im Unterricht verwendet, die in der Schule vorhanden sind, von dieser gestellt und dort von Lehrkräften oder auch von Schüler:innen benutzt werden, also z. B. Smartboards, Tafeln, Flip-Charts, Wandkarten, Sportgeräte, aber auch die Experimentiergeräte und das Material für Schüler:innenübungen u. v. m.

Lernmittel dagegen sind für den Gebrauch durch die Schüler:innen bestimmte, im Unterricht oder bei der häuslichen Arbeit benutzte persönliche Hilfsmittel, wie z. B. Schulbücher, Workbooks, Tablets, Arbeitsblätter, Lexika, Schullektüren, Schreib- und Zeichenstifte, Zeichengeräte, Taschenrechner, Sportkleidung u. v. m.

(nach Liepold 1986)

Fall

Der 11-jährige Dirk kommt zu Beginn des Schuljahres mit einem Brief der Lehrkraft nach Hause, es seien 35 € für Kopier- und weitere Kosten zu zahlen. Der Vater bittet bei der Lehrkraft um Erläuterung.

Unterscheiden Sie Lehr- und Lernmittel. Welche Lernmittel setzen Sie konkret ein?

Was gehört zu den „prüfungspflichtigen Lernmitteln", was sind „nicht prüfungspflichtige Lernmittel"?

Lernmittel müssen teilweise auf ihre Eignung für den Unterricht geprüft werden.

Prüfungspflichtige Lernmittel sind:

- Schulbücher aller Art
- Arbeitshefte
- Arbeitsblätter und Kopiervorlagen
- Bibeln
- Gebetbücher
- Gesangbücher
- Lesebücher

fasst sind, dürfen kleine Teile eines Werkes (12 %, nicht mehr als 20 Seiten) oder Werke geringen Umfangs (bis 25 Seiten) für den Unterrichtsgebrauch oder zu Prüfungszwecken vervielfältigt werden unter Beachtung der folgenden Hinweise: Kopien aller Bilder, Fotos und sonstiger Abbildungen sind erlaubt. Privat von Lehrkräften erworbene Medien können im Rahmen des als nicht öffentlich geltenden Unterrichts im Klassenverband verwendet werden.

- **Schulhomepage:** Inhalte sind vor Erscheinen sorgfältig zu prüfen. Fremde Inhalte sind zu kennzeichnen, sie dürfen nur verwendet werden, wenn dies gestattet ist. Die Neutralität ist immer zu wahren. Verantwortlich ist die Schulleitung.
- **Medienpädagogik in der Lehrerbildung:** In den Phasen der Lehrkräftebildung wird der Medienpädagogik und der informationstechnischen Bildung in Bayern eine große Bedeutung beigemessen. Beispiele aus der zweiten und dritten Phase:
  - **Zweite Phase der Lehrerbildung:** Medienpädagogik und unterrichtlicher Medieneinsatz sind ebenfalls Themen der allgemeinen und der fachspezifischen Ausbildung in den Studienseminaren. Die Seminarlehrkräfte sind gehalten, dem Thema einen hohen Stellenwert bei der Ausbildung der Lehramtsanwärter:innen einzuräumen.
  - **Lehrkräftefortbildung:** Allen Lehrkräften wird empfohlen, ihre medienpädagogisch-informationstechnischen Kenntnisse im Rahmen der zentralen, regionalen oder schulinternen Lehrkräftefortbildung auszubauen.

Fall

Herr K. (anonymisiert) bekommt mitten im Schuljahr eine neue Schülerin. Für sie kopiert er das ganze Arbeitsheft.

Welche Aufgabe haben Medien im Unterricht? Worauf müssen Sie bei deren Einsatz aufpassen? Welche Rolle spielen hierbei soziale Medien?

2.6 KNOW – Karten nennen und organisieren Wissen

Das gegliederte Schulwesen in Bayern

- In Bayern finden sich öffentliche und private Schulen, die Eltern haben die Wahl.
- Öffentliche Schulen sind staatlich oder kommunal (GS und MS i. d. R. staatlich).
- Private Schulen ergänzen das öffentliche Angebot durch besondere Pädagogik oder eine Weltanschauung bzw. Religion.
- Zum öffentlichen Schulwesen gehören neben den allgemein bildenden Schulen noch die beruflichen Schulen und die Förderschulen bzw. Schulen für Kranke.
- Die GS vermittelt eine grundlegende Bildung als Basis für jede weitere Laufbahn.
- Nach der MS folgt oft eine Berufsausbildung, betrieblich oder schulisch, die MS ist berufsbezogen ausgerichtet.
- Das Schulsystem ist durchlässig, über Fachschulen bzw. die Fachakademie kommt man ebenfalls zur Hochschulreife.
- Die Gesamtschulpflicht umfasst 12 Jahre: 9 Jahre Vollzeitschulpflicht, 3 Jahre Berufsschulpflicht.

Die Schulaufsicht

- Besteht seit Einführung der Schulpflicht.
- Aktuelle Aufgaben:
  - Planung und Ordnung des U-Wesens;
  - Sicherung der Qualität von Erziehung und Unterricht;
  - Förderung und Beratung der Schulen;
  - Aufsicht über Schulverhältnisse, Schulleitung und das pädagogische Personal;
  - Förderung der Zusammenarbeit der Schulen mit den Jugendämtern und den Trägern der freien Jugendhilfe;
  - Öffentlichkeitsarbeit.
- Hierarchie der Schulverwaltung:
  - Bayerischer Landtag (Gesetze);
  - Staatsministerium für Unterricht und Kultus (Exekutive);
  - Bezirksregierungen (Exekutive);
  - Staatliche Schulämter in den Landkreisen und kreisfreien Städten;
  - Schulleitungen und Stellvertretungen;
  - Lehrkräfte.
- Schulen haben rechtliche (Landrat/-rätin/Oberbürgermeister:in) und fachliche (Leitung des Schulamtes) Leiter:innen.

Die Schulleitung

- Jede Schulleitung ist zugleich Lehrkraft.
- Drei Wirkungsmittel:
  - Weisungsrecht: Anordnung an die Lehrkräfte, hat stets Pflichtcharakter;
  - Delegationsrecht: Aufgaben werden übertragen, v. a. an die Stellvertretungen;
  - Hausrecht: Regeln der Ordnung.
- Exemplarische Einzelaufgaben:
  - Vertretung der Schule;
  - Vorsitzende:r der Lehrkräftekonferenz;
  - Ausführung der Beschlüsse der Lehrkräftekonferenz;
  - Zusammenarbeit mit dem Personalrat;
  - Gewährung von Dienstbefreiung für Lehrkräfte;
  - Befreiung und Beurlaubung von Schüler:innen vom Unterricht;
  - Überprüfung der Benotung;
  - Vorlage der Stundenpläne beim Staatlichen Schulamt;
  - Definition von „schulischen Veranstaltungen";
  - Vorsitzende der Prüfungskommissionen;
  - ...

Lehr- und Lernmittel

- Lehrmittel: Hilfsmittel des Unterrichts, die die Lehrkraft verwendet, die in der Schule vorhanden sind, von dieser gestellt und dort von Lehrkräften oder auch von Schüler:innen benutzt werden, also z. B. Smartboards, Tafeln, Flip-Charts, Wandkarten
- Lernmittel: für den Gebrauch durch die Schüler:innen bestimmte, im Unterricht oder bei der häuslichen Arbeit benutzte persönliche Hilfsmittel, wie z. B. Schulbücher, Workbooks, Tablets, Arbeitsblätter, Lexika, Schullektüren, Schreib- und Zeichenstifte, Zeichengeräte, Taschenrechner
- Schulaufsichtlich genehmigte Lernmittel sind lernmittelfrei, also für die Schüler:innen kostenlos, z. B. Bücher.
- Die Lernmittelanschaffung (z. B. Zirkel) kann auch schulisch angeordnet werden.
- Medien in der Schule sollen kennengelernt, analysiert und bewertet, angewendet und reflektiert, auf Möglichkeiten/Grenzen und Gefahren hin eingeschätzt werden.
- Über einen Einsatz bestimmen die Lehrkräfte, Lehrplanbezug ist Pflicht.
- Soziale Netzwerke im Unterricht sind verboten.
- Lernplattformen sind erlaubt.
- Jugend-/Datenschutz immer beachten!
- Urheberrecht: Immer zu beachten: Kleine Werkteile (12 %, nicht mehr als 20 Seiten) und alle Bilder, Fotos und Abbildungen dürfen vervielfältigt werden.
- Schulhomepageinhalte sorgfältig prüfen, Schulleitungen sind verantwortlich.

3 Vom Kindergarten bis zum Berufsbeginn

oder Schuster, bleib bei deiner Leistung!

Ob Schuster, Lernende oder Lehrende, jung oder alt: Wenn die „Leistung" stimmt, kann jeder Abschluss und damit jeder Anschluss erreicht werden.

Das recht umfangreiche Kapitel ist in zwei Teile gegliedert. Der erste Teil (Kapitel 3.1 – 3.6) zu Einschulung, Leistungsnachweisen und Zeugnissen beginnt mit zwei Seiten eines *Methodenarrangements*. Der Übergang vom *Kindergarten in die Grundschule* steht zu Beginn im Mittelpunkt, zeigt rechtliche Grundlagen und praktische Möglichkeiten der Kooperation auf und geht auf die *Einschulung und den Schulbesuch* ein. Wie im schulischen Leben auch taucht das Thema Leistungsnachweise auf, das auch die *Orientierungs- und Vergleichsarbeiten* und *Zeugnisse und Lernentwicklungsgespräche* einschließt. Dabei wird auf die verschiedenen Aspekte von Zeugnissen eingegangen und was es bei deren Erstellung zu beachten gibt.
Der zweite Teil des Kapitels (Kapitel 3.7 – 3.11) beginnt mit den Bestimmungen zum *Vorrücken und Wiederholen*. Welche Voraussetzungen für einen Übertritt in die nächste Jahrgangsstufe gelten und wer für welche Schulart geeignet ist, zeigen die Ausführungen zum *Übertrittsverfahren*.
Im letzten Abschnitt geht es um die variativen *Abschlüsse an der Mittelschule*. Eine wichtige Übersicht macht die zahlreichen Möglichkeiten deutlich, die innerhalb einer Schullaufbahn gangbar sind. Die *KNOW*-Spickzettel fassen die bisherigen Teile in Form von Spickzetteln zusammen.

Claus Heiner kommt in den Kindergarten und denkt jetzt schon an die Abschlüsse an der Mittelschule.

3.1 MEET – Methoden erschließen Themen

Standpunkt

An zwei Enden im Raum sind ein lachender und ein weinender Smiley aufgehängt. Die Seminarleitung formuliert einen Standpunkt, eine These oder eine Aussage. Je nach Zustimmung stellen sich die Seminarteilnehmer:innen eher zum lachenden, zum weinenden Gesicht oder dazwischen auf.

Ich kenne sämtliche Möglichkeiten von Leistungsnachweisen aller Jahrgangsstufen.

Beim Wechsel vom Kindergarten in die Grundschule kenne ich mich aus.

Ich kenne die Vorrückungsbedingungen meiner Schulart.

Spickzettel

An verschiedenen Thementischen erarbeiten sich die Seminarteilnehmer:innen ihr Wissen und verfassen dabei diverse Spickzettel zu den verschiedenen Inhalten.

Es hat auch seinen Reiz, die Themen in Tandems zu bearbeiten. Allerdings sollte jede:r Seminarteilnehmer:in einen Spickzettel für die darauffolgende Kugellagerphase in Händen haben.

Selbstständig werden die Tische gewechselt.

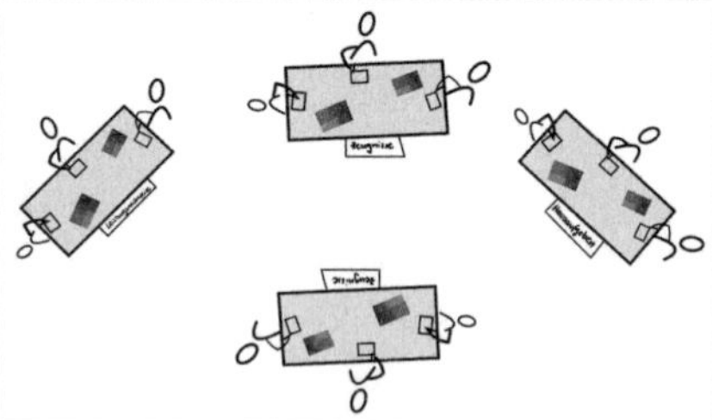

Kugellager

Die Seminarleitung stellt Thesen vor oder wirft Fragen auf, zu denen sich jeweils ein:e Seminarteilnehmer:in aus dem Innenkreis und aus dem Außenkreis austauschen. Offene Fragen können im Anschluss geklärt werden.

Vielleicht braucht es mehrere Spickzettel- und Kugellagerrunden, bis alle Themen bearbeitet worden sind.

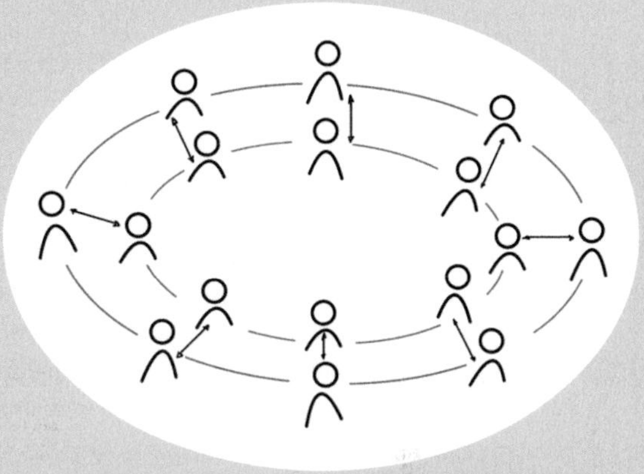

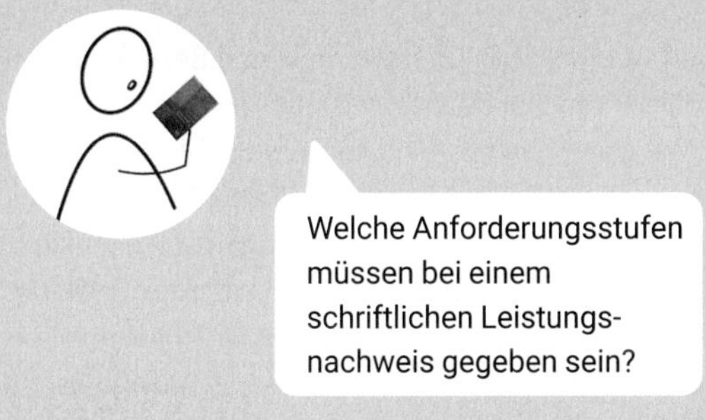

Abschluss-Standpunkt

In einem Abschluss-Standpunkt können die Seminarteilnehmer:innen individuell ihren Wissenszuwachs und den Bedarf nach Vertiefung feststellen.

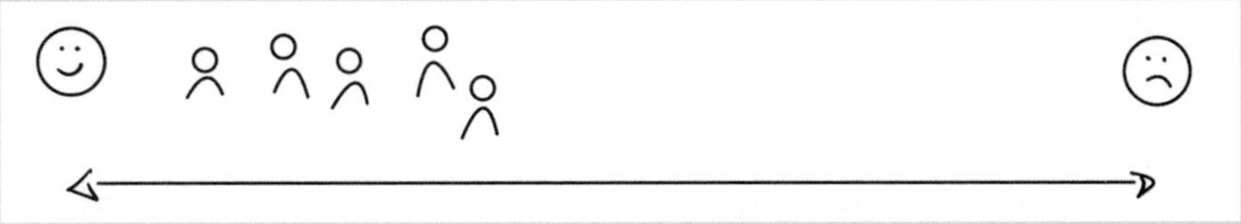

→ Alternative Methoden finden Sie zu Beginn jeden Kapitels und in Kapitel 3.7.

3.2 Vom Kindergarten in die Grundschule

Der Übergang vom Kindergarten in die Grundschule ist eine bedeutende Zäsur im Leben eines Kindes. Dieser Schnittstelle gilt zunehmend unsere Aufmerksamkeit, und der Bayerische Bildungs- und Erziehungsplan für Kinder in Tageseinrichtungen bis zur Einschulung führt dazu aus:

> Zu den Hauptaufgaben verantwortungsvoller Bildungspolitik zählt es, allen Kindern frühzeitig bestmögliche Bildungserfahrungen und -chancen zu bieten. Im Fokus steht das Recht des Kindes auf Bildung von Anfang an. Da Bildungsprozesse auf Anschlusslernen beruhen, kommt der Kooperation aller außerfamiliären Bildungsorte mit der Familie und untereinander eine hohe Bedeutung zu. Zukunftsweisende Bildungssysteme und -konzepte stellen das Kind als aktiven Mitgestalter seiner Bildung in den Mittelpunkt.
> Die Leitlinien schaffen sowohl einen verbindlichen Orientierungs- und Bezugsrahmen als auch Grundlagen für den konstruktiven Austausch zwischen den unterschiedlichen Bildungsorten. Sie definieren ein gemeinsames Bildungsverständnis, entwickeln eine gemeinsame Sprache für eine kooperative und anschlussfähige Bildungspraxis und ermöglichen dadurch Kontinuität im Bildungsverlauf. Ihr Geltungsbereich umfasst alle außerfamiliären Bildungsorte, die Verantwortung für Kinder bis zum Ende der Grundschulzeit tragen: Kindertageseinrichtungen nach dem BayKiBiG, Grund- und Förderschulen, Kindertagespflege, Schulvorbereitende Einrichtungen, Heilpädagogische Tagesstätten und sonstige Bildungseinrichtungen sowie Einrichtungen der Aus-, Fort- und Weiterbildung. Auf der Basis der Leitlinien werden der Bayerische Bildungs- und Erziehungsplan (BayBEP) und der Lehrplan für die bayerische Grundschule weiterentwickelt, ebenso die Konzepte für die Aus-, Fort- und Weiterbildung der Pädagoginnen und Pädagogen. (BayBEP, S. XVI)

Das **BayEUG** verlangt eine entsprechende Kooperationsbereitschaft vonseiten der Grundschule in Bezug auf die Zusammenarbeit mit den Kindertageseinrichtungen.

§

BayEUG Art. 7 Abs. 1 (Die Grundschule)

(1) [1]Die Grundschule schafft durch die Vermittlung einer grundlegenden Bildung die Voraussetzungen für jede weitere schulische Bildung. [2]Sie gibt in Jahren der kindlichen Entwicklung Hilfen für die persönliche Entfaltung. [3]Um den Kindern den Übergang zu erleichtern, arbeitet die Grundschule mit den Kindertageseinrichtungen zusammen.

Der **LehrplanPLUS** greift im Abschnitt „Bildungs- und Erziehungsauftrag der Grundschule“ den Kooperationsgedanken auf und stellt fest:

> Die Einschulung stellt einen ersten Übergang in der Schullaufbahn eines Kindes dar. Der kompetenzorientierte Unterricht in der Grundschule knüpft an die Kenntnisse und Fähigkeiten an, die die Kinder beim Schuleintritt mitbringen, baut Stärken aus und ermöglicht den Ausgleich von Schwächen. Von besonderer Bedeutung ist die Kooperation mit Kindertageseinrichtungen. Mit Einwilligung der Eltern arbeiten die Lehrpersonen mit externen Experten und Pädagogen aus früher besuchten Institutionen zusammen, um die Bedürfnisse einzelner Kinder frühzeitig zu erkennen und darauf einzugehen.
>
> (LehrplanPLUS, Bildungs- und Erziehungsauftrag Grundschule, Ziff. 5 Übergänge gestalten)

Fall

Der Kindergarten und die Grundschule einer Gemeinde planen, ihre Zusammenarbeit zu verbessern.

Wie sehen Möglichkeiten einer Kooperation zwischen Kindergarten und Grundschule konkret aus?

In der **konkreten Umsetzung in der Praxis** können folgende Punkte aufgeführt werden:

- **Gemeinsame Konferenz:** Vertreter:in der Schule (Schulleitung, Lehrer:innen) und benachbarter vorschulischer Einrichtungen (Träger, Erzieher:innen) treffen sich in regelmäßigen Abständen, um ihre Zusammenarbeit in grundlegenden Fragen abzustimmen.
- **Gegenseitige Besuche von Erzieher:innen und Lehrer:innen:** Das Verständnis für die Arbeitsweise der „pädagogischen Partnerinstitution“ wird durch gegenseitige Besuche und Hospitation von Erzieher:innen und Lehrer:innen gefördert.
- **Besuche der Kindergartenkinder in der Grundschule:** Sehr bewährt haben sich Schulbesuche der zur Schulaufnahme anstehenden Kinder, um ihnen erste positive Eindrücke von Schule zu ermöglichen.
- **Gemeinsame Projektarbeit:** Zum gegenseitigen besseren Kennenlernen können in Schule und Kindergarten interessante Themen gemeinsam bearbeitet werden.

Weitere mögliche **Formen der Zusammenarbeit** sind:

- Einbeziehung der beauftragten Lehrkraft für die Zusammenarbeit zwischen Kindergarten und Grundschule im Schulamtsbezirk;

- Benennung eines:einer Kontakterzieher:in/Kontaktlehrer:in;
- Mitwirkung des Kindergartens bei der Schulanmeldung, auch Einschulungselternabend;
- Lehrer:in kommt mit Schulkindern in den Kindergarten;
- der Kindergarten lädt ehemalige Kindergartenkinder in den Kindergarten ein;
- zukünftige Lehrer:innen stellen sich auf einem Elternabend des Kindergartens vor;
- Eltern werden durch gemeinsame schriftliche Informationen über den Schulanfang unterrichtet;
- Schule und Kindergarten laden zu einem Elternabend aller Schulanfänger:innen ein;
- Kindergartenkinder nehmen in kleinen Gruppen an Unterrichtsausschnitten teil;
- Informationsaustausch über Lieder und Spiele;
- Beratung über die Schulfähigkeit einzelner Kinder unter Beteiligung der Eltern;
- Informationsabend der Schule für die Eltern der zukünftigen ersten Klassen;
- gemeinsamer Schulhaus-Entdeckungsnachmittag.

Besondere Hilfen für Schulanfänger:innen nichtdeutscher Muttersprache: Die Beherrschung der deutschen Sprache ist für den Schulerfolg eine der ganz wesentlichen Voraussetzungen.

§

BayEUG Art. 37 Abs. 4 und 5 (Vollzeitschulpflicht)

(4) [1]Die zuständige Grundschule kann ein Kind, das weder eine Kindertageseinrichtung noch einen Vorkurs nach Art. 5 Abs. 3 des Bayerischen Integrationsgesetzes besucht hat und bei dem im Rahmen der Schulanmeldung festgestellt wird, dass es nicht über die notwendigen Deutschkenntnisse verfügt, von der Aufnahme zurückstellen und das Kind verpflichten, im nächsten Schuljahr eine Kindertageseinrichtung mit integriertem Vorkurs zu besuchen.

(5) Die zuständige Grundschule führt einen Vorkurs Deutsch gemeinsam mit den Kindertageseinrichtungen in ihrem Sprengel durch.

Das Bayerische Staatsministerium für Arbeit und Soziales, Familie und Integration und das Bayerisches Staatsministerium für Bildung und Kultus, Wissenschaft und Kunst schreiben in ihrem **Programm Vorkurs 240** in Bayern:

Alle schulpflichtigen Kinder – Schuleingangsuntersuchung
Im Rahmen der verpflichtenden Schuleingangsuntersuchung, die das Gesundheitsamt im Jahr vor der Einschulung durchführt, werden alle schulpflichtigen Kinder auch auf etwaige Sprachentwicklungsstörungen hin mittels eines Sprachscreenings überprüft.

Kinder mit Deutsch als Zweitsprache – Sprachscreening
Im Rahmen der Schuleinschreibung führt die Grundschule ein Sprachscreening bei allen Kindern mit Deutsch als Zweitsprache durch, wenn mindestens ein Elternteil nicht deutscher Herkunft ist. Es wird auch dann durchgeführt, wenn ein Vorkurs besucht wurde. Die Schule ist frei in der Entscheidung, welches Verfahren sie hierfür einsetzt (z. B. Screening „Deutsch als Zweitsprache erfassen").

Der Vorkurs Deutsch 240 ist ein Angebot von Kindertageseinrichtungen für Kinder vor der Einschulung, das sie in Kooperation mit der Grundschule jeweils zu gleichen Anteilen durchführen.

(Vorkurs 240)

Fall

Ein Kindergartenkind mit Migrationshintergrund fällt durch Defizite in der deutschen Sprache auf.

Wie könnte man ein Kindergartenkind mit Defiziten in der deutschen Sprache unterstützen?

In Kindertageseinrichtungen beginnt der Vorkurs bereits im vorletzten Kindergartenjahr vor der Einschulung, die Grundschule kommt zu Beginn des letzten Kindergartenjahres (= Vorschuljahr) als Tandempartner hinzu.

Zeitvorgabe	Vorkursanteil Kita	Vorkursanteil Grundschule
Gesamtumfang	120 Stunden à 45 Minuten	120 Stunden à 45 Minuten
Dauer	1,5 Jahre (40 + 80 Stunden)	1 Jahr (120 Stunden)
Vorkursbeginn	Mitte vorletztes Kindergartenjahr (Januar/Februar)	Beginn letztes Kindergartenjahr (September)
Vorkursende	Ende letztes Kindergartenjahr (Juli)	Ende letztes Kindergartenjahr (Juli)
Umfang pro Woche	2 Wochenstunden à 45 Minuten (90 Min./Woche – 20 Min./Tag)	3 Wochenstunden à 45 Minuten

Zeitvorgaben für die Vorkursanteile von Kitas und Grundschule

Auch den Erziehungsberechtigten kommt eine besondere Rolle zu, die im Art. 76 BayEUG zum Tragen kommt:

BayEUG Art. 76 (Pflichten der Erziehungsberechtigten)
[1]Die Erziehungsberechtigten sind verpflichtet, auf die gewissenhafte Erfüllung der schulischen Pflichten einschließlich der Verpflichtung nach Art. 56 Abs. 4 Satz 5 und der von der Schule gestellten Anforderungen durch die Schülerinnen und Schüler zu achten und die Erziehungsarbeit der Schule zu unterstützen. [2]Die Erziehungsberechtigten müssen insbesondere dafür sorgen, dass minderjährige Schulpflichtige am Unterricht regelmäßig teilnehmen und die sonstigen verbindlichen Schulveranstaltungen besuchen. [3]Nach Maßgabe des Art. 37 Abs. 4 sind die Erziehungsberechtigten ferner verpflichtet dafür zu sorgen, dass ein Kind regelmäßig eine Kindertageseinrichtung mit einem integrierten Vorkurs besucht.

Claus Heiner studiert das Kompendium

... Im Seminar hat Claus Heiner gelernt, dass er ein ausgeprägter auditiver Lerntyp ist. Er packt den Stier bei den Hörnern und mietet sich in ein sündhaft teures Tonstudio ein, um Audiodateien in bester Qualität zum Lernen zu erzeugen. Er liest das gesamte Kompendium als Hörbuch und sämtliche KNOW-Karten als Spickzettel extra ein. Als er am Ende die Dateien auf sein Handy aufspielen will, muss er feststellen, dass die Datenmengen zu groß sind. Er beschließt, ab jetzt ein visueller Lerntyp zu werden ...

to be continued ...

3.3 Einschulung und Schulbesuch

Fall

Welche Rolle spielt die Schulleitung bei der Schulaufnahme?

Wie geht die Einschulung vonstatten?

Der LehrplanPLUS greift im Abschnitt „Bildungs- und Erziehungsauftrag der Grundschule" den Kooperationsgedanken auf und stellt fest:

> Auch während der Grundschulzeit erleben Kinder Übergänge, z. B. bei einem Lehrer-, Klassen- oder Schulwechsel. Die neue Lehrperson informiert sich über die Veränderung und deren Bedeutung für das Kind und macht passende pädagogische und unterrichtliche Angebote.
> Am Ende der Grundschulzeit steht die Entscheidung hinsichtlich des Übertritts in eine weiterführende Schule. Die Grundschule bietet für diese Übergangssituationen rechtzeitig vielfältige Informations- und Gesprächsmöglichkeiten an. In engem, vertrauensvollem Kontakt mit den Eltern und den Schülerinnen und Schülern thematisieren die Lehrpersonen den anstehenden Übergang in die weiterführenden Schulen. Sie greifen konkrete Fragestellungen und Äußerungen der Kinder auf, kooperieren mit den aufnehmenden Schularten und gestalten so gemeinsam mit den Erziehungsberechtigten diese Phase der Grundschulzeit gezielt als eine Lernchance, die die Kinder für den anstehenden Wechsel und weitere Übergänge in ihrer Schullaufbahn stärkt.
>
> (LehrplanPLUS, Bildungs- und Erziehungsauftrag Grundschule, Übergänge gestalten, Ziff. 5)

Flexibilisierung der Einschulung

Gemäß Art. 37 Abs. 1 Satz 1 BayEUG werden mit Beginn des Schuljahres alle Kinder schulpflichtig, die bis zum 30. September sechs Jahre alt werden oder bereits einmal von der Aufnahme in die Grundschule zurückgestellt wurden.

Gem. Art. 37 Abs. 2 Satz 1 BayEUG kann ein Kind, das am 30. September mindestens sechs Jahre alt ist, für ein Jahr von der Aufnahme in die Grundschule zurückgestellt werden, wenn zu erwarten ist, dass das Kind voraussichtlich erst ein Schuljahr später mit Erfolg am Unterricht teilnehmen kann, ggf. auch im Rahmen der „sozialen Teilhabe" bei Kindern mit sonderpädagogischem Förderbedarf (Art. 41 Abs. 5 BayEUG).

Die Zurückstellung soll vor Aufnahme des Unterrichts verfügt werden, sie ist noch bis zum 30. November zulässig, wenn sich erst innerhalb dieser Frist herausstellt, dass die Voraussetzungen für eine Zurückstellung gegeben sind. Die Zurückstellung ist nur einmal zulässig (Art. 37 Abs. 2 Satz 4 BayEUG).

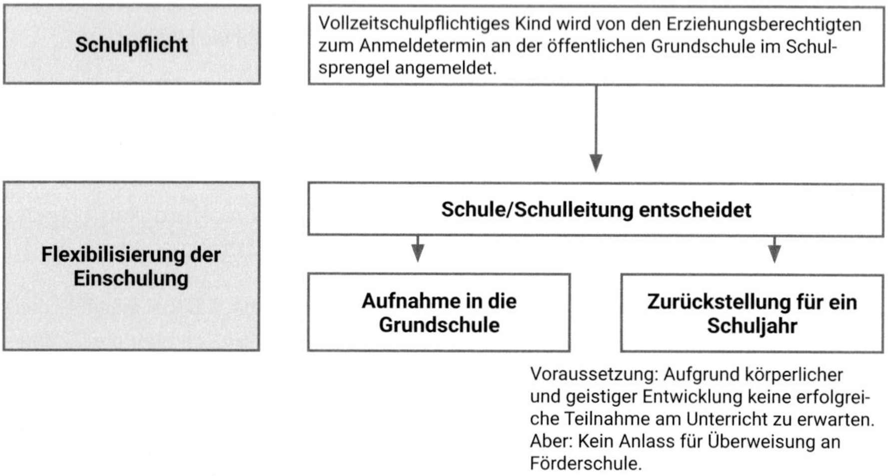

Einschulung und Schulpflicht

Gem. Art. 41 BayEUG erfüllen Schulpflichtige mit sonderpädagogischem Förderbedarf ihre Schulpflicht durch den Besuch der allgemeinen Schule oder der Förderschule. Sofern der:die Schüler:in einer besonderen sonderpädagogischen Förderung bedarf, kann die Förderschule besucht werden oder im Rahmen der offenen Klassen der Schulbesuch stattfinden. Die Erziehungsberechtigten entscheiden, an welchem der im Einzelfall rechtlich und tatsächlich zur Verfügung stehenden schulischen Lernorte ihr Kind unterrichtet werden soll.

§

BayEUG Art. 37 Abs. 1 und 2 (Vollzeitschulpflicht)

(1) [1]Mit Beginn des Schuljahres werden alle Kinder schulpflichtig,

1. die bis zum 30. Juni sechs Jahre alt werden,
2. die im Zeitraum vom 1. Juli bis zum 30. September sechs Jahre alt werden und deren Erziehungsberechtigten den Beginn der Schulpflicht nicht auf das kommende Schuljahr verschieben,
3. deren Erziehungsberechtigte bereits einmal den Beginn der Schulpflicht nach Nr. 2 verschoben haben oder
4. die bereits einmal nach Abs. 2 oder Abs. 4 von der Aufnahme in die Grundschule zurückgestellt wurden.

[2]Ferner wird auf Antrag der Erziehungsberechtigen ein Kind schulpflichtig, wenn zu erwarten ist, dass das Kind voraussichtlich mit

Erfolg am Unterricht teilnehmen kann. [3]Bei Kindern, die nach dem 31. Dezember sechs Jahre alt werden, ist zusätzliche Voraussetzung für die Aufnahme in die Grundschule, dass in einem schulpsychologischen Gutachten die Schulfähigkeit bestätigt wird.
(2) [1]Ein Kind, das am 30. September mindestens sechs Jahre alt ist, kann für ein Schuljahr von der Aufnahme in die Grundschule zurückgestellt werden, wenn zu erwarten ist, dass das Kind voraussichtlich erst ein Schuljahr später mit Erfolg oder nach Maßgabe von Art. 41 Abs. 5 am Unterricht der Grundschule teilnehmen kann. [2]Die Zurückstellung soll vor Aufnahme des Unterrichts verfügt werden; sie ist noch bis zum 30. November zulässig, wenn sich erst innerhalb dieser Frist herausstellt, dass die Voraussetzungen für eine Zurückstellung gegeben sind. [3]Die Zurückstellung ist nur einmal zulässig, Art. 41 Abs. 7 bleibt unberührt.

Zur Veranschaulichung hier als Beispiel das Schuljahr 2024/2025:

Beispiele für die Aufnahme in die Grundschule zum Schuljahr 2024/2025

Fall 1: im Vorjahr zurückgestellt Geburtsdatum: 1. Oktober 2016 bis 30. September 2017 **Verfahren:** siehe BayEUG Art. 37 Abs. 2. Keine weitere Zurückstellung möglich, ggf. Überprüfung auf sonderpädagogischen Förderbedarf veranlassen.	**Fall 2: regulär schulpflichtig** Geburtsdatum: 1. Oktober 2017 bis 30. September 2018 **Verfahren:** siehe BayEUG Art. 37 Abs. 1. Zurückstellung ist nur einmal möglich. Die Schulfähigkeit wird nur im Zweifelsfall überprüft. (Schulleitung entscheidet.)
Fall 3: auf Antrag schulpflichtig Geburtsdatum: 1. Oktober 2018 bis 31. Dezember 2018 **Verfahren:** siehe BayEUG Art. 37 Abs. 1. Schulfähigkeit kann überprüft werden. Nach dem 31. Juli kann ein vorzeitig aufgenommenes Kind nicht mehr abgemeldet werden. (Schulleitung entscheidet.	**Fall 4: auf Antrag mit Gutachten schulpflichtig** Geburtsdatum: ab 1. Januar 2019 **Verfahren:** siehe BayEUG Art. 37 Abs. 1. Schulfähigkeit wird überprüft, schulpsychologisches Gutachten erforderlich (Schulleitung entscheidet.)

§ 2 Abs. 3 GrSO besagt, dass über die Aufnahme in eine öffentliche Volksschule die Schule (Schulleiter:in) entscheidet. Die Schule kann die Teilnahme an einem Verfahren zur Feststellung der Schulfähigkeit verlangen. Die Erziehungsberechtigten können ein auf Antrag aufgenommenes Kind nach dem 31. Juli nicht mehr abmelden.

Anmeldung und Aufnahme

Die Schulanmeldung soll nach § 2 Abs. 2 Satz 1 GrSO im März erfolgen, der genaue Termin und Ort wird von der Schulleitung festgelegt und ortsüblich bekannt gemacht. Mindestens ein:e Erziehungsberechtigte:r soll persönlich mit dem Kind zur Schulanmeldung kommen und dabei auch die notwendigen Unterlagen und Urkunden vorlegen (Geburtsurkunde oder Familienstammbuch, Bestätigung der Schuleingangsuntersuchung und des Seh- und Hörtests, bei Kindern mit nichtdeutscher Muttersprache auch Angaben über den Besuch eines Kindergartens oder eines Vorkurses).

Letztlich entscheidet die Schule (die Schulleitung) über die Aufnahme eines Kindes in die Schule. Er kann verlangen, dass das Kind an einem Verfahren zur Feststellung der Schulfähigkeit (nicht „Schulreife"; dieser Begriff ist irreführend und wird nicht mehr verwendet) teilnimmt. Informationen der Kindertageseinrichtungen zu dem Kind dürfen nur mit Einverständnis der Erziehungsberechtigten oder durch die Erziehungsberechtigten an die Schule weitergegeben werden.

Fälle

Paula ist am 6. Dezember 2018 geboren. Ihre Eltern wissen nicht, wie sie sich entscheiden sollen.

David ist am 20. Januar 2019 geboren. Seine Eltern finden, dass er der Schule körperlich und psychisch und seelisch gewachsen ist.

Lina ist am 2. November 2017 geboren und ist von ihren Eltern bereits zurückgestellt worden. Ihre Eltern würden sie gerne noch ein Jahr in den Kindergarten schicken.

Alle Kinder werden im Schuljahr 2024/2025 eingeschult!

„Wenn zu erwarten ist, dass das Kind voraussichtlich mit Erfolg am Unterricht teilnehmen kann", ist es schulpflichtig (siehe Art. 37 Abs. 4 Satz 2 BayEUG). Ebenfalls spielen die „Berücksichtigung des Gedankens der sozialen Teilhabe nach Ausschöpfung der an der jeweiligen Schule vorhandenen Unterstützungsmöglichkeiten sowie der Möglichkeit des Besuchs einer Schule mit dem Schulprofil „Inklusion" eine große Rolle (siehe Art. 41 Abs. 5 BayEUG).

Claus Heiner studiert das Kompendium

... Prüfungen sind wichtig, aber der Zusammenhalt in der Lerngruppe ist wichtiger! Darum fährt Claus Heiner mit zum Shoppen, da sämtliche Kolleg:innen aus seinem Seminar nichts zum Anziehen für die Prüfungen haben. „Bei euch Männern ist das so einfach. Ihr braucht nur ein Hemd und ein Jackett", bekommt er pausenlos beim Einkauf zu hören. Er sitzt vor vier Umkleidekabinen und gibt eine wertschätzende Rückmeldung nach der anderen. Eigentlich will er nur nach Hause und für die Schulrechtsprüfung lernen. Durch den Nebel seines schlechten Gewissens hört er Satzfetzen, die zu ihm durchdringen: „Das meinst du doch nicht ernst?" „Du musst schon genauer hinschauen." „Ist das nicht zu aufreizend?" „Ich finde, mein Hintern sieht in der Hose so dick aus." Claus Heiner bekommt Heimweh ...

to be continued ...

3.4 Leistungsnachweise

Zum Nachweis des Leistungsstands werden schriftliche, mündliche und praktische Leistungen wie auch Orientierungs- und Vergleichsarbeiten, Lernstandserhebungen und Hausaufgaben von den Schüler:innen erbracht.

➔ Näheres zum Thema Hausaufgaben finden Sie im Kapitel 4.3.

In den Handreichungen des ISB *Leistung neu denken* heißt es zum Thema „Leistung und neue Lernkultur in der Grundschule“:

> Betrachtet man das ganze Spektrum von Leistungen, die Kinder im Schulalltag einbringen, stellen sich Fragen für die Beurteilungs- und Bewertungspraxis:

Kinder leisten vieles, wenn sie in der Gruppe – interaktiv – lernen.	→	Kinder erstellen mit viel Aufwand und Liebe Referate, Mappen und beteiligen sich mit Eifer an Projekten.
Der soziale Umgang gehört zu den Zielen, die der Lehrplan formuliert.	→	Wie können Maßstäbe angeregt werden, um Sozialverhalten zu bewerten?
Kinder leisten Enormes, wenn man ihre Lösungswege betrachtet und analysiert.	→	Wie können der Lernprozess und das Produkt gleichermaßen bei der Bewertung berücksichtigt werden?
Kinder erstellen mit viel Aufwand und Liebe Referate, Mappen und beteiligen sich mit Eifer an Projekten.	→	Wie können diese eigenaktiven, selbst gesteuerten Leistungen bewerten werden?

(ISB Handreichung, Leistung neu denken, 2010)

Die folgende Grafik zeigt die Aspekte eines erweiterten Verständnisses der Leistungsbewertung.

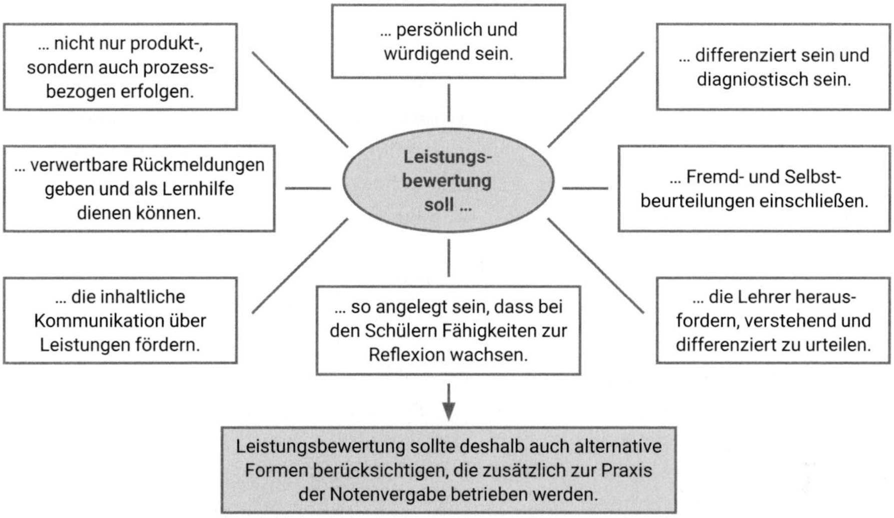

Aspekte eines erweiterten Verständnisses der Leistungsbewertung (ISB Handreichung, Leistung neu denken, 2010)

§

BayEUG Art. 52 Abs. 1 (Nachweise des Leistungsstands, Bewertung der Leistungen, Zeugnisse)

(1) [1]Zum Nachweis des Leistungsstands erbringen die Schülerinnen und Schüler in angemessenen Zeitabständen entsprechend der Art des Fachs schriftliche, mündliche und praktische Leistungen. [2]Art, Zahl, Umfang, Schwierigkeit und Gewichtung der Leistungsnachweise richten sich nach den Erfordernissen der jeweiligen Schulart und Jahrgangsstufe sowie der einzelnen Fächer. [3]Die Art und Weise der Erhebung der Nachweise des Leistungsstandes ist den Schülerinnen und Schülern vorher bekannt zu geben; die Bewertung der Leistungen ist den Schülerinnen und Schülern mit Notenstufe und der Begründung für die Benotung zu eröffnen. [4]Leistungsnachweise dienen der Leistungsbewertung und als Beratungsgrundlage.

Eine genaue Anzahl und Gewichtung der Leistungsnachweise bleibt vom Gesetzgeber offen (mit Ausnahme der 4. Klasse), wird allerdings in § 10 der GrSO und § 12 der MSO hinsichtlich einer kollegialen Absprache unterstützt.

§

GrSO §10 (Leistungsnachweise; Satz 1 und 2 analog in MSO §12)

(1) [1]Die Lehrerkonferenz trifft vor Unterrichtsbeginn des Schuljahres grundsätzliche Festlegungen zur Erhebung von Leistungsnachwei-

sen einschließlich prüfungsfreier Lernphasen. [2]Die Festlegungen sind den Schülerinnen und Schülern sowie ihren Erziehungsberechtigten bekannt zu geben. [3]In der Jahrgangsstufe 4 sollen in der Zeit vom Unterrichtsbeginn bis zum Erhalt des Übertrittszeugnisses jeweils in den Fächern Deutsch, Mathematik und Heimat- und Sachunterricht rhythmisiert mindestens vier Unterrichtswochen von bewerteten Probearbeiten freigehalten werden. […]

Fall

Eine Kollegin möchte sich bestmöglich bezüglich ihrer Leistungserhebungen absichern. Sie überlegt, mit wem sie kooperieren und sich absprechen sollte.

Welche Kriterien sind bei der Leistungserhebung zu berücksichtigen?

Werden die Leistungsnachweise benotet, erhalten sie einen **Notenwert,** der im Art. 52 BayEUG festgehalten ist.

§

BayEUG Art. 52 (Nachweise des Leistungsstands, Bewertung der Leistungen, Zeugnisse)

(2) [1]Die einzelnen schriftlichen, mündlichen und praktischen Leistungsnachweise sowie die gesamte während eines Schuljahres oder sonstigen Ausbildungsabschnitts in den einzelnen Fächern erbrachte Leistung werden nach folgenden Notenstufen bewertet:

- sehr gut = 1 (Leistung entspricht den Anforderungen in besonderem Maße)
- gut = 2 (Leistung entspricht voll den Anforderungen)
- befriedigend = 3 (Leistung entspricht im Allgemeinen den Anforderungen)
- ausreichend = 4 (Leistung weist zwar Mängel auf, entspricht aber im Ganzen noch den Anforderungen)
- mangelhaft = 5 (Leistung entspricht nicht den Anforderungen, lässt jedoch erkennen, dass trotz deutlicher Verständnislücken die notwendigen Grundkenntnisse vorhanden sind)
- ungenügend = 6 (Leistung entspricht nicht den Anforderungen und lässt selbst die notwendigen Grundkenntnisse nicht erkennen).

Eine inhaltliche Beschreibung von Anforderungen findet sich in der ISB Handreichung *Leistung neu denken* (2010).

> Einfache Anforderungen:
> - Wiederholen von Unterrichtsergebnissen;
> - Beschreiben durchgeführter Arbeitsaufträge und Versuche;
> - Erklären bekannter Skizzen, Bilder, Modelle, Beschriften von Tafelbildern; auswendiges Memorieren.
>
> Gesteigerter Anforderungsgrad:
> - Vergleichen alter und neuer Sachverhalte;
> - Erschließen von Regeln;
> - Erläutern von (schwierigen) Begriffen;
> - Begründen;
> - Interpretieren von Bildern;
> - Erstellen von Übersichten;
> - Auswerten von Prospekten und Plakaten.
>
> Hoher Anforderungsgrad:
> - Umsetzen von sachlichen Informationen (grafisch oder szenisch-dramatisch, als Pantomime, als Rollen- oder Planspiel);
> - Vortragen von Kurzreferaten;
> - Erarbeiten von Fragenkatalogen;
> - Verallgemeinern und Schlussfolgern;
> - Transferieren, Abstrahieren und Problemlösen.
>
> (ISB 2010)

An welchen Niveaustufen orientieren sich Ihre schriftlichen Leistungsnachweise? Beschreiben Sie diese inhaltlich.

Führen Sie bitte ein konkretes Beispiel aus der Praxis an.

Die von den einzelnen Schüler:innen geforderte schulische Leistung ist durch die gesetzten Lernziele definiert und kann sich auf verschiedenen Niveaustufen bewegen. Werden z. B. nur Fragen gestellt, die mithilfe der gesicherten Hefteinträge beantwortet werden können, ist die Schüler:innenleistung auf einem niedrigeren Anforderungsniveau, als wenn von den Schüler:innen die Übertragung des Gelernten auf ähnliche Situationen oder die Lösung eines ähnlichen Problems gefordert werden. Bereits 1970 hat der Deutsche Bildungsrat im Strukturplan des Bildungswesens eine Stufung der Lernziele nach dem Grad der Selbstständigkeit der Leistung empfohlen:

Lernziel-Stufe	Erläuterung
1: Reproduktion	Der:die Schüler:in gibt gedächtnismäßig verankerte Sachverhalte wieder. Sämtliche Fragen und Antworten stehen analog im Schnellhefter oder im Heft.
2: Reorganisation	Der:die Schüler:in verarbeitet selbstständig den vorher gelernten Stoff, wobei er:sie Kürzungen, Ergänzungen, Vergleiche und Akzentuierungen durchführt.
3: Transfer	Der:die Schüler:in überträgt Grundprinzipien des Gelernten auf neue, wenn auch ähnliche Aufgabenstellungen.
4: problemlösendes Denken	Der:die Schüler:in löst in kreativer Weise Aufgaben mit relativ neuen Strukturen.

Stufung der Lernziele

Diese Differenzierung ist bis heute bekannt und gebräuchlich. Eine trennscharfe Unterscheidung der einzelnen Bereiche ist nicht immer möglich; eine Einteilung nach einfachen Anforderungen (I/II) und erhöhten Anforderungen (III/IV) aber schon.

Der Begriff „Anforderungen“ bezieht sich auf den Umfang sowie auf die selbstständige und richtige Anwendung der Kenntnisse, Fähigkeiten und Fertigkeiten sowie auf die Art der Darstellung.

Die Benotungspraxis ist in der 4. Jahrgangsstufe anders.

Eine Ausnahme bilden die Jahrgangsstufen 1 und 2. Bitte gehen Sie näher darauf ein.

In der Grundschule bilden die Jahrgangsstufen 1, 2 und 4 Ausnahmen hinsichtlich der Benotungs- und Probenpraxis, die im § 10 GrSO wie folgt festgehalten sind:

GrSO § 10 Abs. 1–3 (Leistungsnachweise)

(1) [1]Die Lehrerkonferenz trifft vor Unterrichtsbeginn des Schuljahres grundsätzliche Festlegungen zur Erhebung von Leistungsnachweisen einschließlich prüfungsfreier Lernphasen. [2]Die Festlegungen

sind den Schülerinnen und Schülern sowie ihren Erziehungsberechtigten bekannt zu geben. [3]In der Jahrgangsstufe 4 sollen in der Zeit vom Unterrichtsbeginn bis zum Erhalt des Übertrittszeugnisses jeweils in den Fächern Deutsch, Mathematik und Heimat- und Sachunterricht rhythmisiert mindestens vier Unterrichtswochen von bewerteten Probearbeiten freigehalten werden.

(2) [1]Schriftliche Leistungsnachweise müssen sich aus dem unmittelbaren Unterrichtsablauf ergeben und in der Jahrgangsstufe 4 angekündigt werden. [2]Der Termin eines schriftlichen Leistungsnachweises muss spätestens eine Woche vorher bekannt gegeben werden. [3]An einem Tag darf nur ein schriftlicher Leistungsnachweis, in der Woche sollen nicht mehr als zwei schriftliche Leistungsnachweise abgehalten werden. […]

(3) […] [2]In der Jahrgangsstufe 4 sollen bis zum Erhalt des Übertrittszeugnisses in den Fächern Deutsch, Mathematik und Heimat- und Sachunterricht 18 Probearbeiten abgehalten werden. [3]Nach Abs. 1 ist auch zu entscheiden, ob im Fach Deutsch zehn und in den Fächern Mathematik und Heimat- und Sachunterricht jeweils vier Probearbeiten abgehalten werden oder eine andere Verteilung der Probearbeiten erfolgt. [4]Die Zahl von vier Probearbeiten darf aber in keinem Fach unterschritten werden. [5]Im Fach Deutsch und im Fach Heimat- und Sachunterricht kann jeweils höchstens eine Probearbeit durch einen anderen gleichwertigen Leistungsnachweis ersetzt werden.

Fall

Ein Grundschulkollegium diskutiert über den Leistungsstress in der Grundschule und beschließt, in der 4. Jahrgangsstufe 4 Probearbeiten bis zum Erhalt des Übertrittszeugnisses anzusetzen.

Welche Möglichkeit gibt es, eine Probe durch einen Leistungsnachweis zu ersetzen?

Der Gesetzgeber spricht in diesem Zusammenhang von einer weiteren Entlastung in der Grundschule und gibt die Verantwortung für die Probenanzahl in die Hände der Lehrkräftekonferenz mit dem Hinweis, dass die Anzahl von 4 Probearbeiten in keinem Fach unterschritten werden darf.

Schaut man auf diverse KMS, Artikel und Paragraphen, wird der Begriff „Probearbeiten“ flexibel gehandhabt. In jedem Fall handelt es sich um einen schriftlichen Leistungsnachweis.

Stets zu beachten ist, dass der Stoff der Probearbeiten aus dem Unterricht erwächst.

Leistungserhebungen bezogen auf den Stoff der letzten Stunde dürfen nicht von Schüler:innen verlangt werden, die in dieser Stunde entschuldigt gefehlt haben.

Dies gilt nicht für Probearbeiten über den Stoff eines größeren Zeitraums. Hier besteht Teilnahmepflicht, wobei die Lehrkraft jedoch Rücksicht auf unverschuldete Versäumnisse nehmen kann.

Gemäß §3 Abs. 6 LDO hat die Lehrkraft über die Leistungen der Schüler:innen Aufzeichnungen zu führen, die mindestens zwei Jahre nach Ablauf des Schuljahres aufzubewahren sind und beim Ausscheiden aus dem Dienst, längerer Dienstverhinderung oder auf Anforderung dem:der Schulleiter:in zugänglich zu machen sind.

Wichtige Anmerkung: Auch für mündliche und praktische Leistungen gelten die Grundsätze des Art. 52 BayEUG. Leistungsaufzeichnungen müssen Tag, Art und Stoffgebiet dieser Leistungen erkennbar werden lassen.

Für die 1. und 2. Jahrgangsstufe findet man folgende Passage in der GrSO:

§

GrSO §10 Abs. 3 (Leistungsnachweise)

(3) [1]In der Jahrgangsstufe 1 und im ersten Halbjahr der Jahrgangsstufe 2 werden schriftliche Leistungsnachweise nicht benotet, jedoch mit Bemerkungen versehen, die den Leistungsstand der Schülerin oder des Schülers beschreiben. […]

→ Näheres zum Thema **Nachteilsausgleich** und **Notenschutz** finden Sie in Kapitel 4.6.

Orientierungs- und Vergleichsarbeiten/Lernstandserhebungen

Gemäß Art. 111 Abs. 4 BayEUG kann das zuständige Staatsministerium Schüler:innen und Lehrkräfte verpflichten, an Leistungsvergleichen teilzunehmen, die Zwecken der Qualitätssicherung und -steigerung dienen.

Nach §3 Abs. 3 LDO überprüft die Lehrkraft, ob die Lernziele erreicht worden sind und der:die Schüler:in den Lehrstoff in der Schule und zu Hause verarbeitet haben. Im Nachhall der Ergebnisse internationaler Schulleistungsstudien (z. B. TIMSS, PISA, IGLU) beschloss die deutsche Kultusministerkonferenz im Jahre 2003, für einige zentrale Fächer sogenannte Bildungsstandards einzuführen. Grundlage des Beschlusses war die Expertise *Zur Entwicklung nationaler Bildungsstandards.*

Die bundesweit geltenden Bildungsstandards bilden die Grundlage für die Orientierungs- bzw. Vergleichsarbeiten.

Mit diesen Lernstandserhebungen wird das Ziel verfolgt, Schüler:innenleistungen in einem zwar länderübergreifenden, aber nicht ländervergleichenden Bildungsmonitoring zu erfassen. Im Sinne der KMK-Bildungsstandards geht es dabei nicht vordergründig um eine Überprüfung von Wissens- und Könnenselementen, sondern um den Entwicklungsstand bestimmter Kompetenzen.

Warum werden Vergleichsarbeiten durchgeführt?

Was wird bei den Vergleichsarbeiten überprüft?

Die Orientierungsarbeiten in der 2. Jahrgangsstufe (OA 2)

Hierbei handelt es sich um einen zentralen Test im Bereich „Deutsch – richtig schreiben“ (Rechtschreiben), der in allen zweiten Klassen in Bayern zeitgleich (im Frühjahr, Termin frei wählbar innerhalb eines Durchführungszeitraums, Arbeitszeit 20 Minuten) durchgeführt wird. Die gestellten Aufgaben sind von Wissenschaftler:innen und Schulpraktiker:innen entwickelt und erprobt. Die Auswertung erfolgt anonym, d. h. ohne Angabe von Schüler:innendaten.

Der Einbezug der Eltern ist durch folgende Maßnahmen sichergestellt:

- Ein Elternbrief informiert rechtzeitig und umfassend über die OA.
- Die Eltern erhalten nach erfolgter Auswertung einen Rückmeldebogen über die Leistung ihres Kindes im Test.

- Nach Abschluss der OA können die Eltern das Testheft ihres Kindes einsehen.
- Die Tests der Vorjahre sind für die Erziehungsberechtigten im Internet veröffentlicht (Homepage des ISB bzw. der Qualitätsagentur Bayern, https://www.isb.bayern.de/schulartspezifisches/leistungserhebungen/orientierungsarbeiten-jahrgangsstufe-zwei/).

Claus Heiner studiert das Kompendium

... Claus Heiner ist mit seinen Freunden zu einem Kneipenquiz eingeladen. Viele Fragen sind zufällig aus dem schulischen Bereich. Es geht um Geografie, Musik, Geschichte, Mathematik etc. Seine Freunde scheinen sich bestens zu amüsieren. Da überkommt ihn sein schlechtes Gewissen, weil er noch nichts für die Schulrechtsprüfung gelernt hat. Er verabschiedet sich, rennt nach Hause und sucht nach seinen Unterlagen. Als seine Freunde aus der Kneipe anrufen und ihm mitteilen, dass sie gewonnen haben, kehrt er zurück und feiert mit. Claus Heiner ist eben ein loyaler Freund ...

to be continued ...

Die Vergleichsarbeiten in der 3. bzw. 8. Jahrgangsstufe (VERA 3 und VERA 8)

Die nachfolgenden Tabellen geben einen Überblick über die Inhalte der VERA-Arbeiten.

Überblick über die Inhalte der VERA-Arbeiten

VERA 3 in Bayern:

Deutsch:

- Lesen – mit Texten und Medien umgehen
- Sprache und Sprachgebrauch untersuchen
- Schreiben – Texte verfassen
- Rechtschreiben
- Sprechen und Zuhören

In den Vergleichsarbeiten Deutsch werden aus den fünf Inhaltsbereichen jeweils zwei Bereiche behandelt, wobei „Lesen – mit Texten und Medien umgehen" jedes Jahr dabei ist und im Wechsel durch jeweils einen weiteren Bereich ergänzt wird.

Mathematik: • Zahlen und Operationen • Raum und Form • Muster und Strukturen • Größen und Messen • Daten, Häufigkeit, Wahrscheinlichkeit	In den Vergleichsarbeiten Mathematik werden aus diesen fünf Inhaltsbereichen jeweils zwei Bereiche im Wechsel getestet.

VERA 8 in Bayern:

Deutsch:
- Sprechen und Zuhören
- Schreiben
- Lesen
- Sprache und Sprachgebrauch untersuchen

Mathematik: 5 Leitideen der Bildungsstandards: • Zahl • Messen • Raum und Form • Funktionaler Zusammenhang • Daten und Zufall	In den Vergleichsarbeiten Mathematik werden aus diesen fünf Inhaltsbereichen jeweils zwei Bereiche im Wechsel getestet.

Englisch: Kompetenzbereiche • Listening* • Reading* • Writing* • Speaking • Interkulturelle Kompetenz • Language in use*	Die mit * gekennzeichneten Kompetenzbereiche werden von VERA geprüft.

Bei VERA geht es nicht um einen Vergleich der Bundesländer. VERA dient ausschließlich der Unterrichtsentwicklung an Schulen. Die zentrale Überprüfung der Bildungsstandards in einem Ländervergleich erfolgt zu einem anderen Zeitpunkt über eine Stichprobe des Instituts zur Qualitätsentwicklung im Bildungswesen (IQB).

Selbstverständlich sind die VERA-Ergebnisse auch kein Instrument für die dienstliche Beurteilung der Lehrkräfte.

Die VERA-Arbeiten werden nicht benotet und „erbringen“ auch keine Noten.

Fähigkeitsniveau	Erläuterung
Fähigkeitsniveau 1	Grundlegende Fähigkeiten, d. h., „einfache Aufgaben mit grundlegenden Anforderungen werden hinreichend sicher gelöst“.
Fähigkeitsniveau 2	Erweiterte Fähigkeiten, d. h., „Aufgaben mittleren Anspruchsniveaus werden hinreichend sicher gelöst“.
Fähigkeitsniveau 3	Fortgeschrittene Fähigkeiten, d. h., „es werden auch anspruchsvollere Aufgaben hinreichend sicher gelöst“.

Einteilung der Schüler:innenleistungen in drei Fähigkeitsniveaus

Im Bildungs- und Erziehungsauftrag des **LehrplanPLUS** heißt es hinsichtlich der Qualitätsentwicklung:

> Grundschulen überprüfen regelmäßig die Qualität ihrer Arbeit und entwickeln sich auf der Basis von Rückmeldungen und gemeinsamen Zielsetzungen weiter. Die Qualitätsentwicklung ist eine zentrale Aufgabe, für die verschiedene Instrumente zur Verfügung stehen. Interne und externe Evaluation sowie Vergleichsarbeiten sind Möglichkeiten, Rückmeldungen zur eigenen Arbeit und Zusammenarbeit zu erhalten. Daraus können gemeinsam anzustrebende Ziele formuliert werden, die es umzusetzen gilt. Teambesprechungen, schulhausinterne Fortbildungen, kollegiale Beratung und Hospitationen sowie institutionenübergreifende und interdisziplinäre Kooperationen bieten Unterstützung und helfen den Kollegien dabei, den Anforderungen des Berufsalltags in professioneller Weise gerecht zu werden.
>
> (LehrplanPLUS, Bildungs- und Erziehungsauftrag der Grundschule, Ziff. 6)

3.5 Zeugnisse und Lernentwicklungsgespräche

Folgende Grafik zeigt alle Faktoren, die für die Erstellungen von Zeugnissen und vergleichbaren Dokumenten von Bedeutung sind. Es werden die Leistungserhebungen, die Bemerkungen berücksichtigt und die verschiedenen Arten von Dokumenten aufgezeigt.

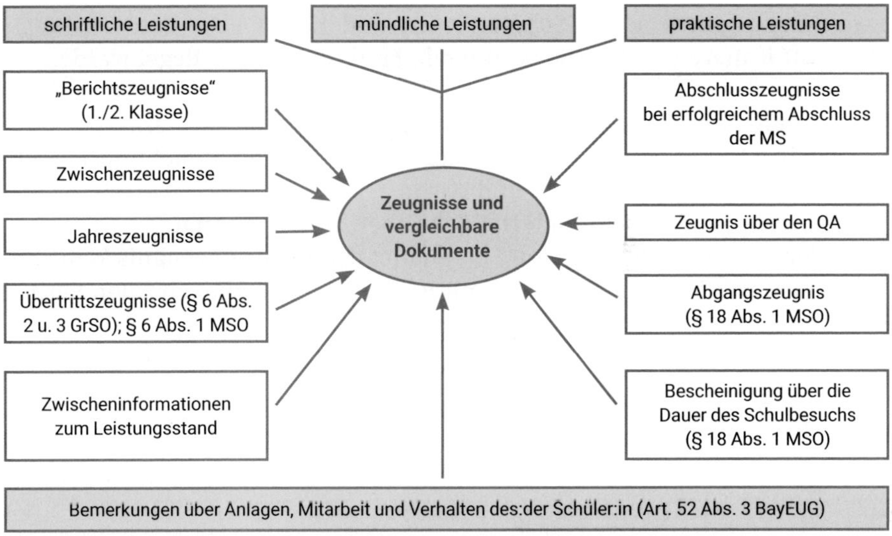

Überblick über Zeugnisse und vergleichbare Dokumente

Welche Zeugnisse werden erteilt?

Was gibt es bei Lernentwicklungsgesprächen zu beachten?

§

BayEUG Art. 52 Abs. 3 (Nachweise des Leistungsstands, Bewertung der Leistungen, Zeugnisse)

(3) [1]Unter Berücksichtigung der einzelnen schriftlichen, mündlichen und praktischen Leistungen werden Zeugnisse erteilt. [2]Hierbei werden die gesamten Leistungen einer Schülerin bzw. eines Schülers unter Wahrung der Gleichbehandlung aller Schülerinnen und Schüler in pädagogischer Verantwortung der Lehrkraft bewertet. [3]Daneben sollen Be-

merkungen oder Bewertungen nach Abs. 2 Satz 1 oder in anderer Form über Anlagen, Mitarbeit und Verhalten der Schülerin oder des Schülers in das Zeugnis aufgenommen werden.

Zwischenzeugnisse

Zwischenzeugnisse sollen Schüler:innen und Eltern über den Leistungsstand informieren und haben beratende Funktion. In der Regel werden die Zwischenzeugnisse am letzten Unterrichtstag der zweiten vollen Februarwoche ausgehändigt. Eine Gefährdung des Vorrückens soll vermerkt werden.

Gemäß § 18 Abs. 7 Satz 2, 2. Halbsatz MSO werden die Erziehungsberechtigten in den Jahrgangsstufen 9 und 10 von der Gefährdung des erfolgreichen Abschlusses durch ein gesondertes Schreiben benachrichtigt.

In der 1. und 2. Jahrgangsstufe beinhaltet das Zwischenzeugnis keine Ziffernnoten, sondern einen Bericht mit Beobachtungen zum sozialen Verhalten, Lernverhalten und Leistungsstand.

Bis zum Zwischenzeugnis der Jahrgangsstufe 2 wird auf Ziffernnoten verzichtet. Dafür enthält das Zeugnis einen Bericht über das beobachtete Sozialverhalten, das Lernverhalten und den aktuellen Leistungsstand des:der Schüler:in.

Fall

Michaela ist in der zweiten Jahrgangsstufe und stellt fest, dass sie im Vergleich zu ihrer Schwester in der 3. Jahrgangsstufe keine Noten im Zwischenzeugnis hat.

Welche sind die Besonderheiten in den Zeugnissen zwischen der 1., 2. und 3. Jahrgangsstufe?

Lernentwicklungsgespräch

§ 15 GrSO regelt die Möglichkeit der Durchführung eines Lernentwicklungsgesprächs in den entsprechenden Jahrgangsstufen und spricht die Rolle der Lehrkräftekonferenz an.

§

GrSO § 15 Abs. 7 (Zwischen- und Jahreszeugnisse)

(7) [1]Das Zwischenzeugnis kann in den Jahrgangsstufen 1 bis 3 durch ein dokumentiertes Lernentwicklungsgespräch ersetzt werden, an dem die Klassenleiterin oder der Klassenleiter, die Schülerin oder der

Schüler und die Erziehungsberechtigten teilnehmen. [2]Dies gilt für das Jahreszeugnis in den Jahrgangsstufen 1 und 3 entsprechend. [3]Abs. 6 gilt entsprechend. [4]Die Entscheidung trifft die Lehrerkonferenz im Einvernehmen mit dem Elternbeirat vor Unterrichtsbeginn des Schuljahres. [5]Wenn im Einzelfall Erziehungsberechtigte kein dokumentiertes Lernentwicklungsgespräch führen möchten, wird ein Zwischenzeugnis oder Jahreszeugnis ausgestellt.

Auch das Jahreszeugnis der Jahrgangsstufen 1 bzw. 3 kann durch ein LEG seit dem Schuljahr 2020/2021 ersetzt werden. An der Mittelschule kann das Zwischenzeugnis 5 bis 7 durch LEG ersetzt werden.

➔ Näheres zum Thema **Abgangszeugnisse** finden Sie in Kapitel 3.10.

Übertrittszeugnis

Ein Übertrittszeugnis erhalten Schüler:innen öffentlicher oder staatlich anerkannter Grundschulen für den Übertritt in die unterste Jahrgangsstufe des Gymnasiums und der Realschule am ersten Unterrichtstag des Monats Mai. Es ersetzt das Zwischenzeugnis, ist für ein Jahr gültig und enthält die Jahresfortgangsnoten in allen Fächern mit Erläuterungen, die Durchschnittsnoten in den Fächern Deutsch, Mathematik und HSU, ein Wortgutachten über das Sozial, Lern- und Arbeitsverhalten und eine zusammenfassende Beurteilung.

Für den Übertritt an eine Wirtschaftsschule ist die Vorlage des Zwischenzeugnisses oder des Jahreszeugnisses erforderlich.

Jahreszeugnisse

Die Jahreszeugnisse in den Jahrgangsstufen 2 bis 4 sowie die Zwischenzeugnisse in der Jahrgangsstufe 3 enthalten Noten in den Pflichtfächern, zusätzlich Erläuterungen zu den Noten in den Fächern Deutsch und Mathematik, eine Bewertung des Sozialverhaltens sowie des Lern- und Arbeitsverhaltens nach den vier Stufen „sehr gut, gut, befriedigend, nicht befriedigend“, wobei diese Bewertungen zusätzlich erläutert sind.

Jahreszeugnisse entscheiden darüber, ob ein:e Schüler:in vorrücken darf. Sie werden am letzten Schultag eines Schuljahres ausgehändigt. Ein Jahreszeugnis gilt als sogenannter „Verwaltungsakt“ und ist damit anfechtbar (ggf. vor dem Verwaltungsgericht).

Gemäß § 18 Abs. 2 Satz 5 MSO darf in den Jahrgangsstufen 8, 9 und 10 das Zeugnis (insbesondere das Jahreszeugnis) keine Formulierungen enthalten, die den Übertritt in das Berufsleben erschweren. Gleichwohl muss auf inhaltliche Richtigkeit geachtet werden, da Jahreszeugnisse Urkundencharakter besitzen.

Im Zeugnis muss ein Vermerk über den sonderpädagogischen Förderbedarf angebracht werden. Damit wird verhindert, dass Schüler:innen wegen Nichterreichens des Klassenziels Jahrgangsstufen wiederholen müssen.

Jahreszeugnisse enthalten Bemerkungen über das Arbeits-, Leistungs- und Sozialverhalten.

Ausnahme: Art. 52 Abs. 5 Satz 1 BayEUG eröffnet die Möglichkeit, dass „in bestimmten Jahrgangsstufen der Grundschule und der Förderzentren, in Wahlfächern sowie bei ausländischen Schüler:innen in Pflichtschulen und bei Schüler:innen mit sonderpädagogischem Förderbedarf in Pflichtschulen die Noten durch eine allgemeine Bewertung ersetzt werden. Auf Antrag der Eltern erhalten diese Schüler:innen bei Leistungsnachweisen bzw. in Zeugnissen anstelle von Noten eine allgemeine (verbale) Bewertung (ähnlich wie im „Berichtszeugnis“ in den Jahrgangsstufen 1 und 2).

Laut §52 Abs. 5 Satz 2 BayEUG ersetzt eine Bemerkung die Zeugnisnote, wenn in einem Fach keine hinreichenden Leistungsnachweise erbracht wurden.

§

BayEUG Art. 52 Abs. 5 (Nachweise des Leistungsstands, Bewertung der Leistungen, Zeugnisse)

(5) [1]Schülerinnen und Schüler mit einer lang andauernden erheblichen Beeinträchtigung der Fähigkeit, ihr vorhandenes Leistungsvermögen darzustellen, erhalten soweit erforderlich eine Anpassung der Prüfungsbedingungen, die das fachliche Anforderungsniveau der Leistungsanforderungen wahrt (Nachteilsausgleich). [2]Von einer Bewertung in einzelnen Fächern oder von abgrenzbaren fachlichen Anforderungen in allen Prüfungen und Abschlussprüfungen kann abgesehen werden (Notenschutz),

1. wenn eine körperlich-motorische Beeinträchtigung, eine Beeinträchtigung beim Sprechen, eine Sinnesschädigung, Autismus oder eine Lese-Rechtschreib-Störung vorliegt,
2. auf Grund derer eine Leistung oder Teilleistung auch unter Gewährung von Nachteilsausgleich nicht erbracht und auch nicht durch eine andere vergleichbare Leistung ersetzt werden kann,
3. die einheitliche Anwendung eines allgemeinen, an objektiven Leistungsanforderungen ausgerichteten Bewertungsmaßstabs zum Nach-

weis des jeweiligen Bildungsstands nicht erforderlich ist und
4. die Erziehungsberechtigten dies beantragen.

[3]Im Übrigen bleiben die schulartspezifischen Voraussetzungen für Aufnahme, Vorrücken und Schulwechsel sowie für den Erwerb der Abschlüsse unberührt. [4]Art und Umfang des Notenschutzes sind im Zeugnis zu vermerken. [5]Das zuständige Staatsministerium wird ermächtigt, das Nähere durch Rechtsverordnung zu regeln.

Was ist bei der Erstellung von Zeugnissen zu beachten?

Zeugnisse werden mit dem PC gefertigt, wobei ein Zeugnisprogramm zur Anwendung kommt.

Wichtig ist, dass beim Original auf die Urkundensicherheit geachtet wird (urkundensichere Farbbänder, ggf. auch fälschungssichere Formulare).

Das Original wird gesiegelt und von der Klassenleitung und Schulleitung eigenhändig unterschrieben.

Das 2. Blatt (= Entwurf in Form einer Durchschrift, einer Kopie, eines Ausdrucks) wird der Schüler:innenakte beigefügt.

Die Namen von Klassenleitung und Schulleitung sind entweder in Kopie ersichtlich oder werden mit Maschine oder Druckbuchstaben eingesetzt.

Fall

Hans wundert sich über zwei Zeugnisse. Auf einem Zeugnis ist ein Siegel zu sehen, auf dem anderen nicht.

Auf welche Punkte müssen Sie beim formalen Aufbau eines Zeugnisses achten?

Wichtige Hinweise zum **Ausfüllen der Zeugnisformulare:**

- Vorname des:der Schüler:in vor den Familiennamen setzen.
- Keine erkennbaren Berichtigungen (Radierungen, Verbesserungen) am Namen, dem Geburtsdatum, einzelnen Notenziffern vornehmen.
- Sonderregelungen beachten, wo Noten durch Zeugnisbemerkungen ersetzt werden.
- Verfahrensweise bei einer Lese-Rechtschreib-Störung beachten nach der Regelung der §§ 31 – 36 BaySchO hinsichtlich individueller Unterstützung, Nachteilsausgleich und Notenschutz.
- Eigenhändige Unterschrift von Klassenleiter:in und Schulleiter:in verwenden (wegen Fälschungssicherheit keine digitalisierte Form).

- Dienstsiegel auf dem Original der Jahreszeugnisse verwenden.
- Abschluss- und Entlassungszeugnisse werden in doppelter Fertigung erstellt: Der:die Schüler:in erhält zwei Originale, das dritte Blatt wird zu den Schüler:innenakten gelegt. Bei Verlust des Originalzeugnisses kann anhand des Entwurfes in der Schüler:innenakte eine Zweitschrift erstellt werden.
- Neben der Ziffernbenotung oder ersatzweise der Anfügung von Bemerkungen bei Sonderfällen (wenn z. B. keine Leistungen im entsprechenden Fach erbracht wurden oder bei Befreiung von Unterrichtsfächern) sollen in das Zeugnis stets Bemerkungen über Anlagen, Mitarbeit und Verhalten des:der Schüler:in aufgenommen werden.
- Zwischenzeugnisse in den Jahrgangsstufen 1 und 2 sowie die Jahreszeugnisse der Jahrgangsstufe 1 enthalten einen Bericht mit Beobachtungen insbesondere zum Sozialverhalten, zum Lern- und Arbeitsverhalten und zum Leistungsstand in den einzelnen Fächern, ebenfalls zu den individuellen Lernfortschritten. Dieser Bericht ist kein Gutachten, keine Würdigung oder Wertung! Der Akzent liegt auf der sorgfältig differenzierten Schüler:innenbeobachtung bezüglich Selbstständigkeit, Initiative, Aktivität, besonderen Fähigkeiten, Lernfortschritten, Schwierigkeiten und Hilfen.
- Auf schulische Leistungen in Fächern, die nicht mit Ziffernnoten bewertet werden, hat die Lehrkraft mit einer qualifizierten, pädagogischen Bemerkung hinzuweisen (Jahrgangsstufen 3–9). Hat der:die Schüler:in in einem Fach keine Leistungsnachweise erbracht, so erhält er:sie anstelle einer Zeugnisnote eine Bemerkung.

Claus Heiner studiert das Kompendium

... Die Zeit ist wie im Flug vergangen und schon bald ist die Prüfung. Claus Heiner muss sich das gesamte Kompendium erarbeiten und hält sich mit einem Kaffee nach dem anderen wach. Die dreifarbige Karteikartentaktik hat er verworfen und er beginnt, direkt mit den Spickzetteln aus dem Kompendium zu lernen. Er liest, memoriert, trinkt einen Kaffee, liest weiter, wiederholt den Inhalt, trinkt noch einen Kaffee, backt spontan einen Kuchen, weil er zwischendrin eine Pause braucht, liest weiter, spricht sich mögliche Antworten laut vor und ist in einen solchen Schulrechtskoffeinrausch geraten, dass er nicht mehr schlafen kann. Er schaltet den Fernseher ein, tröstet sich mit einem Schulfilm über Goethe und einem Lehrer, der seiner Aufsichtspflicht nicht nachkommt, als er doch noch einschläft ...

to be continued ...

- Zeugnisbemerkungen gem. Art. 52 Abs. 3 Satz 3 BayEUG bezüglich Anlagen, Mitarbeit und Verhalten des:der Schüler:in formuliert die Lehrkraft in pädagogischer Verantwortung ggf. in Absprache mit den in der Klasse in einzelnen Fächern unterrichtenden Lehrer:innen. Diese Bemerkungen sind für Zwischenzeugnisse der 1. und 2. Jahrgangsstufe und Jahreszeugnisse der Jahrgangsstufe 1 nicht vorgesehen, weil sie durch den Bericht ersetzt werden.
- Die Zwischen- und Jahreszeugnisse der Jahrgangsstufen 5 bis 8 erhalten Noten in den Pflichtfächern und Wahlpflichtfächern. Die Teilnahme am Unterricht in anderen Wahlfächern wird durch eine allgemeine Bewertung bestätigt. Auf Antrag wird auch hier eine Note erteilt. Auch für Deutsch als Zweitsprache werden Noten erteilt. Art. 52 Abs. 2 BayEUG legt die Notenstufen fest und umschreibt deren Wortbedeutungen.
- Bis zum Jahreszeugnis der Jahrgangsstufe 2 werden Noten jeweils durch eine allgemeine Bewertung ersetzt, die schulpädagogischen Grundsätzen unterliegt (z. B. Gleichheitsprinzip).

Beobachtungsberichte

Berichte mit bewertenden Beobachtungen (z. B. zum Sozialverhalten oder Lern- und Arbeitsverhalten allgemein oder in bestimmten Fächern) unterscheiden sich von bloßen Lernstandbeschreibungen dadurch, dass sie auf Wertungen aufgrund eines objektiven Maßstabes nicht verzichten und haben gegenüber Ziffernnoten den Vorteil, dass detaillierter auf Vorzüge und Schwächen des:der Schüler:in z. B. in den einzelnen Fächern und in seinem:ihrem Sozial- und Arbeitsverhalten hingewiesen werden kann.

3.6 KNOW – Karten nennen und organisieren Wissen

Vom Kindergarten in die Grundschule – Einschulung und Schulbesuch

- Bildungsprozesse und Anschlusslernen
- Optimierung des Übergangs vom Elementar- in den Primarbereich
- Kooperationsformen: gemeinsame Konferenz, gegenseitige Besuche, Elternabend
- beauftragte Lehrkraft für die Zusammenarbeit zwischen Kindergarten und Grundschule
- Besuch des Kindergartenkindes in der Grundschule
- Beratung über Schulfähigkeit der Kinder
- besondere Hilfen bei nichtdeutscher Muttersprache
- Programm Vorkurs 240 in Bayern
- Rolle der Erziehungsberechtigten: gewissenhafte Erfüllung der schulischen Pflichten
- Schuleingangsuntersuchung
- Sprachscreening
- Schulpflicht
- Flexibilisierung der Einschulung
- Zurückstellung
- Anmeldung und Aufnahme
- Zurückstellung vom Schulbesuch

Leistungsnachweise

- schriftliche, mündliche und praktische Leistungen
- Art, Zahl, Umfang, Schwierigkeit, Gewichtung
- Beschlüsse der Lehrkräftekonferenz
- Bedeutung der Notenwerte
- Anforderungsgrade
- Niveaustufen: Reproduktion, Reorganisation, Transfer, problemlösendes Denken
- Übertritt 4. Klasse: 4 bis 18 Probearbeiten, Ersatz durch gleichwertigen Leistungsnachweis
- Anzahl von 4 Probearbeiten darf nicht unterschritten werden (Übertritt)
- Besonderheit 1. Halbjahr der 2. Jahrgangsstufe, Englisch: keine Benotung
- Orientierungsarbeiten dienen der Qualitätssicherung und -steigerung
- Vergleichsarbeiten in Jahrgangsstufen 3 und 8
- Nachteilsausgleich
- Notenschutz

Zeugnisse und Lernentwicklungsgespräche

- Zwischenzeugnisse: über Leistungsstand informieren, beratende Funktion, kein Dokument, Bemerkung über Arbeits-, Lern- und Sozialverhalten
- Besonderheit der Ziffernnoten in 1. und 2. Jahrgangsstufe
- Lernentwicklungsgespräch: Ersatz von Zwischenzeugnis, (in Jahrgangsstufen 1 bis 3 und 5 bis 7) auch Jahreszeugnis (in Jahrgangsstufe 1 und 3)
- Übertrittszeugnis: Durchschnittsnoten in Deutsch, Mathematik und Heimat- und Sachunterricht, Wortgutachten über Sozial-, Lern- und Arbeitsverhalten, ersetzt das Zwischenzeugnis
- Jahreszeugnis: Bemerkung über Sozial-, Lern- und Arbeitsverhalten, Vermerk über Vorrücken
- Formalia bei der Erstellung von Zeugnissen: Notenschutz, Lese-Rechtschreib-Schwäche, Unterschrift, Siegel

3.7 MEET – Methoden erschließen Themen

Ausreden für das Wiederholen

Die Seminarteilnehmer:innen erstellen eine Sprachnachricht, auf der sie einer Freundin oder einem Freund erklären, warum sie die aktuelle Jahrgangsstufe wiederholen müssen. Die Sprachnachricht darf auch witzig sein.

Recherchezeit und Austausch

Die Seminarteilnehmer:innen erschließen sich die Bestimmungen zum „Vorrücken“ bzw. „Wiederholen“ für ihre Schulart.

Diese werden tabellarisch oder auf Karteikarten festgehalten. Im Anschluss tauschen sich die Seminarteilnehmer:innen im Tandem darüber aus.

Recherche zum Probeunterricht bzw. zu den Abschlüssen der Mittelschule

Die GS-Seminarteilnehmer:innen erschließen sich den Ablauf des Probeunterrichts, die MS-Seminarteilnehmer:innen erarbeiten sich die Abschlüsse an der Mittelschule.

Anschließend halten sie einem:einer Partner:in einen kurzen Vortrag zu diesem Thema.

Die Informationen werden nun mit dem:der Partner:in auf einer Flipchart festgehalten, die für eine spätere Präsentation genutzt wird.

Partner:innenpräsentation mit Fragerunde

Die Partner:innen präsentieren nun ihre Inhalte mittels der selbst hergestellten Flipcharts einem anderen Tandem.

Dabei werden die Flipcharts jeweils ergänzt oder präzisiert, falls das zuhörende Tandem eine Ergänzung oder Präzisierung einbringt.

Alternativ könnte eine gemeinsame Flipchart erstellt werden.

➔ Alternative Methoden finden Sie zu Beginn dieses und der anderen Kapitel.

Fall

Der 10-jährige Rudi schafft das Klassenziel wahrscheinlich nicht. Die Eltern hören das erste Mal kurz vor dem Übertrittszeugnis davon.

Was ist die Aufgabe der Lehrkraft, wenn die Leistungen eines:einer Schüler:in in der Klasse absinken?

In der 9. und 10. Jahrgangsstufe wird die Gefährdung des Vorrückens nicht im Zeugnis vermerkt. Die Erziehungsberechtigten erhalten ein gesondertes Schreiben.

Gemäß Art. 53 Abs. 1 BayEUG rücken die Schüler:innen in die nächsthöhere Jahrgangsstufe vor, die während des laufenden Schuljahres die erforderlichen Leistungsnachweise erbracht und dabei den Anforderungen genügt haben.

Ein:e Schüler:in darf nach krankheitsbedingter Leistungsminderung mit einer günstigen pädagogischen Prognose nach Entscheidung der Klassenleitung – im Einvernehmen mit den jeweiligen Fachlehrer:innen – in die nächsthöhere Klasse „auf Probe" vorrücken.

Gemäß Art. 53 Abs. 2 BayEUG müssen Schüler:innen, die die Erlaubnis in der Grund- oder Mittelschule als Pflichtschule zum Vorrücken nicht erhalten haben, die bisher besuchte Jahrgangsstufe derselben Schulart wiederholen. Theoretisch könnten Grund- oder Mittelschüler:innen dieselbe Jahrgangsstufe mehrmals wiederholen, und nach Wiederholung einer Jahrgangsstufe auch die nachfolgenden mehrmals.

Müssen Grund- oder Mittelschüler:innen dieselbe Jahrgangsstufe zum zweiten Mal wiederholen oder nach Wiederholung einer Jahrgangsstufe auch die nächstfolgende, ist von der Grund- oder Mittelschule stets zu prüfen, ob nicht eine Überweisung in die Förderschule angebracht ist.

Die Vorgehensweise ist in § 5 GrSO und § 5 MSO geregelt. Vereinfacht in § 5 Abs. 3 GrSO:

§

GrSO §5 Abs. 3 (Überweisung an ein Förderzentrum)

(3) [1]Empfiehlt das sonderpädagogische Gutachten eine Überweisung an ein Förderzentrum und sind die Erziehungsberechtigten damit einverstanden, überweist die Grundschule die Schülerin oder den Schüler an das öffentliche Förderzentrum mit dem im Gutachten bezeichneten Förderschwerpunkt. […]

Sachinformation konkret nach Jahrgangsstufen

Schüler:innen der 1. und 2. Jahrgangsstufe rücken ohne besondere Entscheidung vor. Wenn das Kind trotz fördernder Maßnahmen im normalen Unterricht ständig überfordert wird und die Mindestanforderungen in Lesen, Schreiben, Rechtschreiben, Mathematik nicht erreicht, was sich in den Zeugnisberichten niederschlägt, entscheidet die Lehrkräftekonferenz.

(a) Jahrgangsstufen 3 und 4
Das Vorrücken in den Jahrgangsstufen 3 und 4 in die nächsthöhere Jahrgangsstufe wird in der Regel nicht gestattet, wenn die Noten in Deutsch (D), Mathematik (M) und Heimat- und Sachunterricht (HSU) nicht ausreichend sind nach folgendem Schlüssel:

- D oder M: Note 6 und HSU: Note 5
  oder D oder M: Note 5

oder

- D: Note 5 und M: Note 5 und HSU Note 6

(b) Jahrgangsstufen 5 bis 8
Vorrücken nicht gestattet, wenn

- Gesamtdurchschnitt schlechter als 4,0

oder

- in mehr als drei Fächern die Note 5 (Note 6 zählt zweimal wie Note 5).

Ein Notenausgleich in der Mittelschule ist nur in Mittlere-Reife-Klassen möglich.

(c) In den Mittlere-Reife-Klassen müssen Schüler:innen eine Klassenstufe wiederholen, wenn

- in einem Vorrückungsfach die Note 6

oder

- in zwei oder mehr Vorrückungsfächern die Note 5 (Notenausgleich möglich).

Fall

Die 10-jährige Marie wird wohl in Mathematik die Note 2 bekommen und in Deutsch die Note 3. HSU ist noch nicht sicher. Aber die Eltern rechnen auch mit der Note 2. Für welche Schulart sollte sich Marie interessieren?

Das Vorrücken aus der Jahrgangsstufe 3 – 4 und aus den Jahrgangsstufen 5 – 8 ist für Ihre Schulart wichtig. Welche Voraussetzungen gelten hier für die Grundschule bzw. für die Mittelschule?

(d) Regelungen für Schüler:innen mit nichtdeutscher Muttersprache oder Aussiedlerschüler:innen

An die Stelle des Faches Deutsch tritt Deutsch als Zweitsprache; falls kein Unterricht im Fach Deutsch als Zweitsprache erfolgt, werden in den ersten beiden Jahren des Schulbesuchs in der Bundesrepublik Deutschland unzureichende Leistungen im Fach Deutsch bei der Entscheidung über das Vorrücken nicht berücksichtigt und an die Stelle des Faches Englisch tritt das Fach Muttersprache.

(e) Spezielle Vorrückungsbestimmungen

- Auf Antrag der Erziehungsberechtigten kann ein:e Schüler:in freiwillig wiederholen.
- „Vorrücken auf Probe" ist bei krankheitsbedingten Wissenslücken möglich.
- Bei Nichterreichen des erfolgreichen Abschlusses der Mittelschule oder des qualifizierenden Abschlusses der Mittelschule ist auf Antrag der Erziehungsberechtigten die freiwillige Wiederholung der 9. Jahrgangsstufe der Mittelschule möglich; diese Regelungen gelten nicht für die Mittlere-Reife-Klassen.
- Auf Antrag eines Erziehungsberechtigten kann das Überspringen einer Jahrgangsstufe gestattet werden. Die Entscheidung trifft die Schulleitung.

3.9 Übertrittsverfahren

Organisatorische Hinweise zum Übertrittsverfahren

Gemäß § 6 Abs. 1 GrSO führt die Grundschule in den Jahrgangsstufen 3 und 4 Informationsveranstaltungen zur Wahl des schulischen Bildungsweges und zum Übertrittsverfahren durch. Lehrkräfte mit Erfahrungen an weiterführenden Schulen sollen zu den Informationsveranstaltungen herangezogen werden. Außerdem wird den Erziehungsberechtigten eine eingehende Beratung angeboten.

Gemäß § 6 Abs. 3 GrSO erhalten alle Schüler:innen der Jahrgangsstufe 4 öffentlicher oder staatlich anerkannter Grundschulen am ersten Unterrichtstag des Monats Mai ein Übertrittszeugnis, das feststellt, für welche Schulart sie geeignet sind. Das Übertrittszeugnis gilt nur für den Übertritt im jeweils folgenden Schuljahr. Erfolgt kein Übertritt, muss die Eignung für einen späteren Zeitpunkt neu erworben werden.

Art. 44 BayEUG und die Schulordnung für die Wirtschaftsschule in Bayern (WSO) regeln die Aufnahme in die zwei-, drei- und vierstufige Wirtschaftsschule. Schüler:innen, die vor dem Abschluss in die Wirtschaftsschule übertreten wollen, legen bei der Anmeldung im März das Original des Zwischenzeugnisses der Mittelschule vor. Schüler:innen, die nach dem Abschluss in die zweistufige Wirtschaftsschule übertreten wollen, legen bei der Anmeldung das Zeugnis über den qualifizierenden Mittelschulabschluss vor.

Übertrittsverfahren

Das Übertrittszeugnis enthält in Klasse 4

- die Jahresfortgangsnoten in allen Fächern, in den Fächern Deutsch und Mathematik mit zusätzlichen Erläuterungen;
- die Gesamtdurchschnittsnote aus den Fächern Deutsch, Mathematik und Heimat- und Sachunterricht (HSU);
- die zusammenfassende Beurteilung zur Eignung für den weiteren Bildungsweg;
- etwaige Hinweise über eine Gefährdung des Vorrückens.

Fall

Die Eltern von Jasmin erkundigen sich nach einem Übertrittszeugnis.

Was steht im Übertrittszeugnis?

Das Bayerische Kultusministerium hat für den Übertritt von der 4. Klasse eine Übersicht erstellt, aus der auf einen Blick die wichtigsten Bestimmungen eingesehen werden können. Die Vorbereitung für den Übertritt beginnt demnach bereits in der dritten Jahrgangsstufe der Grundschule.

kindgerechte Übertrittsphase

	Zeit	Maßnahmen	
3. Jgst.	gesamtes Schuljahr	Erweiterte Elternberatung und -begleitung im Übertritt	
		Individualberatung an beiden Elternsprechtagen/Sprechstunden, ein Element dabei sind auch die Ergebnisse der Orientierungsarbeiten/VERA Allgemeine schulsystembezogene Beratung an GS	
4. Jahrgangsstufe	gesamtes Schuljahr	**Maßnahmen zur Reduzierung des Zeitdrucks und zur höheren Transparenz**	
		Einführung einer Richtzahl von Leistungsnachweisen Ansage der Termine von Leistungsnachweisen Stärkere Ausweisung von Lernphasen	
	gesamtes Schuljahr	Erweiterte Elternberatung und -begleitung im Übertritt	
		Individualberatung an beiden Elternsprechtagen/Sprechstunden Allgemeine schulsystembezogene Beratung an GS Allgemeine Beratung an weiterführenden Schularten	
	Januar	Schriftliche Zwischeninformation zum Leistungsstand	
	Mai	**Übertrittszeugnis für alle Schüler mit Schullaufbahnempfehlung**	
		Schullaufbahnempfehlung GY bis Ø 2,33 (Deutsch, Mathematik, HSU)	**klare Schullaufbahnempfehlung RS** bis Ø 2,66 (Deutsch, Mathematik, HSU)
	Juni Mai	Probeunterricht an RS und GY (Fächer Deutsch und Mathematik)	
		Probeunterricht bestanden, wenn in den Fächern D und M mindestens die Noten 3 und 4 oder 4 und 3 erreicht werden	
		Freigabe des Elternwillens bis zur Notenkonstellation 4/4 in D und M	

Gesamtkonzept des kind- und begabungsgerechten Übertrittsverfahrens (Quelle: Bayerisches Staatsministerium für Unterricht und Kultus)

Übertritt aus der 4. Klasse in Gymnasium oder Realschule:

Fächer	Durchschnitt	Zeugnis	Eignung
D/M/HSU	2,33	Übertrittszeugnis	Gymnasium Klasse 5
D/M/HSU	2,66	Übertrittszeugnis	Realschule Klasse 5

Bei schlechterem Schnitt ist eine Teilnahme am Probeunterricht möglich.

Übertritt aus der 4. Klasse an die Mittelschule:
Dieser ist ohne weitere Formalitäten an die Sprengelmittelschule möglich.

Übertritt aus der 5. Klasse der Mittelschule:

Fächer	Durchschnitt	Zeugnis	Eignung
D/M	2,0	Jahreszeugnis	Gymnasium Klasse 5
D/M	2,50	Jahreszeugnis	Realschule Klasse 5
D/M/E	2,0	Jahreszeugnis	Realschule Klasse 6
D/M/E	2,66	Jahreszeugnis	Wirtschaftsschule Klasse 6

Übertritt aus der 6. Klasse der Mittelschule:

Fächer	Durchschnitt	Zeugnis	Eignung
D/M/E	Aufnahmeprüfung	Aufnahmeprüfung	Gymnasium Klasse 7
D/M/E	2,0 und Probezeit	Jahreszeugnis	Realschule Klasse 7
D/M/E	2,66	Zwischenzeugnis Jahreszeugnis	Wirtschaftsschule Klasse 7

Fälle

Konstruieren Sie eine Möglichkeit, wie ein:e Schüler:in auch aus der Mittelschule noch an eine andere Schulart wechseln kann.

Im Übertrittszeugnis hat der 11-jährige Jaro keine Empfehlung für das Gymnasium oder die Realschule. Im Probeunterricht an der Realschule bekommt er die Noten 4 in Deutsch und Mathematik. An welche Schulart kann er gehen?

Die fleißige Songül möchte nach der vierten Klasse an ein Gymnasium übertreten. Welche Noten muss sie in welchen Fächern erzielen? Ihre Großeltern fragen sie, ob es noch weitere Möglichkeiten gäbe.

3.10 Abschlüsse an der Mittelschule, Zeugnisse und damit verbundene Berechtigungen

Abschlussloser Schulbesuch

Verlassen der Mittelschule nach neun Jahren:
Leider verlassen einzelne Schüler:innen die Mittelschule nach neun Jahren ohne Erfolg.

§

MSO §18 Abs. 8 Satz 1 (Zwischen- und Jahreszeugnisse)
(8) [1]Schülerinnen und Schüler, die mit Erfüllung der Vollzeitschulpflicht den erfolgreichen Abschluss der Mittelschule nicht erreicht haben, erhalten ein Jahreszeugnis mit folgendem Vermerk: „Sie/Er ist zum Besuch der Berufsschule oder einer sie ersetzenden schulischen Einrichtung verpflichtet, sofern nicht freiwillig die Mittelschule besucht wird."

Bei Wiederholungsschüler:innen kann die Vollzeitschulpflicht natürlich auch schon nach der 7. oder 8. Klasse erfüllt sein. Ein freiwilliger Besuch der Mittelschule nach 9 oder 10 Schulbesuchsjahren ist gem. § 38 BayEUG auf Antrag der Erziehungsberechtigten möglich. Die Entscheidung hierüber trifft die Schule. Die Genehmigung kann verweigert werden, „wenn zu erwarten ist, dass […] die Sicherheit oder die Ordnung des Schulbetriebs oder die Verwirklichung der Bildungsziele der Schule erheblich gefährdet ist" (z. B. grobe Verhaltensauffälligkeiten in der bisherigen Schulzeit, notorisches Schulschwänzen usw.).

Verlassen der MS nach zehn Jahren ohne Erfolg:
Für den unwahrscheinlicheren Fall, dass die Schüler:innen die 10. Klasse ohne Abschluss verlassen, gilt folgende Regelung:

§

MSO §18 Abs. 8 Satz 2 (Zwischen- und Jahreszeugnisse)
(8) [2]Schülerinnen und Schüler, die die Jahrgangsstufe 10 ohne Erfolg besucht haben, erhalten ein Jahreszeugnis.

Abgang von der Schule im Schuljahr:
Einzelne Schüler:innen wechseln im Schuljahr die Schule. Auch hierfür finden sich klare Regelungen. §18 Abs. 1 der MSO besagt, dass ein:e Schüler:in, der:die während des Schuljahres die Grund- und Mittelschule verlässt, ein Zwi-

schenzeugnis erhält, das als **Abgangszeugnis** zu kennzeichnen ist. Gründe wären z. B. der freiwillige Abbruch eines genehmigten laufenden Besuchs der Mittelschule oder ein Schulwechsel während des Schuljahres (z. B. durch Umzug); in diesem Fall gilt diese Vorschrift selbstverständlich in allen Jahrgangsstufen.

Entlassung aus der Mittelschule als Ordnungsmaßnahme:
Bei der Entlassung von der Mittelschule als Ordnungsmaßnahme erhält der:die Schüler:in anstelle eines Zeugnisses eine Bescheinigung über die Dauer des Schulbesuchs während des laufenden Schuljahres. Diese Bestimmung greift nur bei freiwilliger und gescheiterter Verlängerung der Volksschulpflicht.

Es gibt leider viele Möglichkeiten, ohne einen erfolgreichen Abschluss die Schule zu verlassen. Erklären Sie eine mögliche Variante und memorieren Sie diese für die Prüfung.

Der 15-jährigen Sara steht ein kompletter Schulabschluss bevor, weil sie schon im 10. Schulbesuchsjahr ist. Bisher hat sie noch keinen Verweis. Ist das möglich?

Abschlüsse und Zeugnisse der Mittelschule

Die Mittelschule kann, je nach mehr oder weniger erfolgreich absolvierter Schullaufbahn, ihren Schüler:innen verschiedene Zeugnisse zuerkennen.

Der erfolgreiche Abschluss der Mittelschule:
Laut § 19 Abs. 1 MSO ist der erfolgreiche Abschluss der Mittelschule erreicht, wenn in der Jahrgangsstufe 9 die Gesamtdurchschnittsnote aus allen Vorrückungsfächern mindestens 4,0 beträgt und in höchstens drei Fächern eine schlechtere Note als die Note 4 erzielt wurde; die Note 6 zählt dabei wie zweimal die Note 5. Dabei gelten alle Fächer außer Sport als Vorrückungsfächer.

Zeugnis über den qualifizierenden Abschluss der Mittelschule:
Der sogenannte „Quali“ gilt bei vielen Lehrkräften als die schwerste Abschlussprüfung, da zu dessen Bestehen ein Durchschnitt von 3,0 benötigt wird. Neben der Projektprüfung werden diese Einzelprüfungen in der MSO benannt.

§

MSO §23 Abs. 1 (Besondere Leistungsfeststellung)

(1) Die besondere Leistungsfeststellung für den qualifizierenden Abschluss der Mittelschule umfasst

1. für alle teilnehmenden Schülerinnen und Schüler die Fächer Deutsch und Mathematik,
2. nach Wahl der Schülerin oder des Schülers eines der Fächer Englisch, Natur und Technik oder Geschichte/Politik/Geographie,
3. nach Wahl der Schülerin oder des Schülers eines der Fächer Religionslehre, Ethik, Islamischer Unterricht, Sport, Musik, Kunst, Informatik, Informatik und digitales Gestalten, Buchführung; hierbei kann nur ein Fach gewählt werden, das die Schülerin oder der Schüler als benotetes Fach besucht hat.

Zeugnis über den mittleren Schulabschluss (sog. „Mittlere Reife") an der Mittelschule:

Auch an der Mittelschule kann ein mittlerer Abschluss erworben werden. Dieser wird nach der 10. Jahrgangsstufe erreicht. Anbei die Bestimmungen dazu.

§

MSO §29 Abs. 1, 3 und 4 (Abschlussprüfung)

(1) Die Abschlussprüfung umfasst für alle Schülerinnen und Schüler die Fächer Deutsch, Mathematik und Englisch sowie eine Projektprüfung gemäß §12 Abs. 4.

(3) [1]Die Abschlussprüfung besteht

1. im Fach Deutsch aus einer schriftlichen und mündlichen Prüfung in Form eines Referats,
2. im Fach Mathematik aus einer schriftlichen Prüfung,
3. im Fach Englisch aus einer schriftlichen und mündlichen Prüfung,
4. aus einer Projektprüfung mit schriftlichen, mündlichen und praktischen Lerninhalten des Fachs Wirtschaft und Beruf sowie des jeweiligen in der Jahrgangsstufe 10 besuchten berufsorientierenden Wahlpflichtfachs. […]

(4) [1]Die Aufgaben werden für die schriftliche Prüfung in den Fächern Deutsch, Mathematik, Englisch und Muttersprache vom Staatsministerium, in den übrigen Fächern durch die Schule gestellt. [2]Mündliche Prüfungen und Projektprüfungen können ab Mai abgenommen werden.

Der mittlere Schulabschluss kann nach dem Besuch der zehnten Klasse der Mittelschule erworben werden. Er ist erreicht, wenn in den Abschlussfächern jeweils mindestens ausreichende Leistungen (höchstens einmal die

Note 5) erzielt werden. Wie beim qualifizierenden Abschluss zählen auch in dieser Prüfung die Jahresfortgangsnoten und die Prüfungsnoten.

Zeugnis über den erfolgreichen Mittelschulabschluss der Praxisklasse: Einen theorieentlasteten Abschluss bieten die sogenannten „Praxisklassen" an der Mittelschule. Hier kann seit einigen Jahren der „erfolgreiche Abschluss der Mittelschule" erworben werden, wenn man die Abschlussprüfung besteht.

§

MSO §22 Abs. 1-4 (Praxisklasse)

(1) [1]Schülerinnen und Schüler, die mindestens im 9. Schulbesuchsjahr sind und die eine Praxisklasse oder Deutschklasse besuchen, haben die Möglichkeit, den erfolgreichen Abschluss der Mittelschule mit dem Bestehen einer theorieentlasteten Abschlussprüfung zu erlangen. [2]Für die Prüfung ist an Schulen, die eine Praxisklasse oder Deutschklasse führen, eine Prüfungskommission zu bilden […].

(2) [1]Die Prüfung umfasst

1. im Fach Deutsch oder Deutsch als Zweitsprache einen schriftlichen und einen mündlichen Teil,
2. im Fach Mathematik einen schriftlichen Teil,
3. im Fächerverbund Wirtschaft und Beruf, Geschichte/Politik/Geographie und Natur und Technik – in der Praxisklasse – und im Fächerverbund Geschichte/Politik/Geographie und Natur und Technik – in der Deutschklasse – insgesamt einen schriftlichen Teil,
4. eine Projektprüfung. […]

Zeugnis über den „Qualifizierten beruflichen Bildungsabschluss" („Quabi"):
Bei Vorliegen der Voraussetzungen kann im Nachgang an eine berufliche Ausbildung noch der „Quabi" zugesprochen werden. Dazu gilt das Folgende:

§

MSO §34 Abs. 1 und 2 (Zuerkennung)

(1) [1]Für die Zuerkennung des qualifizierten beruflichen Bildungsabschlusses muss ein Berufsabschluss mit einem Notendurchschnitt von mindestens 3,0 im Abschlusszeugnis einer staatlich anerkannten Berufsausbildung mit einer Regelausbildungsdauer von mindestens zwei Jahren nachgewiesen werden. […]

(2) Die geforderten Englischkenntnisse werden nachgewiesen durch die Note „ausreichend" […]

1. im Abschlusszeugnis einer Mittelschule über den erfolgreichen oder qualifizierenden Abschluss oder

2. im Jahreszeugnis der Jahrgangsstufe 9 oder 10 eines Gymnasiums, einer Realschule, einer Wirtschaftsschule oder einer Schule besonderer Art oder
3. im Zeugnis über den Nachweis erforderlicher Englischkenntnisse für den mittleren Schulabschluss der Berufsschule und Berufsfachschule und für den qualifizierten beruflichen Bildungsabschluss (§28 Abs. 10) oder
4. im Abschlusszeugnis der Berufsschule oder Berufsfachschule im Pflichtfach oder Wahlfach; dem Abschlusszeugnis der Berufsfachschule steht das Jahreszeugnis des letzten Schuljahres der Berufsfachschule gleich.

Wie kann man nach der Mittelschule zusätzlich den Quabi erreichen?

David ist ein Vorzeigeschüler der Klasse 9M. Daher interessiert er sich schon frühzeitig im Schuljahr für die Bedingungen zum Bestehen des qualifizierenden Abschlusses in der 9. Klasse und die Mittlere Reife in der 10. Klasse. Wie besteht man welchen der beiden Abschlüsse?

Berechtigungen und Anschlüsse nach dem erfolgreichen Besuch der Mittelschule:
Im Bildungs- und Erziehungsauftrag des LehrplanPLUS der Mittelschule werden Abschlüsse und Anschlüsse aufgeführt.

Im Anschluss an den erfolgreichen bzw. den qualifizierenden Abschluss der Mittelschule oder den mittleren Schulabschluss an der Mittelschule stehen den Schüler:innen je nach Zugangsbestimmungen unterschiedliche berufliche oder schulische Bildungsmöglichkeiten offen.

Der qualifizierende Abschluss der Mittelschule berechtigt die Schüler:innen neben dem Beginn der beruflichen Ausbildung unter bestimmten Voraussetzungen zur Aufnahme in die Vorbereitungsklassen oder zum Eintritt in die Jahrgangsstufe 10 der Mittelschule, um dort den mittleren Schulabschluss an der Mittelschule zu erwerben.

Außerdem können Schüler:innen mit qualifizierendem Abschluss der Mittelschule unter bestimmten Voraussetzungen nach einer abgeschlossenen Berufsausbildung den qualifizierten beruflichen Bildungsabschluss als mittleren Schulabschluss anerkennen lassen.

Der mittlere Schulabschluss an der Mittelschule ermöglicht grundsätzlich den Besuch einer Fachoberschule oder einer Einführungsklasse am Gymnasium, deren erfolgreicher Besuch zum Eintritt in die Jahrgangsstufe 11 des Gymnasiums berechtigt.

Die Übersicht auf der Folgeseite zeigt die zahlreichen Möglichkeiten auf einen Blick.

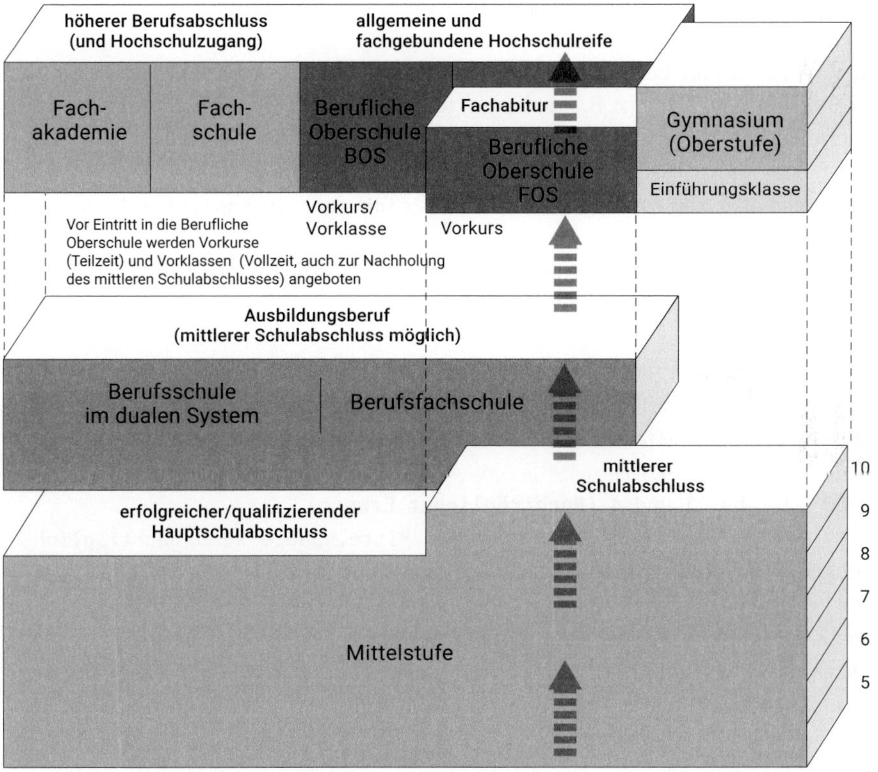

Möglichkeiten nach dem Besuch der bayerischen Mittelschule (nach: „Abschlüsse und Anschlüsse im Überblick“ aus: *Die bayerische Mittelschule*, Bayerisches Staatsministeriums für Unterricht und Kultus)

➔ Lesen Sie auch über das durchlässige Schulsystem in Kapitel 2.2 nach.

Sonderfälle

Es gibt im Schulwesen immer Schüler:innen in einer besonderen Situation, auf die es bei Leistungsnachweisen, Prüfungen usw. Rücksicht zu nehmen gilt. Exemplarisch seien hier genannt:

- Schüler:innen mit sonderpädagogischem Förderbedarf;
- Schüler:innen mit einer erheblichen Beeinträchtigung der Motorik;
- Schüler:innen mit erheblichen Behinderungen;
- Schüler:innen mit Legasthenie;
- Schüler:innen mit nichtdeutscher Muttersprache;
- externe Prüfungsteilnehmer:innen, die nicht dem Klassenverband angehören und somit keine Jahresfortgangsnoten mitbringen.

Für die ersten vier Fälle dieser Aufzählung sieht die BaySchO in § 33 den sog. „Nachteilsausgleich" (z. B. verlängerte Arbeitszeit, Alternativaufgaben im gleichen Anforderungsniveau, Zulassung bestimmter Hilfsmittel) vor.

➔ Lesen Sie zum Thema Nachteilsausgleich auch in Kapitel 4.6 nach.

Besonders zwei Gruppen werden hinsichtlich des Abschlusses der Mittelschule von der MSO angesprochen:

(a) externe Prüfungsteilnehmer:
Die erste Möglichkeit für diese ist der nachträgliche Erwerb des Zeugnisses des erfolgreichen Mittelschulabschlusses über eine externe Prüfung.

§

MSO § 21 Abs. 1 und 4 (Nachträglicher Erwerb)

(1) Der erfolgreiche Abschluss der Mittelschule kann nachträglich durch eine Leistungsfeststellung erworben werden.

(4) [1]Zur Leistungsfeststellung wird zugelassen, wer die Vollzeitschulpflicht erfüllt hat. [2]Die Bewerberin oder der Bewerber kann sich der Leistungsfeststellung an jeder Mittelschule mit einer Jahrgangsstufe 9 unterziehen.

Analoge Regelungen gelten für den „Mittleren Bildungsabschluss".

Grundsätzlich gelten für alle Prüfungen von Externen u. a.:

- Es werden keine Gebühren erhoben.
- Es gibt keine notenmäßigen Teilnahmevoraussetzungen, also Jahresfortgangsnoten werden nicht einbezogen.

(b) Schüler:innen mit nichtdeutscher Muttersprache:
Gesicherte Deutschkenntnisse sind eine der wichtigsten Voraussetzungen für eine erfolgreiche Schullaufbahn. Der folgende Kasten gibt einen Überblick über die derzeit möglichen Deutschfördermaßnahmen, danach folgen Angaben zur Möglichkeit, Abschlüsse der Mittelschule zu erwerben.

Deutschfördermaßnahmen und Abschlüsse der Mittelschule

Deutschklasse:
Schüler:innen mit nichtdeutscher Muttersprache, die nach Deutschland zugewandert sind und keine oder nur geringe Deutschkenntnisse haben, besuchen i. d. R. zunächst für ein Schuljahr, maximal für zwei Schuljahre, eine Deutschklasse. Die Stundentafel für die Deutschklasse sieht in allen Jahrgangsstufen zehn Wochenstunden Unterricht im Fach Deutsch als Zweitsprache (DaZ) auf der Basis des LehrplanPLUS Grundschule bzw. Mittelschule vor, in denen sich die Schüler:innen intensiv und systematisch mit dem Erlernen der deutschen Sprache beschäftigen.
Darüber hinaus ist der Spracherwerb wesentliche Aufgabe aller Fächer. In einem sprachsensiblen Unterricht werden anhand der jeweils fachspezifischen Inhalte die erworbenen Sprachkompetenzen aufgegriffen und weiter ausgebaut.
Ziel der Deutschklasse ist es, die Schüler:innen zügig auf den Besuch einer Regelklasse vorzubereiten und so eine möglichst rasche Integration der Kinder und Jugendlichen zu ermöglichen.
Für Schüler:innen mit nichtdeutscher Muttersprache, die eine Regelklasse besuchen, werden begleitende Fördermaßnahmen angeboten.

DeutschPLUS-Kurs:
Ergänzend zum Pflichtunterricht kann ein zusätzlicher Kurs zur Sprachförderung im Umfang von bis zu vier Wochenstunden eingerichtet werden.

DeutschPLUS-Differenzierung:
DeutschPLUS-Maßnahmen können als Differenzierungsangebote im Rahmen des Pflichtunterrichts mit bis zu 12 Wochenstunden durchgeführt werden. Im Rahmen von DeutschPLUS können Gruppen von ca. zwölf Schüler:innen eingerichtet werden, die in ausgewählten Fächern bis zu 12 Wochenstunden Unterricht getrennt von ihrer Stammklasse erhalten. In den übrigen Fächern nehmen sie am Unterricht ihrer Stammklasse teil.

(Quelle: www.km.bayern.de)

Schüler:innen mit nichtdeutscher Muttersprache können ein Zeugnis über den qualifizierenden Abschluss der Mittelschule erwerben. Die Voraussetzungen sind Ihnen bereits aus Kapitel 3.10 bekannt. Die benannte Klientel darf unter bestimmten Voraussetzungen Deutsch durch die Muttersprache ersetzen.

MSO §21 Abs. 2 (Nachträglicher Erwerb)

(2) [2]Für Bewerberinnen oder Bewerber mit nichtdeutscher Muttersprache tritt auf Antrag an die Stelle des Fachs Englisch das Fach Muttersprache, sofern das Staatsministerium eine Prüfung anbieten kann.

Ebenso besteht die Möglichkeit auf ein Zeugnis über den mittleren Schulabschluss (sog. „Mittlere Reife") an der Mittelschule.

MSO §29 Abs. 2 und 3 (Abschlussprüfung)

(2) Die Abschlussprüfung im Fach Englisch kann auf Antrag bei Schülerinnen und Schülern mit nichtdeutscher Muttersprache durch eine Prüfung in der nichtdeutschen Muttersprache ersetzt werden, wenn der Antrag bei der Aufnahme in die Jahrgangsstufe 9 oder 10 gestellt und genehmigt worden ist.

(3) [1]Die Abschlussprüfung besteht

1. im Fach Deutsch aus einer schriftlichen und mündlichen Prüfung in Form eines Referats,
2. im Fach Mathematik aus einer schriftlichen Prüfung,
3. im Fach Englisch aus einer schriftlichen und mündlichen Prüfung,
4. aus einer Projektprüfung mit schriftlichen, mündlichen und praktischen Lerninhalten des Fachs Wirtschaft und Beruf sowie des jeweiligen in der Jahrgangsstufe 10 besuchten berufsorientierenden Wahlpflichtfachs.

[2]Die Abschlussprüfung im Fach Muttersprache besteht aus einer schriftlichen Prüfung als Fernprüfung.

Wie erreicht man an der Mittelschule die „Mittlere Reife"?

Schüler:innen mit nichtdeutscher Muttersprache bekommen zahlreiche Hilfsangebote in unserem Schulsystem. Nennen Sie mindestens eine konkrete Hilfe während der Schulzeit und ebenso eine konkrete Hilfe in der Abschlussprüfung und erklären Sie diese.

3.11 KNOW – Karten nennen und organisieren Wissen

Vorrücken und Wiederholen

Bestimmungen zum Wiederholen bzw. Erlaubnis zum Vorrücken:

- Vorrücken auf Probe immer möglich
- Informationspflicht der Schule über Leistungsänderungen
- in 9./10. kein Vermerk über Gefährdung im Zeugnis
- automatisches Vorrücken in 1./2.
- Vorrückungsfächer in 3./4.: D, M, HSU
- Durchschnitte zum Sitzenbleiben (> 4,0 oder mehr als 3 Mal die Note 5)
- freiwilliges Wiederholen auf Antrag der Erziehungsberechtigten
- freiwilliges Wiederholen bei Nichterreichen des erwünschten Abschlusses der Mittelschule
- sonderpädagogisches Gutachten zur Überweisung an ein Förderzentrum
- Bei Schüler:innen mit nichtdeutscher Muttersprache gibt es Sonderregelungen, Deutsch wird in der Regel nicht berücksichtigt.

Übertrittsverfahren

- Informationsabende in den Jahrgängen 3 und 4 sind Pflicht.
- Übertrittszeugnis im Mai für alle in Jahrgangsstufe 4
- Die Gesamtdurchschnitte in D, M und HSU zählen im Übertrittszeugnis.
- Übertritt an die Mittelschule aus der Grundschule ohne formale Hürden
- Übertritt an GY und RS auch aus der Mittelschule möglich
- Übertritt an andere Schularten aus der 4. Klasse der Grundschule (2,33 GY, 2,66 RS)
- dreitägiger Probeunterricht mit Leistungserhebungen in Deutsch und Mathematik
- Probeunterricht bestanden mindestens mit den Noten 3 und 4, bei 4 und 4 entscheidet der Elternwille
- bei Rückkehr an die Mittelschule im laufenden Schuljahr in der Regel Besuch der nächsthöheren Stufe

Abschlüsse an Mittelschulen

Vollzeitschulpflicht der MS in der Regel 9 Jahre, kann in 7./8. erfüllt sein, freiwilliger Besuch möglich.

- Zwischenzeugnis = Abgangszeugnis
- erfolgreicher MS-Abschluss: 4,0 und in nicht mehr als zwei Fächern 5
- erfolgreicher Quali: 3,0
- erfolgreiche Mittlerer Reife an MS: mindestens immer 4, maximal einmal 5
- theorieentlastete Abschlussprüfung in Praxisklasse möglich für MS-Abschluss
- QuaBi nach 3,0 bei beruflichem Bildungsabschluss und E-Nachweis 4 möglich
- externer und nachträglicher Erwerb der Abschlüsse möglich
- Schüler:innen nichtdeutscher Muttersprache haben auf Antrag statt E die Muttersprache.

4 Rechte und Pflichten der Schüler:innen

oder *Me, myself and I*

Frei nach dem Motto „Wer bin ich? Und wenn ja, in wie vielen Rollen?“ stehen die Schüler:innen stets im Mittelpunkt jeder schulischen, unterrichtlichen, erzieherischen und rechtlichen Situation. Sie sind die Sonne, die alles andere umkreist.

Dieses Kapitel legt, nach zwei methodischen *MEET*-Seiten zur Erarbeitung der neuen Inhalte, den Fokus auf die *Rechte und Pflichten der Schüler:innen*. Einige wichtige Grundsätze zur Stellung dieser werden angesprochen, bevor deren einzelne Rechte und Pflichten im Detail beschrieben werden.
Das Thema *Hausaufgaben* wird ebenso mit Blick auf die Schüler:innen beleuchtet und weist auf die Rolle der Erziehungsberechtigten und der Lehrkräfte hin. Kann der Unterrichts- und Schulbetrieb nicht aufrechterhalten werden, weil sich Schüler:innen nicht an die Regeln und Pflichten halten, kommt es zu *Erziehungs- und Ordnungsmaßnahmen*. Diese werden anschließend aufgeführt.
Schüler:innen mit nichtdeutscher Muttersprache und vor allem ihre sprachliche Förderung stehen im Mittelpunkt des folgenden Abschnitts.
Das Thema „Inklusion“ ist immer noch in aller Munde und findet seinen Platz bei den *Schüler:innen mit sonderpädagogischem Förderbedarf*.
Nach einigen Gedanken zum Thema Schüler:innenmitverantwortung *SMV* schließen die zusammenfassenden *KNOW-Karten* das Kapitel Rechte und Pflichten der Schüler:innen ab.

Claus Heiner könnte schwören, dass er als Schüler nicht viele Rechte hatte …

4.1 MEET – Methoden erschließen Themen

Walk and talk

Zu beschwingter Musik laufen die Seminarteilnehmer:innen durch den Raum. Stoppt die Musik, finden sich Gruppen von zwei bis vier Personen zusammen.

Eine Lehrkraft, z. B. die Seminarleitung, ruft ein Stichwort in den Raum und die Seminarteilnehmer:innen tragen so viele Informationen dazu wie möglich zusammen.

Recherchezeit

Nun kann mit dem Kompendium das Wissen gefestigt und ausgebaut werden.

Ist ein Punkt bearbeitet, können die Seminarteilnehmer:innen ein Haltestellenschild im Klassenzimmer aufsuchen.

Haltestellen

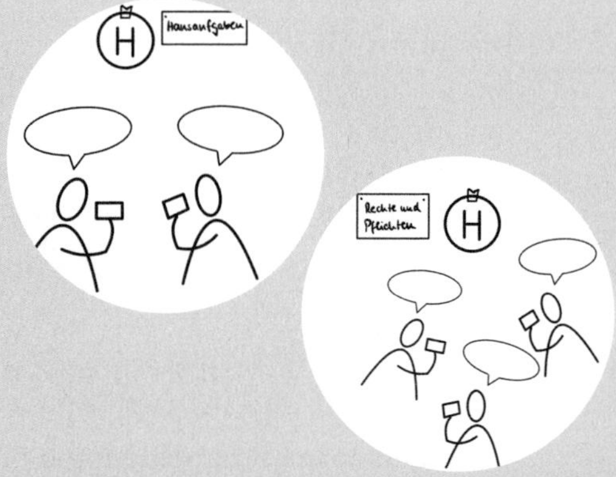

Die Haltestellen sind mit verschiedenen Namensschildern versehen: Halteschild „Rechte und Pflichten der Schüler:innen“, Halteschild „Hausaufgaben“ etc.

Die Seminarteilnehmer:innen können sich beim jeweiligen Haltestellenschild austauschen, um zu eruieren, ob sie weiter recherchieren müssen oder ein neues Thema bearbeiten können.

Walk and talk

In einer wiederholten „Walk and talk“-Runde gehen die Seminarteilnehmer:innen wieder zur Musik durch den Raum.

Stoppt die Musik, trägt eine Lehrkraft einen Fall vor und die Seminarteilnehmer:innen tauschen sich mit mehr Wissen und Informationen zu diesem Fall aus.

➔ Alternative Methoden finden Sie zu Beginn jeden Kapitels.

4.2 Rechte und Pflichten allgemein

Die Kultusministerkonferenz hat in ihrer Erklärung vom 25. Mai 1973 wichtige Grundsätze zur Stellung der Schüler:innen in der Schule formuliert. Die nachfolgenden zehn Punkte orientieren sich an dieser Veröffentlichung:

1. Regeln für das Zusammenleben in der Schule sind nötig; sie erwachsen aus der Spannung zwischen individueller Freiheit und notwendigen Bindungen.
2. Erziehung zur Selbstständigkeit, Selbstverantwortung und Mündigkeit setzt voraus, dass die Schüler:innen altersentsprechend an der Gestaltung des Schullebens beteiligt werden.
3. Erziehung zu Selbstständigkeit, Selbstverantwortung und Mündigkeit schließt ein, dass die Schüler:innen lernen, ihre Rechte wahrzunehmen, Rechtsnormen zu achten und rechtmäßige, begründete Entscheidungen zu respektieren.
4. Recht auf Bildung bedeutet zugleich Pflicht, vom Bildungsangebot sinnvoll Gebrauch zu machen; ohne bestimmte Leistungsforderungen wäre die Schule wirklichkeitsfremd.
5. Unterricht und Erziehung in der Schule erfordern grundsätzlich die Anwesenheit der Schüler:innen; Schulpflicht bedeutet Anwesenheitspflicht.
6. Die Lehrkraft trägt die Verantwortung für ihren Unterricht, insbesondere dafür, dass Lernprozesse erfolgreich ablaufen können; dem ist bei der Arbeit in der Schule Rechnung zu tragen.
7. Die Schule muss den Eltern Gelegenheit zu verantwortlicher Mitarbeit geben.
8. In einzelnen Bereichen ist die Schule in besonderer Weise auf eine Zusammenarbeit mit anderen Institutionen angewiesen, z. B. mit den Trägern der Berufsausbildung und – entsprechend den landesrechtlichen Regelungen – mit den Kirchen.
9. Die Schule ist Teil unserer gesellschaftlichen Ordnung und wandelt sich mit ihr. Sie erzieht die Schüler:innen zu entscheidungsfähigen und entscheidungsbereiten Bürger:innen und wirkt damit auch auf die Gesellschaft zurück. Die Schule ist jedoch kein Ort der Agitation für gesellschaftliche Veränderungen.
10. Die Schule umfasst nicht das gesamte Leben der Schüler:innen. Wie sie die Rechte der Schüler:innen außerhalb der Schule zu respektieren hat, muss sie andererseits auch die Ausübung bestimmter Rechte der Schüler:innen, z. B. im Bereich der politischen Betätigung, auf den außerschulischen Raum verweisen.

Auf der Grundlage dieser Erklärung werden dann in den Schulgesetzen und -ordnungen der einzelnen Bundesländer die Rechte und Pflichten der Schüler:innen verbindlich festgeschrieben.

Fall

Der Schüler Thomas möchte wissen, auf welcher Note er im Fach Deutsch steht, und geht zu seiner Lehrkraft.

Stellen Sie bitte die Pflichten und Rechte eines:einer Schüler:in gegenüber.

Die Rechte der Schüler:innen in der Schule

Zur besseren Übersichtlichkeit werden hier die Rechte der Schüler:innen, wie sie in Art. 56 BayEUG festgelegt sind, in drei Gruppen gegliedert:

Die Schüler:innen haben folgende **Informationsrechte:**
- über wesentliche Angelegenheiten des Schulbetriebs hinreichend unterrichtet zu werden;
- Auskunft über ihren Leistungsstand und Hinweise auf eine Förderung zu erhalten.

Die Schüler:innen haben folgende **Beteiligungsrechte:**
- sich am Schulleben zu beteiligen;
- im Rahmen der Schulordnung und der Lehrpläne an der Gestaltung des Unterrichts mitzuwirken.

Die Schüler:innen haben folgendes **Beschwerderecht:**
- sich bei als ungerecht empfundener Behandlung oder Beurteilung nacheinander an Lehrkräfte, die Schulleitung oder das Schulforum zu wenden.

Dazu kommt noch das Recht der freien Meinungsäußerung; dieses wird aber mit der Grenze der „Wahrung des sachlichen Zusammenhangs" versehen, um zum Beispiel politische Agitation o. Ä. zu vermeiden.

Pädagogisch ist noch anzumerken, dass die Gewährung dieser Rechte teilweise von Alter, Reife, Interesse der Schüler:innen abhängt. Bei minderjährigen Schüler:innen gelten natürlich einige dieser Rechte auch für die Erziehungsberechtigten (z. B. die Informationen über den Leistungsstand).

Die Pflichten der Schüler:innen in der Schule

Laut Art. 35 BayEUG besteht Schulpflicht für alle Schüler:innen, die die altersgemäßen Voraussetzungen erfüllen und ihren gewöhnlichen Aufenthalt in Bayern haben. Die Schulpflicht dauert 12 Jahre, wobei sich diese in die Vollschulzeitpflicht (9 Jahre) und die Berufsschulpflicht (3 Jahre) gliedert.

Art. 56 Abs. 4 BayEUG führt aus, wie sich die Schüler:innen im Unterricht und in der Schule zu verhalten haben.

BayEUG Art. 56 Abs. 4 (Rechte und Pflichten)

(4) [1]Alle Schülerinnen und Schüler haben sich so zu verhalten, dass die Aufgabe der Schule erfüllt und das Bildungsziel erreicht werden kann. [2]Sie dürfen insbesondere in der Schule und bei Schulveranstaltungen ihr Gesicht nicht verhüllen, es sei denn, schulbedingte Gründe erfordern dies; zur Vermeidung einer unbilligen Härte können die Schulleiterin oder der Schulleiter Ausnahmen zulassen. [3]Darüber hinaus haben sie insbesondere die Pflicht, am Unterricht regelmäßig teilzunehmen und die sonstigen verbindlichen Schulveranstaltungen zu besuchen. [4]Erfolgt die Teilnahme am Distanzunterricht im Wege einer Videoübertragung, sind die teilnehmenden Schülerinnen und Schüler zur Übertragung des eigenen Bildes und Tones verpflichtet, soweit die Aufsicht führende Lehrkraft dies aus pädagogischen Gründen fordert und die technischen Voraussetzungen vorliegen. [5]Die Schülerinnen und Schüler haben alles zu unterlassen, was den Schulbetrieb oder die Ordnung der von ihnen besuchten Schule oder einer anderen Schule stören könnte. [6]Die Schülerinnen und Schüler sind verpflichtet, an der Erstellung des sonderpädagogischen Gutachtens nach Art. 41 Abs. 4 Satz 2 sowie im Rahmen des Verfahrens nach Art. 41 Abs. 6 mitzuwirken.

Ist es nicht möglich, den geordneten Schulbetrieb aufrechtzuerhalten, können Erziehungs- und Ordnungsmaßnahmen eingesetzt werden.

Informationen finden Sie dazu in Kapitel 4.4.

Fall

Die 15-jährige Uschi filmt die Lehrkraft im Unterricht und stellt das Video in ihre Social-Media-Gruppe.

Nennen Sie ein Schüler:innenrecht und geben Sie ein konkretes Beispiel aus Ihrer Unterrichtspraxis.

Sieht man das Verhältnis zwischen den Rechten und Pflichten von Schüler:innen, findet man ein eindeutiges Übergewicht bei den Rechten.

Dennoch gibt es neben der Schulpflicht und der Vorgabe, alles zu unterlassen, was den Schulbetrieb oder die Ordnung der Schule stören könnte, ebenso Pflichten:

Handys zählen zu den digitalen Endgeräten und sind nach Art. 56 Abs. 5 BayEUG im Unterricht und bei sonstigen Schulveranstaltungen nur zulässig, soweit die Aufsicht führende Person dies gestattet. Im Schulgebäude und auf dem Schulgelände kann dies die Schulleitung im Einvernehmen mit dem Schulforum allgemein oder die Aufsicht führende Person im Einzelfall gestatten.

Rauchen: Im Gesetz zum Schutz der Gesundheit (GSG) findet man in Art. 3, dass in Schulen und schulischen Einrichtungen das Rauchen auch auf dem Gelände der Einrichtungen verboten ist.

Alkohol und Drogen: In § 23 Abs. 1 BaySchO ist klar definiert, dass der Konsum alkoholischer Getränke und sonstiger Rauschmittel Schüler:innen innerhalb der Schulanlage sowie bei schulischen Veranstaltungen untersagt ist.

Gefährliche und störende Gegenstände: Im gleichen Paragrafen findet man in Abs. 2, dass das Mitbringen und Mitführen von gefährlichen Gegenständen sowie von sonstigen Gegenständen, die den Unterricht oder die Ordnung der Schule stören, den Schüler:innen ebenfalls untersagt ist. Derartige Gegenstände können weggenommen und sichergestellt werden. Die Rückgabe gefährlicher Gegenstände darf bei minderjährigen Schüler:innen nur an die Erziehungsberechtigten erfolgen.

4.3 Hausaufgaben

In einer Veröffentlichung des Mobilen Sonderpädagogischen Dienstes des Staatsinstituts für Schulqualität und Bildungsforschung München heißt es:

> Hausaufgaben sind häufig ein konfliktauslösendes Thema zwischen Kindern, Eltern und Schule. Manchmal sind sie auch nur Anlass für die Austragung anderer Konflikte. Die Ursachen der Schwierigkeiten bedürfen einer genauen Analyse, um geeignete Fördermaßnahmen einleiten zu können. Lehrer, Eltern und Schüler müssen gemeinsam Wege finden, um Hausaufgaben erfolgreich in den Dienst des Lernenden zu stellen. Das Thema Hausaufgaben ist daher wichtig in der Beratung durch die Mobilen Sonderpädagogischen Dienste.
>
> **Die Funktion von Hausaufgaben**
> Welchen Zweck sollen Hausaufgaben erfüllen?
> Hausaufgaben
>
> - dienen dem Einüben der im Unterricht gewonnenen Fähigkeiten und Fertigkeiten. Sie sollen Einsichten und Erfahrungen unter Anwendung fach- und sachgerechter Arbeitsweisen vertiefen.
> - sollen den nachfolgenden Unterricht durch Erkunden, Sammeln, Beobachten, Erproben, Einlesen u. a. vorbereiten.
> - helfen den Schüler, ihren Lernerfolg zu kontrollieren, Lücken festzustellen und diese durch Rückfragen im Unterricht zu schließen.
> - informieren die Lehrkraft über den Erfolg des Unterrichts bzw. den Kenntnisstand der Schüler.
> - gewöhnen an regelmäßige und gewissenhafte Pflichterfüllung.
>
> (ISB 2006)

Der Sinn von Hausaufgaben, der Beschluss der Lehrkräftekonferenz zu diesem Thema, die Dauer von Hausaufgaben und das Aufgeben von Hausaufgaben an Tagen mit verpflichtendem Nachmittagsunterricht werden im § 28 BaySchO beschrieben.

§

BaySchO §28 (Hausaufgaben)

(1) [1]Um den Lehrstoff einzuüben und die Schülerinnen und Schüler zu eigener Tätigkeit anzuregen, werden Hausaufgaben gestellt, die bei durchschnittlichem Leistungsvermögen in angemessener Zeit unter Berücksichtigung der Anforderungen des Nachmittagsunterrichts sowie der Inanspruchnahme durch die praktische Ausbildung an beruflichen Schulen bearbeitet werden können. [2]Die Lehrerkonferenz legt vor Unterrichtsbeginn des Schuljahres die Grundsätze für die Hausaufgaben

fest. [3]Sonntage, Feiertage und Ferien sind von Hausaufgaben freizuhalten.
(2) [1]An Grundschulen und Grundschulstufen der Förderschulen gilt eine Zeit von bis zu einer Stunde als angemessen. [2]An Förderschulen ist auch die individuelle Leistungsfähigkeit der einzelnen Schülerin oder des einzelnen Schülers zu berücksichtigen. [3]An Tagen mit verpflichtendem Nachmittagsunterricht werden an Grundschulen und Förderschulen keine schriftlichen Hausaufgaben für den nächsten Tag gestellt; hiervon kann im Einvernehmen mit dem Elternbeirat abgewichen werden.

Die nachstehende Grafik des ISB verdeutlicht Erziehungsziele und didaktisch-methodische Aspekte bei der Erteilung von Hausaufgaben:

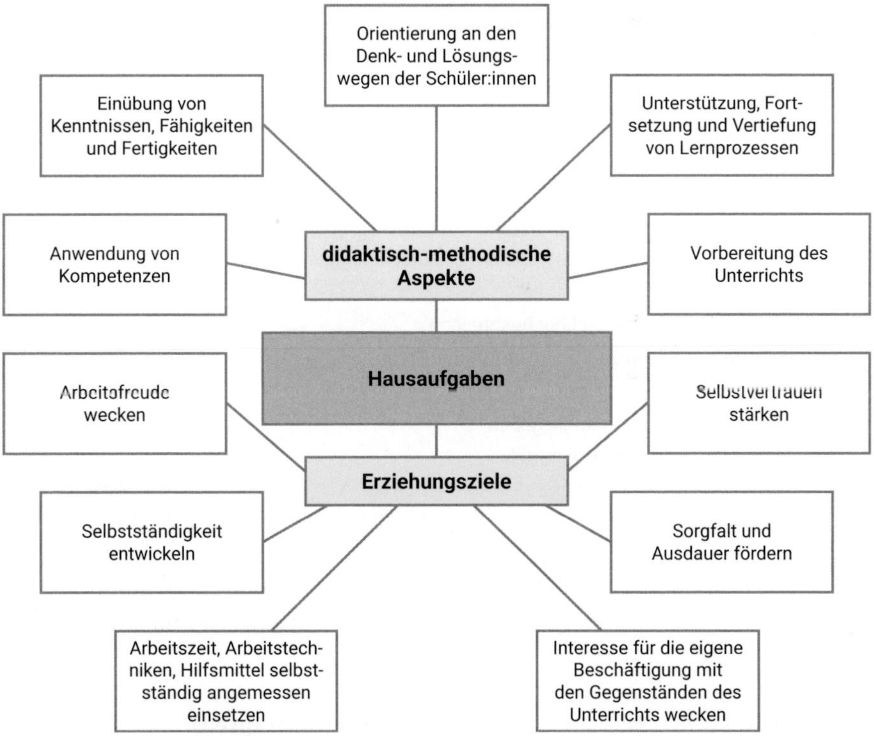

Aspekte von Hausaufgaben (Quelle: ISB 2006)

Mit dem Ausbau offener und gebundener Ganztagsschulen wird der Bereich des Wiederholens und Übens von Lernstoffen zunehmend in die Obhut der Schule überführt.

Obwohl ständiger Konfliktherd und in seiner Effizienz (auch in der Hattie-Studie) umstritten, muss die Lehrkraft laut LDO die Hausaufgaben hinsichtlich der Lernziele überprüfen und daraufhin, ob der Lernstoff zu Hause verarbeitet wurde.

Fall

David besucht die dritte Klasse und braucht für seine Hausaufgaben täglich zwei Stunden oder mehr, auch wenn er am Stück arbeitet.

Das Thema „Hausaufgaben" spielt bei Eltern und Schüler:innen in schulrechtlicher Sicht eine große Rolle, weil es immer wieder zu Konflikten führt.

Veränderter Umgang mit Hausaufgaben

- Differenzierung nach Leistungsstand und Interesse der Schüler
- Überdenken der Hausaufgabenmenge
- Den Unterricht vorbereitende und praktische Hausaufgaben sind wertvoller als den Unterricht nachbereitende
- Berücksichtigung des Lösungsweges (z. B. Lernen am Fehler, offene Aufgabenstellung, Orientierung an den Denk- und Lösungswegen der Schüler)
- Einbeziehung der Hausaufgaben in die Unterrichtsplanung
- Abwechslung der Arbeitsformen
- Hausaufgaben vorher und nachher besprechen
- Inhaltliche Rückmeldeprozesse an Schüler und Eltern
- Tipps zum Anfertigen erarbeiten
- Möglichkeiten der Selbstkontrolle geben
- Eltern den richtigen Umgang vermitteln

(Quelle: ISB 2006)

Gemäß Art. 76 BayEUG sind die Erziehungsberechtigten verpflichtet, bei minderjährigen Schulpflichtigen für pünktlich und gewissenhaft angefertigte Hausaufgaben zu sorgen.

§

BayEUG Art. 76 (Pflichten der Erziehungsberechtigten)

[1]Die Erziehungsberechtigten sind verpflichtet, auf die gewissenhafte Erfüllung der schulischen Pflichten einschließlich der Verpflichtung nach Art. 56 Abs. 4 Satz 5 und der von der Schule gestellten Anforderungen durch die Schülerinnen und Schüler zu achten und die Erziehungsarbeit der Schule zu unterstützen. […]

4.4 Erziehungs- und Ordnungsmaßnahmen

Die im BayEUG vorgesehenen Ordnungsmaßnahmen sind Sanktionen, die nicht primär „Strafcharakter" haben; deshalb hat der Gesetzgeber auch bewusst den früher üblichen Begriff „Schulstrafen" vermieden. Ordnungsmaßnahmen sollen vor allem sicherstellen, dass der geordnete Schulbetrieb aufrechterhalten werden und die Schule ihren Bildungs- und Erziehungsauftrag erfüllen kann.

Art. 86 BayEUG führt alle zulässigen Ordnungsmaßnahmen auf. Dies ist eine abschließende Aufzählung. Daraus ergibt sich, dass andere als die im Art. 86 Abs. 2 aufgeführten Maßnahmen nicht zulässig sind.

Von den Ordnungsmaßnahmen sind die Erziehungsmaßnahmen zu unterscheiden, die in der pädagogischen Verantwortung der Schule liegen. Erziehungsmaßnahmen, die sinnvollerweise im Vorfeld angewandt werden sollten, sind beispielsweise:

- Lob, Ermunterung, positive Verstärkung;
- Tadel, Kritik, Warnung, Belehrung, Ermahnung;
- Nacharbeit unter Aufsicht einer Lehrkraft (vorherige schriftliche Mitteilung an die Eltern nach Art. 86 Abs. 1 Satz 2 BayEUG);
- Neuanfertigung oder Vervollständigung einer nicht den Ansprüchen entsprechenden schriftlichen Arbeit.

Fall

Aus der Sicht der Lehrerin Frau Hirschmann hat sich die Klasse 7b im Unterricht nicht so verhalten, dass ein geregelter Unterricht möglich ist. Sie gibt allen Schüler:innen eine Nachdenkhausaufgabe auf.

Benennen Sie Situationen/ Beispiele für Erziehungs- und Ordnungsmaßnahmen.

Claus Heiner studiert das Kompendium

… Claus Heiner lernt im Seminar die geniale Loci-Methode zum Lernen für die Schulrechtsprüfung kennen. Der Clou: Sämtliche Lerninhalte werden mit Orten verknüpft. Bei einem Lernspaziergang behält man alle Themen fast von alleine. Nach der Schule druckt er sich die KNOW-Karten aus dem Download-Material des Kompendiums aus und verteilt sie in einem Zwei-Kilometer-Radius um seinen Wohnort. Als er losgehen möchte, öffnet der Himmel seine Schleusen. Alle Karten sind vollgeregnet und die Schrift ist verwischt. Er hätte die Karten wohl doch laminieren sollen …

to be continued …

Bitte beachten Sie, dass nicht alle o. a. Ordnungsmaßnahmen im Bereich der Pflichtschulen zulässig sind. Die Auswahl der Ordnungsmaßnahme richtet sich nach dem Vergehen. Die gleiche Ordnungsmaßnahme für das gleiche Vergehen wird in der Regel nicht vergeben.

Im Abs. 1 des Art. 86 wird ausdrücklich auf das Prinzip der Verhältnismäßigkeit hingewiesen – dies ist gleichbedeutend mit dem sog. „Übermaßverbot“ bei der Anwendung von Ordnungsmaßnahmen.

Die Abs. 9–12 des o. a. Artikels geben der Schule die Möglichkeit (wenn z. B. das Leben oder die Gesundheit von Schüler:innen oder Lehrkräften in erheblicher Weise gefährdet werden), eine:n Schüler:in unter bestimmten Voraussetzungen trotz bestehender Schulpflicht vom Besuch der Schule auszuschließen. In diesem Falle sind

- die Schulaufsichtsbehörden (Schulamt),
- der örtliche Träger der öffentlichen Jugendhilfe (in der Regel das Jugendamt),
- die Polizei,
- die Erziehungsberechtigten und
- die schulischen Beratungskräfte (z. B. Schulpsycholog:innen)

unverzüglich zu informieren.

Grundsätzlich dürfen

- Erziehungsmaßnahmen,
- Ordnungsmaßnahmen und
- Maßnahmen des Hausrechts

nebeneinander angewandt werden.

Unzulässige Ordnungsmaßnahmen (Auswahl):

- körperliche Züchtigung (auch kein „Gewohnheitsrecht“; beachte die strafrechtlichen, disziplinarischen und haftungsrechtlichen Folgen);
- Kollektivstrafen gegenüber Klassen oder Gruppen (außer jede:r einzelne Schüler:in hat ein nachweisliches Fehlverhalten gezeigt);
- sogenannte „Strafaufgaben“ wie wiederholtes sinnloses Schreiben von Sätzen (vgl. dazu die zulässige Nacharbeit lt. Art. 86 Abs. 1 BayEUG);
- die kurzfristige Verweisung des:der Schüler:in aus dem Unterricht (Recht der Schülerin oder des Schülers auf Unterricht und Aufsichtspflicht);
- Strafen, welche die Würde des:der Schüler:in verletzen (Beschimpfungen, Blamieren, Eckenstehen usw.).

4.5 Schüler:innen mit nichtdeutscher Muttersprache

Alle Kinder und Jugendlichen, die in Bayern ihren Wohnsitz oder ihren gewöhnlichen Aufenthalt haben, unterliegen ohne Rücksicht auf die Staatsangehörigkeit der Schulpflicht. Diese besteht für ausländische Kinder und Jugendliche auch dann, wenn sie nach dem Recht ihres Heimatlandes nicht oder nicht mehr schulpflichtig sind.

§ 8 GrSO und § 10 MSO sind identisch und regeln den Schulbesuch und die Bedeutung der Sprachförderung in Deutschklassen.

§

GrSO §8 Abs. 1 und MSO §10 Abs. 1 (Unterricht für Schülerinnen und Schüler mit nichtdeutscher Muttersprache)

(1) [1]Schülerinnen und Schüler mit nichtdeutscher Muttersprache, die nach Deutschland zugewandert sind und keine oder nur geringe Deutschkenntnisse haben, besuchen zunächst eine Deutschklasse, soweit das Staatliche Schulamt eine solche im Schulsprengel im Benehmen mit dem Schulaufwandsträger oder in Verbünden im Benehmen mit den Schulaufwandsträgern gebildet hat oder eine solche auf Grund eines Gastschulverhältnisses besucht werden kann. [2]Auf Antrag der Erziehungsberechtigten kann die Schulleiterin oder der Schulleiter gestatten, dass die Schülerin oder der Schüler statt einer Deutschklasse eine Regelklasse besucht, wenn zu erwarten ist, dass sie oder er dem Unterricht folgen kann. [3]In Deutschklassen erfolgt eine intensivierte Sprachförderung, Werteerziehung und kulturelle Bildung. [4]Ziel ist, die Schülerinnen und Schüler so vorzubereiten, dass sie anschließend dem Unterricht in einer Regelklasse der Jahrgangsstufe folgen können, in die Schulpflichtige gleichen Alters regelmäßig eingestuft sind. [5]Der Besuch einer Deutschklasse endet in der Regel nach einem, spätestens jedoch nach zwei Schulbesuchsjahren.

Verfahren der Schulaufnahme

Die Schulleitung stellt auf der Grundlage des Art. 35 BayEUG fest, in welche Jahrgangsstufe der Schule die Schüler:innen grundsätzlich einzuweisen ist (Art. 36 Abs. 3 BayEUG). Das ist im Normalfall die Jahrgangsstufe, in die deutsche Kinder gleichen Alters gehen. Grundlage zur Feststellung der Jahrgangsstufe sind das Alter der Schüler:innen und die bisherige Schullaufbahn im Ausland.

Entscheidung für eine bestimmte Klasse

Die Schulleitung entscheidet dann, in welche Jahrgangsstufe der:die Schüler:in aufgrund des Leistungsstandes tatsächlich einzuweisen ist. Hier kann (Art. 36 Abs. 3 Satz 4 BayEUG) eine um bis zu zwei Jahrgangsstufen tiefere Einstufung infrage kommen. Dies darf aber nur wegen mangelnden Bildungsstandes geschehen, nicht wegen sprachlicher Probleme.

Auf der Internetseite des Bayerischen Staatsministeriums für Unterricht und Kultus heißt es zur Deutschförderung an bayerischen Grund- und Mittelschulen:

> Hauptziel der Förderung von ausländischen Schülerinnen und Schüler in den bayerischen Grund- und Mittelschulen ist der schnelle und gründliche Erwerb der deutschen Sprache und damit die möglichst reibungslose Integration in Schule, Ausbildungs- und Arbeitsmarkt, mithin in die Gesellschaft. Der Schwerpunkt liegt auf einer möglichst frühzeitigen und intensiven Sprachförderung, die die schulischen Erfolgschancen von Schülerinnen und Schülern mit Migrationshintergrund nachhaltig verbessert. Die Deutschfördermaßnahmen tragen wesentlich dazu bei.
> Die Fördermaßnahmen für Schülerinnen und Schüler mit Migrationshintergrund umfassen:
> - den Vorkurs Deutsch 240,
> - die Deutschklassen,
> - die DeutschPLUS-Differenzierung,
> - die DeutschPLUS-Kurse.
>
> (https://www.km.bayern.de/ministerium/schule-und-ausbildung/foerderung/sprachfoerderung.html)

Fall

Aki besucht die Vorschule im Kindergarten und hat noch Schwierigkeiten, sich in der deutschen Sprache auszudrücken.

Welche Fördermaßnahmen können Sie für Schüler:innen mit nichtdeutscher Muttersprache benennen?

Vorkurs Deutsch 240

Eine wirksame frühe Sprachförderung gehört zu den zentralen Aufgaben des Elementarbereichs, die Beherrschung der deutschen Sprache ist eine Schlüsselqualifikation für schulisches Lernen und Bildungserfolg. Nicht zuletzt deswegen kooperieren Erzieherinnen und Grundschullehrkräfte im Vorkurs Deutsch 240 und unterstützen Kinder mit und ohne Migrationshintergrund bei bestehendem Sprachförderbedarf durch eine gezielte sprachliche Förderung. [...]

Vorkurs Deutsch 240 ist ein qualitätsvolles Sprachförderangebot, das Erzieherinnen und Grundschullehrkräfte im Zeitraum von eineinhalb Jahren vor der Einschulung und im Umfang von 240 Wochenstunden in gemeinsamer Verantwortung für das Kind umsetzen. [...]

(https://www.km.bayern.de/ministerium/schule-und-ausbildung/foerderung/sprachfoerderung.html)

→ Genauere Angaben finden Sie in Kapitel 3.2.
Eine Übersicht zu Deutsch-Fördermaßnahmen finden Sie in Kapitel 3.10.

Deutsch als Zweitsprache

Schüler:innen mit nichtdeutscher Muttersprache werden auf breiter Basis im Fach Deutsch als Zweitsprache gefördert. Diese Maßnahmen beruhen auf dem gültigen LehrplanPLUS, der für alle weiterführenden Schularten gilt und neueste didaktisch-methodische Erkenntnisse aus dem Zweitspracherwerb berücksichtigt.

Tätigkeit von Berater:innen Migration

Die Berater:innen Migration unterstützen die Lehrkräfte bei den Aufgaben der Vermittlung des Faches Deutsch als Zweitsprache und der interkulturellen Erziehung.

Die Beratung Migration kann eine wichtige Rolle spielen, die Qualität des Unterrichts zu steigern, die Abschlussprofile und das Anforderungsniveau des Unterrichts zu verbessern und damit die schnellere Integration der Schüler:innen mit Migrationshintergrund zu fördern.

Interkulturelle Erziehung

Wirtschaftliche Globalisierung, Öffnung der Grenzen und soziale Mobilität haben zur Folge, dass die interkulturelle Perspektive von Erziehung und Unterricht in Zukunft einen höheren Stellenwert einnehmen wird. Die interkulturelle Bildung wird als genuiner Bildungsauftrag aufgewertet, wobei die Sprache ein zentrales Mittel zur Integration darstellt.

Der teilweise hohe Anteil ausländischer Schüler:innen bringt pädagogische Herausforderungen mit sich und verpflichtet die Schule, sich den Veränderungen zu stellen und organisatorische, erziehliche und didaktische Konsequenzen zu ziehen. Gerade in der Schule ist die Möglichkeit gegeben, Vorurteile gegenüber Fremden zu erkennen und abbauen zu helfen. Interkultureller Unterricht bedeutet nicht abstrakte Wissensvermittlung, sondern

Erfahren und Erleben humaner Wertmaßstäbe.
Im Grundgesetz und in den obersten Bildungszielen der Bayerischen Verfassung sind die Rahmenbedingungen fixiert. So spricht Art. 131 BV ausdrücklich von der Erziehung der Schüler:innen im „Geiste der Demokratie“ und „im Sinne der Völkerversöhnung“. Dieser Gedanke zeigt sich auch im Lehrplan, der die Mittelschule als interkulturellen Begegnungsort bezeichnet.

Verfassungsinhalte und Leitgedanken der Lehrpläne werden erst im Umgang zwischen Lehrkräften und Schüler:innen wirksam und erfahrbar. Hier kommt der Lehrkraft eine zentrale Rolle zu, indem sie durch reversible Sprachhaltung, durch positive Konfliktlösungsstrategien, durch fördernde, kooperative Tätigkeiten, durch einen repressionsfreien, demokratischen Führungsstil den Schüler:innen Wertschätzung entgegenbringt. Deutsche und ausländische Schüler:innen lernen, sich gegenseitig zu respektieren, zu achten und können täglich voneinander lernen. Die zeitgemäße Schule muss den interkulturellen Unterricht als Chance erkennen und nutzen, die das Zusammenleben von Menschen mit verschiedener kultureller Herkunft bietet.

Claus Heiner studiert das Kompendium

... Claus Heiner kann einfach nicht Nein sagen. Seine überaus sensible Nachbarin klingelt bei ihm und meint, dass sie einen Aufpasser für ihren depressiven Hamster bräuchte, weil sie sich mit ihrer Schwester treffen möchte. Sie würde höchstens zwei Stunden wegbleiben, und lernen könne er auch bei ihr in der Wohnung. Selbstverständlich stimmt Claus Heiner zu und nimmt sämtliche Unterlagen und das Kompendium in ihre Wohnung mit. Er möchte mit dem Lernen beginnen, schaut aber vorsichtshalber nach dem Hamster. Der liegt plötzlich auf dem Rücken und gibt keinen Ton von sich. Voller Panik macht er ein Selfie mit dem Hamster und rennt in die Kleintierzoohandlung in der Fußgängerzone, um einen Hamster zu kaufen. Das Einkaufsglück ist fest an seiner Seite und er findet einen fast identischen Hamster. Das Lernglück hat ihn anscheinend wieder verlassen ...

to be continued ...

4.6 Schüler:innen mit sonderpädagogischem Förderbedarf

Benötigt ein Kind aufgrund seiner Beeinträchtigungen, sei es im körperlichen, kognitiven oder emotional/seelischen Bereich, zusätzliche Unterstützung für die Bewältigung seiner schulischen Aufgaben, besteht Förderbedarf.

Man spricht von sonderpädagogischem Förderbedarf, wenn ein Kind aufgrund von Beeinträchtigungen seiner Entwicklungs-, Lern- und Bildungsmöglichkeiten eine spezifische Unterstützung benötigt, um am Schulunterricht und Schulleben teilhaben und Bildungsziele erreichen zu können.

Das Bayerische Staatsministerium für Unterricht und Kultus schreibt in seiner Broschüre *Der beste Bildungsweg für mein Kind mit sonderpädagogischem Förderbedarf:*

> Wenn ein Kind spezielle pädagogische Unterstützung benötigt, um schulische Ziele zu erreichen, stellen sich viele Fragen:
>
> - Was braucht mein Kind für einen erfolgreichen Schulbesuch?
> - Wie kann es gut lernen?
> - Wie kann seine persönliche Entwicklung gefördert werden?
> - Wer kann meinem Kind noch helfen und welche Voraussetzungen sind vor Ort erforderlich und möglich?
> - Welche zusätzlichen technischen Hilfen und besonderen Lernmaterialien werden benötigt?
>
> Für die Beantwortung dieser Fragen ist es wichtig zu klären, worin genau der Förderbedarf Ihres Kindes besteht und ob es sich um einen sonderpädagogischen Förderbedarf handelt. Dies übernimmt im schulischen Bereich insbesondere der Mobile Sonderpädagogische Dienst (MSD) eines Förderzentrums: Lehrkräfte der Sonderpädagogik führen Testverfahren durch, beraten Sie als Eltern auf Grundlage der Ergebnisse und stehen Ihnen für Fragen zur Verfügung. Unter Umständen liegen auch bereits gutachterliche Stellungnahmen der Mobilen Sonderpädagogischen Hilfe (MSH) aus der Vorschulzeit vor, die ebenfalls herangezogen werden.
>
> (BayKM 2019, S. 10)

Benennen Sie verschiedene Arten der Beeinträchtigungen im sonderpädagogischen Bereich.

In dieser Broschüre heißt es weiter, dass in Art. 24 der UN-Behindertenrechtskonvention vereinbart wurde, dass Menschen mit und ohne Behinderung gleichberechtigten Zugang zu allen Schulen des Bildungssystems haben. Dieses Recht gilt in Deutschland seit 2009. Ein inklusives Bildungssystem erfüllt diese Aufgabe. Inklusion bedeutet somit, dass Kinder gemeinsam leben und lernen – ganz gleich, ob sie eine Behinderung oder einen sonderpädagogischen Förderbedarf haben oder nicht. In einer inklusiv ausgerichteten Schule wird Verschiedenheit als normal angesehen. Jedes Kind ist in seiner Unterschiedlichkeit willkommen und wertgeschätzt. In Bayern steht für die Vielfalt der Kinder eine Vielfalt an schulischen Möglichkeiten zur Verfügung.

Im Art. 41 BayEUG ist die Schulpflicht bei sonderpädagogischem Förderbedarf sowie u. a. die Aufgabe der Erziehungsberechtigten geregelt:

§

BayEUG Art. 41 (Schulpflicht bei sonderpädagogischem Förderbedarf oder längerfristiger Erkrankung)

(1) [1]Schulpflichtige mit sonderpädagogischem Förderbedarf erfüllen ihre Schulpflicht durch den Besuch der allgemeinen Schule oder der Förderschule. [2]Die Förderschule kann besucht werden, sofern die Schülerin oder der Schüler einer besonderen sonderpädagogischen Förderung bedarf. […] [3]Die Erziehungsberechtigten entscheiden, an welchem der im Einzelfall rechtlich und tatsächlich zur Verfügung stehenden schulischen Lernorte ihr Kind unterrichtet werden soll; bei Volljährigkeit und Vorliegen der notwendigen Einsichtsfähigkeit entscheiden die Schülerinnen und Schüler mit sonderpädagogischem Förderbedarf selbst.

(2) Schulpflichtige, die sich wegen einer Krankheit längere Zeit in Einrichtungen aufhalten, an denen Schulen oder Klassen für Kranke gebildet sind, haben die jeweilige Schule oder Klasse für Kranke zu besuchen, soweit dies nicht aus medizinischen Gründen ausgeschlossen ist.

(3) [1]Die Erziehungsberechtigten eines Kindes mit festgestelltem oder vermutetem sonderpädagogischem Förderbedarf sollen sich rechtzeitig über die möglichen schulischen Lernorte an einer schulischen Beratungsstelle informieren. [2]Zu der Beratung können weitere Personen, z.B. der Schulen, der Mobilen Sonderpädagogischen Dienste sowie der Sozial- oder Jugendhilfe, beigezogen werden.

(4) [1]Die Erziehungsberechtigten melden ihr Kind unter Beachtung der schulartspezifischen Regelungen für Aufnahme und Schulwechsel […] an der Sprengelschule, einer Schule mit dem Schulprofil „Inklusion" oder an der Förderschule an. [2]Die Aufnahme an der Förderschule setzt die Erstellung eines sonderpädagogischen Gutachtens voraus. […]

(5) Kann der individuelle sonderpädagogische Förderbedarf an der allgemeinen Schule auch unter Berücksichtigung des Gedankens der sozialen Teilhabe nach Ausschöpfung der an der Schule vorhandenen Unterstützungsmöglichkeiten sowie der Möglichkeit des Besuchs einer Schule mit dem Schulprofil „Inklusion" nicht hinreichend gedeckt werden und

1. ist die Schülerin oder der Schüler dadurch in der Entwicklung gefährdet oder
2. beeinträchtigt sie oder er die Rechte von Mitgliedern der Schulgemeinschaft erheblich, besucht die Schülerin oder der Schüler die geeignete Förderschule.

(6) [1]Kommt keine einvernehmliche Aufnahme zustande, entscheidet die zuständige Schulaufsichtsbehörde nach Anhörung der Erziehungsberechtigten und der betroffenen Schulen über den schulischen Lernort. [2]Sie kann ihre Lernortentscheidung auch zeitlich begrenzt aussprechen. [3]Das Nähere einschließlich der Einholung eines sonderpädagogischen, ärztlichen oder schulpsychologischen Gutachtens sowie der Beauftragung einer Fachkommission regeln die Schulordnungen.

Fall

Elfriede fällt die Teilnahme am Unterricht sehr schwer, weil sie sonderpädagogischen Förderbedarf hat. Ihre Eltern sprechen von Teilhabe und wollen wissen, wie Sie Elfriede speziell fördern.

Sie vermuten, dass eine Schülerin sonderpädagogischen Förderbedarf hat und wollen sie testen lassen. Welche Personen sind in diesen Prozess involviert?

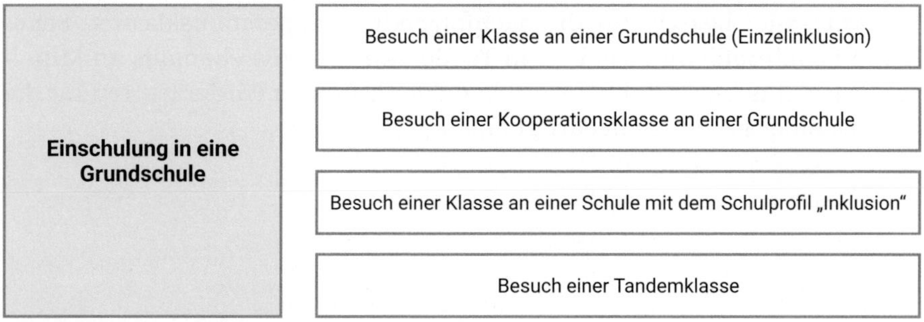

Inklusion durch eine Vielfalt schulischer Angebote

Besuch einer Klasse an einer Grundschule

Ein Kind mit sonderpädagogischem Förderbedarf besucht eine Klasse an einer Grundschule, die zum Sprengel gehört.

Folgende Begleithilfen können das Schulkind unterstützen:

- Mobiler Sonderpädagogischer Dienst (MSD): Lehrkräfte für Sonderpädagogik kommen als Expert:innen für einzelne Förderschwerpunkte zur Beratung und/oder Förderung stundenweise an die Grundschule.
- Je nach Sachlage kann es abweichende, individuelle Lernziele und einen Verzicht auf Ziffernnoten geben.
- Eine Schulbegleitung kann das einzelne Kind unterstützen.

Schüler:innen mit sonderpädagogischem Förderbedarf können nach Bedarf einen Nachteilsausgleich oder Notenschutz erhalten. Voraussetzung sind dabei ein schriftlicher Antrag und die Vorlage eines fachärztlichen Zeugnisses bei der Schule über Art, Umfang und Dauer der Beeinträchtigung oder chronischen Erkrankung durch die Erziehungsberechtigten.

§

BaySchO §36 Abs. 5 (Verfahren)

(5) Bei der Prüfung der Erforderlichkeit, des Umfangs, der Dauer und der Form des Nachteilsausgleichs oder eines etwaigen Notenschutzes können je nach Einschränkung und bei Bedarf die unterrichtenden Lehrkräfte, die Lehrkräfte der Mobilen Sonderpädagogischen Dienste oder Lehrkräfte für Sonderpädagogik nach Art. 30b Abs. 4 Satz 3 BayEUG, Beratungslehrkräfte, Schulpsychologinnen bzw. Schulpsychologen oder Lehrkräfte der zuvor besuchten Schule für Kranke sowie ärztliche Stellungnahmen oder solche der Jugendhilfe einbezogen werden.

Analoge Regelungen finden sich natürlich für die Beschulung an der Mittelschule. Gleiches gilt für die nachfolgenden Kooperationsklassen, Schule mit Schulprofil „Inklusion“ und Tandemklassen, die ebenfalls an Mittelschulen zu finden sind. Ebenso stehen die Klassen an Förderzentren für die Mittelschüler:innen bei Bedarf offen.

Besuch einer Kooperationsklasse an einer Grundschule

An einigen Grundschulen gibt es das Angebot einer Kooperationsklasse. In einer Kooperationsklasse werden ca. drei bis fünf Kinder mit sonderpädagogischem Förderbedarf zusammen mit den Kindern der Grundschulklasse unterrichtet. Der Vorteil ist, dass die Kinder mit ihrem Unterstützungsbedarf keine Einzelfälle sind, sondern als Gruppe die gesamte Klasse bereichern. Sie werden regelmäßig von einer Lehrkraft für Sonderpädagogik im Rahmen des Mobilen Sonderpädagogischen Dienstes (MSD) mit mehreren Stunden pro Woche betreut.

Begleitende Hilfen:

- durch die MSD-Lehrkraft;
- ggf. abweichende, individuelle Lernziele und Verzicht auf Ziffernnoten;
- ggf. Unterstützung für einzelne Kinder mit Behinderung durch eine Schulbegleitung bei spezifischem Hilfebedarf nach dem Sozialrecht.

Besuch einer Klasse an einer Grundschule mit dem Schulprofil „Inklusion"

Grundschulen mit dem Schulprofil „Inklusion" haben sich das Miteinander von Kindern mit und ohne sonderpädagogischem Förderbedarf zum besonderen Ziel gesetzt. Dazu entwickeln sie ein von der gesamten Schulfamilie getragenes Bildungs- und Erziehungskonzept. Für dessen Umsetzung bekommen die Schulen eine zusätzliche personelle Ausstattung. Sie können diese Stunden zur Beratung der Lehrkräfte oder zur unmittelbaren Förderung der Kinder im Klassenverband oder in speziellen Fördergruppen einsetzen.

An einer Grundschule mit dem Schulprofil „Inklusion" werden mehrere Kinder mit sonderpädagogischem Förderbedarf unterrichtet. Eine Lehrkraft des Förderzentrums ist fest an der Grundschule eingesetzt. Sie arbeitet Hand in Hand mit den Klassenlehrkräften. Grundschule und Förderzentrum tauschen sich fachlich aus und lernen voneinander.

Besuch einer Partnerklasse eines Förderzentrums an einer Grundschule

Ein Förderzentrum kann an einer Grundschule eine Partnerklasse einrichten. Dann gestalten eine Klasse der Grundschule und die Partnerklasse den Schulalltag gemeinsam nach dem Motto: „So viel gemeinsamer Unterricht wie möglich, so viel individuelle Förderung wie nötig." Demnach erfolgt der Unterricht in manchen Fächern oder Unterrichtsphasen gemeinsam oder, wenn die speziellen Lernbedürfnisse der einzelnen Kinder dies erfordern, getrennt. Damit stehen den Kindern der Partnerklasse die Förderbedingungen des jeweiligen Förderzentrums zur Verfügung. Zugleich gibt es gemeinsamen Unterricht und gemeinsames Schulleben mit Kindern ohne sonderpädagogischen Förderbedarf.

Besuch einer Klasse an einem Förderzentrum

In einer Klasse des Förderzentrums der verschiedenen Förderschwerpunkte lernt Ihr Kind mit sonderpädagogischem Förderbedarf gemeinsam mit Kindern, die den gleichen (Haupt-)Förderschwerpunkt haben. An den Sonderpädagogischen Förderzentren (SFZs) werden die Förderschwerpunkte Lernen, Sprache sowie emotionale und soziale Entwicklung zusammengefasst.

Spezifisch ausgebildete Lehrkräfte für Sonderpädagogik unterrichten die Kinder in kleinen Klassen. Sie werden teilweise durch heilpädagogische Fachkräfte unterstützt und können sehr individuell auf die einzelnen Kinder und deren Lernbedürfnisse eingehen. Zum Teil gibt es Therapeuten im Haus der jeweiligen Schule. So können Unterricht und Therapie sinnvoll miteinander verbunden werden. Auch Lehrkräfte der allgemeinen Schulen (v. a. der Grundschule) unterrichten in den Förderzentren.

Ablauf für eine Überweisung an ein Förderzentrum

- Nach § 5 GrSO meldet die Klassenleitung nach eingehender Erörterung mit den Erziehungsberechtigten den:die betroffene:n Schüler:in, die aufgrund des möglichen Vorliegens der Voraussetzungen für eine Überweisung an ein Förderzentrum in Betracht kommen, der Schulleitung.
- Die Klassenleitung legt den hierfür maßgeblichen Sachverhalt dar, berichtet über den vermuteten sonderpädagogischen Förderbedarf sowie die bisher durchgeführten Fördermaßnahmen und gibt einen Überblick über die Schulleistungen und das Lernverhalten.
- Eine vorhandene Stellungnahme der Mobilen Sonderpädagogischen Dienste ist beizufügen.
- Die Schulleitung fordert unter Übermittlung des Berichts von dem voraussichtlich zuständigen Förderzentrum ein sonderpädagogisches Gutachten an und informiert die Erziehungsberechtigten darüber.

- Nach Vorliegen des Gutachtens unterrichtet die Schulleitung die Erziehungsberechtigten über die Ergebnisse des bisherigen Verfahrens und gibt ihnen Gelegenheit zu einer Stellungnahme.
- Die Erziehungsberechtigten können auch verlangen, dass die Beratungslehrkraft oder der:die Schulpsycholog:in gehört wird.
- Empfiehlt das sonderpädagogische Gutachten eine Überweisung an ein Förderzentrum und sind die Erziehungsberechtigten damit einverstanden, überweist die Grundschule die Schüler:innen an das öffentliche Förderzentrum mit dem bezeichneten Förderschwerpunkt.
- Soweit das nächstgelegene Förderzentrum eine Schule in privater Trägerschaft ist, erfolgt eine Überweisung an ein Förderzentrum mit entsprechendem sonderpädagogischem Schwerpunkt unter Hinweis auf das betreffende private Förderzentrum.
- Ist nach dem sonderpädagogischen Gutachten die Grundschule der richtige Förderort, kann die Grundschule, wenn sie dennoch eine Überweisung an ein Förderzentrum für erforderlich hält, einen entsprechenden Antrag beim Staatlichen Schulamt stellen. Der Antrag ist zu begründen.
- Empfiehlt das sonderpädagogische Gutachten eine Überweisung an ein Förderzentrum und sind die Erziehungsberechtigten damit nicht einverstanden, legt die Grundschule die Angelegenheit dem Staatlichen Schulamt zur Entscheidung vor.
- Die Grundschule fügt eine eigene Stellungnahme bei.
- Auf Antrag der Erziehungsberechtigten findet vor der Entscheidung des Staatlichen Schulamts eine mündliche Erörterung mit den Beteiligten statt. Kommt kein Einvernehmen zustande, können die Erziehungsberechtigten verlangen, dass die Feststellungen und Empfehlungen durch eine überörtliche, unabhängige Fachkommission überprüft werden; die Mitglieder der Kommission dürfen am bisherigen Verfahren nicht beteiligt gewesen sein. Das Staatliche Schulamt hat die Stellungnahme der Fachkommission in seiner Entscheidung zu würdigen.
- Bleibt zweifelhaft, ob die Grundschule oder das Förderzentrum der richtige schulische Förderort ist, kann das Staatliche Schulamt den:die Schüler:in für die Dauer von bis zu drei Monaten probeweise an das Förderzentrum überweisen.
- Zum Ablauf der Probezeit entscheidet das Staatliche Schulamt abschließend, ob eine Überweisung an ein Förderzentrum erfolgt.

Claus Heiner studiert das Kompendium

Claus Heiner ist fest entschlossen, sich vor allem für Schulrecht vorzubereiten. Damit er sich besser konzentrieren kann, will er ein wenig Ordnung in seinem wohnlichen Umfeld schaffen und beginnt staubzusaugen. Eine schöne Aussicht wäre auch fein, und er putzt die Fenster. Die seinem Schreibtisch gegenüberliegende Wand ist schon recht fleckig. Zum Glück findet er noch einen Eimer Farbe im Keller. Er streicht die Wand. Abends fällt er mit einem schlechten Gewissen todmüde ins Bett. Morgen …

to be continued …

Folgende Darstellung fasst die Überweisung an ein Förderzentrum grafisch zusammen:

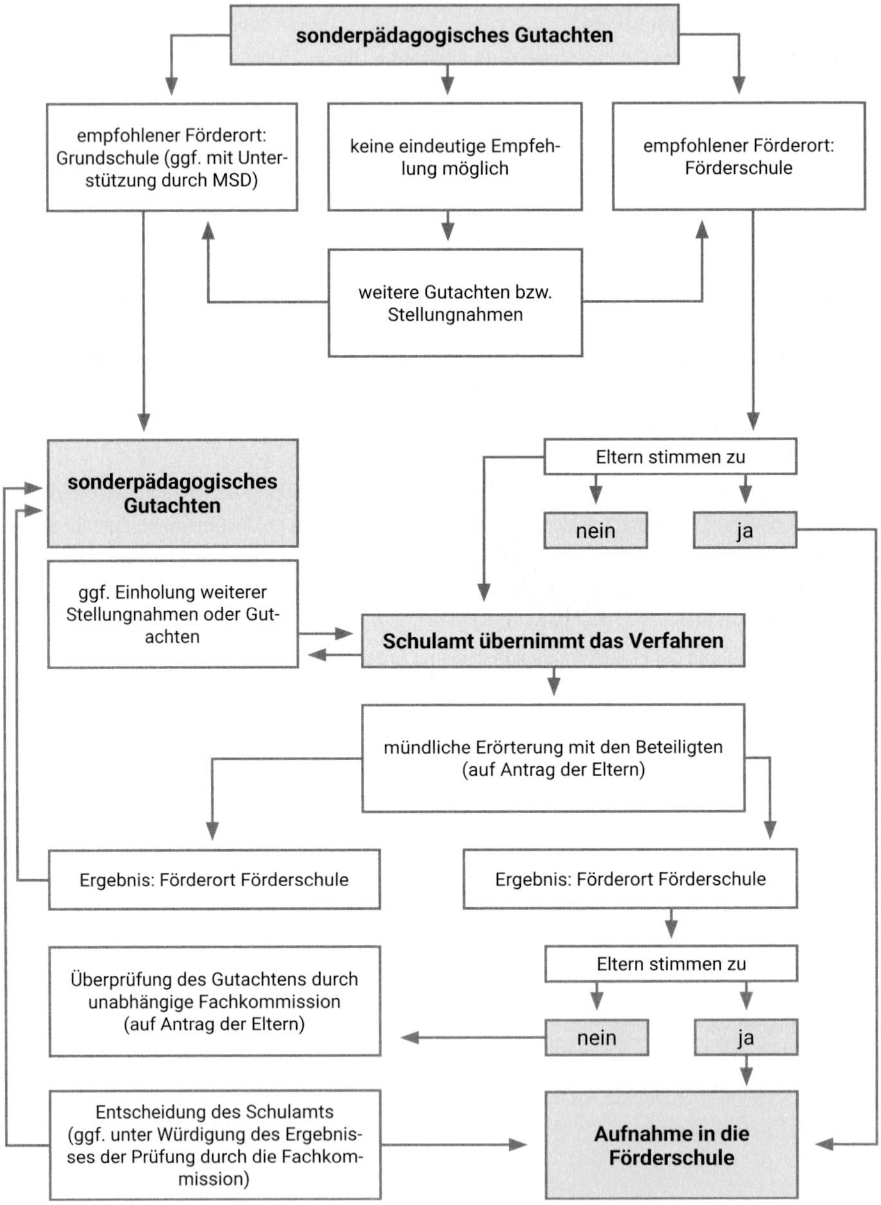

Weg vom Sonderpädagogischen Gutachten zur Aufnahme in die Förderschule (Quelle: BayKM vom 19. März 2003, http://www.rekoin.de/foerdneu/a4graauf.pdf)

4.7 SMV: Schüler:innenmitverantwortung

Voraussetzungen zur Erfüllung des Auftrags der Schule

In diesem Kapitel geht es zentral um die Rolle der Schüler:innen in der Schule und um ihre Mitwirkungsrechte. Deshalb ist dies auch der richtige Ort, um die Rahmenbedingungen für eine fruchtbare und ertragreiche Erziehungs- und Unterrichtsarbeit in der Schule darzustellen.

Voraussetzungen zur Erfüllung der Aufgabe der Schule

- Regeln für das Zusammenleben in der Schule sind nötig; sie erwachsen aus der Spannung zwischen individueller Freiheit und notwendigen Bindungen.
- Erziehung zu Selbstständigkeit, Selbstverantwortung und Mündigkeit setzt voraus, dass die Schüler:innen altersentsprechend an der Gestaltung des Schullebens beteiligt werden.
- Erziehung zu Selbstständigkeit, Selbstverantwortung und Mündigkeit soll zu der Einsicht führen, dass soziales Handeln selten konfliktfrei verläuft.
- Erziehung zu Selbstständigkeit, Selbstverantwortung und Mündigkeit schließt ein, dass Schüler:innen lernen, ihre Rechte wahrzunehmen, Rechtsnormen zu achten und rechtmäßige begründete Entscheidungen zu respektieren.
- Recht auf Bildung bedeutet zugleich Pflicht, vom Bildungsangebot sinnvoll Gebrauch zu machen; ohne bestimmte Leistungsforderungen wäre die Schule wirklichkeitsfremd.
- Unterricht und Erziehung in der Schule erfordern grundsätzlich die Anwesenheit der Schüler:innen; Schulpflicht bedeutet Anwesenheitspflicht.
- Die Lehrkraft trägt die Verantwortung für ihren Unterricht, insbesondere dafür, dass Lernprozesse erfolgreich ablaufen können, dem ist bei der Arbeit in der Schule Rechnung zu tragen.
- Die Schule muss den Eltern Gelegenheit zu verantwortlicher Mitarbeit geben.
- In einzelnen Bereichen ist die Schule in besonderer Weise auf eine Zusammenarbeit mit anderen Institutionen angewiesen, z. B. mit den Trägern der Berufsausbildung und – entsprechend den landesrechtlichen Regelungen – mit den Kirchen.
- Die Schule ist Teil unserer gesellschaftlichen Ordnung und wandelt sich mit ihr. Sie erzieht die Schüler:innen zu entscheidungsfähigen und entscheidungsbereiten Bürger:innen und wirkt damit auf die Gesellschaft zurück. Die Schule ist jedoch kein Ort der Agitation für gesellschaftliche Veränderungen.
- Die Schule umfasst nicht das gesamte Leben der Schüler:innen. Wie sie die Rechte der Schüler:innen außerhalb der Schule zu respektieren hat, muss sie andererseits auch die Ausübung bestimmter Rechte der Schüler:innen auf den außerschulischen Raum verweisen.

Legitimation der Schüler:innenmitverantwortung im demokratischen Staat

Da Schule die Schüler:innen durch Unterricht und Erziehung befähigen soll, als Mitglieder einer demokratischen Gesellschaft zu leben, ist die Schüler:innenmitverantwortung ein Instrument zur Einübung der Demokratie.

Im Rahmen der Schüler:innenmitverantwortung (Art. 62 BayEUG) wird den Schüler:innen die Möglichkeit gegeben, Leben und Unterricht ihrer Schule ihrem Alter und ihrer Verantwortungsfähigkeit entsprechend zu gestalten. Für den Erfahrungsaustausch der Schüler:innensprecher:innen verschiedener Schulen und Schularten bestehen vielfältige Möglichkeiten der Zusammenarbeit.

Gemäß Art. 62 Abs. 6 BayEUG wählen die Schüler:innensprecher:innen (der verschiedenen Schulen) im Bereich der Mittelschule die Stadt- und Landkreisschüler:innensprecher:innen aus ihrer Mitte für die jeweiligen Regierungsbezirke die Bezirksschüler:innensprecher:innen und deren Stellvertreter:innen. Art. 62 Abs. 6 BayEUG legt deren Anzahl fest, wobei nach den Schularten differenziert wird. Die Anzahl der gewählten Bezirksschüler:innensprecher:innen beträgt für die Mittelschule sieben. Bezirksschüler:innensprecher:innen wählen Landesschüler:innensprecher:innen, die den Vorstand der Landesschüler:innenkonferenz bilden (Landesschüler:innenrat). Darüber hinaus wird noch ein Landesschulbeirat gewählt.

Die Schüler:innenmitverantwortung ist kein Platz für parteipolitische Agitation, und ihre Organe besitzen kein politisches Mandat. Die Schüler:innenmitverantwortung ist also nicht befugt, zu allgemeinen innen- und außenpolitischen Problemen Stellung zu nehmen und Beschlüsse zu fassen.

§

BayEUG Art. 62 Abs. 1 (Schülermitverantwortung, Schülervertretung)

(1) [1]Im Rahmen der Schülermitverantwortung soll allen Schülerinnen und Schülern die Möglichkeit gegeben werden, Leben und Unterricht ihrer Schule ihrem Alter und ihrer Verantwortungsfähigkeit entsprechend mitzugestalten; hierfür werden Schülersprecher und Schülersprecherinnen sowie deren Stellvertreter und deren Stellvertreterinnen gewählt. [2]Die Schülerinnen und Schüler werden dabei von der Schulleiterin oder vom Schulleiter, von den Lehrkräften und den Erziehungsberechtigten unterstützt. [3]Zu den Aufgaben der Schülermitverantwortung gehören insbesondere die Durchführung gemeinsamer Veranstaltungen, die Übernahme von Ordnungsaufgaben, die Wahrnehmung schulischer Interessen der Schülerinnen und Schüler und die Mithilfe bei der Lösung von Konfliktfällen. […]

Organe der Schüler:innenmitverantwortung

Die folgende Skizze, basierend auf den Vorgaben des BayEUG und der MSO, gibt einen Überblick über Organe und Institutionen der SMV.

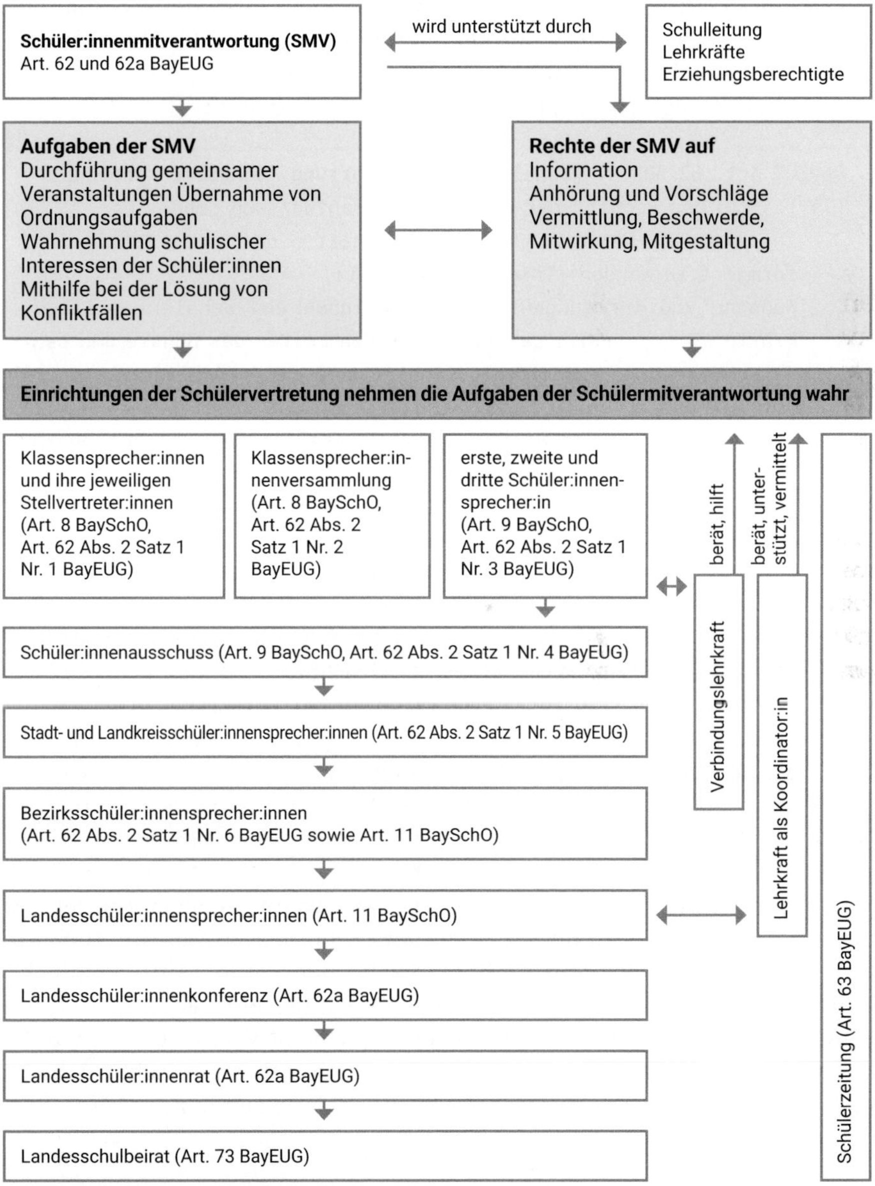

Organe der Schüler:innenmitverantwortung (SMV)

Aufgaben und Rechte der SMV

Die einzelnen Schüler:innen haben in der Schule Informationsrechte (z. B. über den Unterricht und seine Gestaltung, über Bewertungsmaßstäbe, Notengebung usw.); Beteiligungsrechte (entsprechend ihrer Reife z. B. an der Unterrichtsgestaltung, am Schul- und Klassenleben usw.); Beschwerderechte, wenn sie sich in ihren Rechten beeinträchtigt fühlen.

Das BayEUG regelt in Art. 62 Abs. 1 die Rechte der SMV:

§

BayEUG Art. 62 Abs. 1 (Schülermitverantwortung, Schülervertretung)

(1) […] [4]Zu den Rechten der Schülermitverantwortung gehört es,

1. in allen sie betreffenden Angelegenheiten durch die Schule informiert zu werden (Informationsrecht),
2. Wünsche und Anregungen der Schülerinnen und Schüler an Lehrkräfte, 2. die Leiterin oder den Leiter der Schule und den Elternbeirat zu übermitteln (Anhörungs- und Vorschlagsrecht),
3. auf Antrag der betroffenen Schülerinnen und Schüler ihre Hilfe und Vermittlung einzusetzen, wenn diese glauben, es sei ihnen Unrecht geschehen (Vermittlungsrecht),
4. Beschwerden allgemeiner Art bei Lehrkräften, bei der Leiterin oder beim Leiter der Schule und im Schulforum vorzubringen (Beschwerderecht),
5. bei der Aufstellung und Durchführung der Hausordnung, der Organisation und Betreuung von besonderen Veranstaltungen und im Schulforum mitzuwirken [Mitwirkungsrecht],
6. zur Gestaltung von Kursen und Schulveranstaltungen und im Rahmen der Lehrpläne zum Unterricht Anregungen zu geben und Vorschläge zu unterbreiten [Vorschlagsrecht].

[…]

Schulische Veranstaltungen der SMV liegen vor, wenn ein enger innerer und organisatorischer Zusammenhang mit dem Schulbetrieb besteht. Auch unterliegen diese Veranstaltungen der Aufsicht der Schule (Aufsichtspflicht, Versicherungsschutz). Bei den Veranstaltungen der SMV kann es sich um Schulfeste, Schulfahrten, Wanderungen, sportliche Veranstaltungen u. Ä., ferner um die Einrichtung kultureller, sportlicher und musischer Arbeitsgruppen oder Arbeitsgruppen für politische Bildung handeln.

Grenzen der Aktivitäten und Zuständigkeiten der SMV

So sehr die Mitwirkung von einzelnen Schüler:innen und der Schüler:innenmitverantwortung gewollt und notwendig ist, sind doch auch bestimmte Grenzen zu beachten, die sich aus dem gesunden Menschenverstand ergeben:

Alle Regelungen für das Zusammenwirken von Schüler:innen, Eltern und Lehrkräften müssen einen Interessenausgleich der beteiligten Gruppen zum Ziel haben.

Claus Heiner studiert das Kompendium

... Claus Heiner ist so zuversichtlich und hat sich viel vorgenommen. Im Seminar hat er gelernt, dass eine gesunde Ernährung die Lernbereitschaft und -leistung ankurbelt. Das spürt er augenblicklich. Sobald er die lernhemmenden Lebensmittel aufgegessen hat, kauft er im Biomarkt ein. Die halbe Chipstüte ist gleich aufgegessen, für die vielen Gummibärchen braucht er bereits ein wenig Überwindung. Aber die große Herausforderung bildet das fast volle Schokocremeglas. Nach zwei Stunden meldet sich sein Magen und Übelkeit stellt sich ein. Nicht das Schulkompendium, sondern die Kloschüssel ist für diesen Abend sein Begleiter. An Lernen ist beim besten Willen nicht zu denken ...

to be continued ...

4.8 KNOW – Karten nennen und organisieren Wissen

Rechte und Pflichten der Schüler:innen

- Informationsrecht über wesentliche Angelegenheiten des Schulbetriebs
- Informationsrecht über den Leistungsstand
- Beteiligungsrecht am Schulleben
- Beteiligungsrecht an der Gestaltung des Unterrichts
- Beschwerderecht bei ungerecht empfundener Behandlung oder Beurteilung
- Recht auf freie Meinungsäußerung bei Wahrung des sachlichen Zusammenhangs
- Gewährung der Rechte teilweise vom Alter, Reife und Interessen der Schüler:innen abhängig
- Pflicht, sich so zu verhalten, dass die Aufgabe der Schule erfüllt und das Bildungsziel erreicht werden kann
- Schulpflicht: Teilnahme am regelmäßigen Unterricht und an sonstigen verbindlichen Schulveranstaltungen
- Verpflichtung zur Übertragung des eigenen Bildes und Tones bei der Teilnahme am Distanzunterricht
- Verpflichtung zur Mitwirkung bei der Erstellung eines sonderpädagogischen Gutachtens sowie im Rahmen des Verfahrens
- Handys sind zulässig, soweit die Aufsicht führende Person dies gestattet.
- Rauchen ist in Schulen, schulischen Einrichtungen und auf dem Gelände verboten.
- Alkohol, Drogen und das Mitbringen und Mitführen von gefährlichen Gegenständen sind verboten.

Hausaufgaben

Funktion von Hausaufgaben:

- Einüben von Fähigkeiten und Fertigkeiten
- sollen den nachfolgenden Unterricht vorbereiten durch Erkunden, Sammeln etc.
- helfen den Schüler:innen, ihren Erfolg zu kontrollieren
- informieren die Lehrkraft über den Erfolg des Unterrichts
- gewöhnen an regelmäßige und gewissenhafte Pflichterfüllung
- Lehrkräftekonferenz legt zum Schuljahresbeginn die Grundsätze für Hausaufgaben fest.
- keine schriftlichen Hausaufgaben bei verpflichtendem Nachmittagsunterricht in der Grundschule
- Die Lehrkraft überprüft, ob die Lernziele erreicht worden sind (Korrekturen).
- Die Erziehungsberechtigten sind verpflichtet, auf die gewissenhafte Erfüllung der Hausaufgaben zu achten.
- An Grundschulen gilt eine Arbeitszeit von bis zu einer Stunde als angemessen.
- Differenzierung nach Leistungsstand
- Überdenken der Hausaufgabenmenge
- Einbeziehung der Hausaufgaben in die Unterrichtsplanung
- Tipps zum Anfertigen von Hausaufgaben erarbeiten

Erziehungs- und Ordnungsmaßnahmen

- Erziehungsmaßnahmen liegen in der pädagogischen Verantwortung der Schule.
- Lob, positive Verstärkung, Tadel, Belehrung, Ermahnung
- Nacharbeit unter Aufsicht einer Lehrkraft (vorherige schriftliche Mitteilung an die Eltern)
- Ordnungsmaßnahmen sollen den geordneten Schulbetrieb sicherstellen.
- schriftlicher Verweis durch die Lehrkraft oder Förderlehrkraft
- verschärfter Verweis durch Schulleitung
- Versetzung in Parallelklasse
- Ausschluss in einem Fach oder von einer sonstigen Schulveranstaltung von bis zu vier Wochen
- Ausschluss vom Unterricht für zwei bis vier Wochen, ab dem siebten Schuljahresbesuch durch die Lehrkräftekonferenz
- Prinzip der Verhältnismäßigkeit
- Grundsätzlich dürfen Erziehungsmaßnahmen, Ordnungsmaßnahmen und Maßnahmen des Hausrechts nebeneinander angewandt werden.
- unzulässige Ordnungsmaßnahmen: körperliche Züchtigung, Kollektivstrafen, sogenannte „Strafaufgaben" wie wiederholtes sinnloses Schreiben von Sätzen

Schüler:innen mit nichtdeutscher Muttersprache

- Schulpflicht für alle Kinder und Jugendliche, die in Bayern ihren Wohnsitz oder gewöhnlichen Aufenthalt haben
- Sprachförderung in Deutschklassen (intensive Sprachförderung, Werteerziehung und kulturelle Bildung)
- Der Besuch einer Deutschklasse endet in der Regel nach einem, spätestens nach zwei Schulbesuchsjahren.
- Die Schulleitung bestimmt, in welche Jahrgangsstufe der Schule die Schüler:innen einzuweisen sind.
- Vorkurs Deutsch 240 (Kindergarten)
- DeutschPLUS-Differenzierung, Differenzierungsangebote im Rahmen des Pflichtunterrichts mit bis zu zwölf Wochenstunden
- DeutschPLUS-Kurs, Ergänzung zum Pflichtunterricht mit bis zu vier Wochenstunden
- Deutsch als Zweitsprache aufgrund des LehrplanPLUS
- Tätigkeit von Berater:innen Migration, Unterstützung von Lehrkräften bei den Aufgaben der Vermittlung des Faches DaZ und der interkulturellen Erziehung
- interkulturelle Erziehung: Erfahren und Erleben humaner Wertmaßstäbe
- besondere Rolle der Lehrkraft: reversible Sprachhaltung, positive Konfliktlösungsstrategien, fördernde-kooperative Tätigkeiten, demokratischer Führungsstil

Schüler:innen mit sonderpädagogischem Förderbedarf

- Art. 24 der UN-Behindertenrechtskonvention: Menschen mit und ohne Behinderung haben gleichberechtigten Zugang zu allen Schulen des Bildungssystems
- benötigt ein Kind aufgrund seiner Beeinträchtigungen, sei es im körperlichen, kognitiven oder emotional-seelischen Bereich, zusätzliche Unterstützung für die Bewältigung seiner schulischen Aufgaben, besteht Förderbedarf
- Förderbedarf wird von Lehrkräften der Sonderpädagogik des MSD festgestellt
- Einschulung in eine Grundschule (Einzelinklusion)
- begleitende Hilfen durch die MSD-Lehrkraft
- Besuch einer Kooperationsklasse an einer Grundschule
- Besuch einer Klasse an einer Schule mit dem Schulprofil Inklusion
- Tandemklasse
- individuelle Lernziele
- Verzicht auf Ziffernnoten
- Schulbegleitung
- Überweisung an ein Förderzentrum: Elterngespräche, Meldung an Schulleitung, Bericht über bisher durchgeführte Fördermaßnahmen, Stellungnahme des MSD, Information an Erziehungsberechtigte

SMV

- Schüler:innenmitverantwortung ist ein Instrument zur Einübung von Demokratie
- Schüler:innensprecher:innen kooperieren auf regionaler und überregionaler Ebene: Stadt- und Landkreisschüler:innensprecher:innen, Bezirks- und Landesschüler:innensprecher:in nen, Landesschüler:innenrat, Landesschulbeirat
- Aufgaben:
  - Mitgestaltung von Leben und Unterricht an der Schule
  - Durchführung gemeinsamer Veranstaltungen
  - Übernahme von Ordnungsaufgaben
  - Wahrnehmung schulischer Interessen der Schüler:innen
  - Mithilfe bei der Lösung von Konfliktfällen
- Rechte:
  - informiert werden: Informationsrecht
  - Wünsche und Anregungen der Schüler:innen übermitteln: Anhörungs- und Vorschlagsrecht
  - Schüler:innen helfen, wenn diese glauben, es sei ihnen Unrecht geschehen: Vermittlungsrecht
  - Beschwerden vorbringen: Beschwerderecht
  - Organisation und Betreuung von Veranstaltungen
  - Mitwirkung im Schulforum
  - Gestaltung von Kursen und Schulveranstaltungen: Schulfeste, Schulfahrten, Wanderungen, sportliche Veranstaltungen usw.

5 Kooperationen

oder Teamwork makes the dream work

Nach Bertolt Brecht ist die kleinste gesellschaftliche Einheit nicht der Mensch, sondern zwei Menschen. Schule ist nie der:die Schüler:in allein, nie die Lehrkraft allein, nie die Schulleitung allein, nie …

Wie in jedem Kapitel finden sich zu Beginn *MEET-Methodenvorschläge* für Seminare zur Erschließung der Inhalte. Inhaltlich starten wir mit den *Rechten und Pflichten der Erziehungsberechtigten*. Exemplarisch sei hier bereits das wichtigste Recht, nämlich das Informationsrecht, benannt. Von hier wird die Brücke zur Beteiligung der Erziehungsberechtigten geschlagen.
Als *Elternvertretung* in Form von Elternbeiräten haben sie einen merklichen Einfluss auf schulische Prozesse. Als Besonderheit an Mittelschulen gibt es das *Schulforum*, das durch die Beteiligung zahlreicher an Schule beteiligter Personen ein Musterbeispiel für Kooperation darstellt.
Ein weiterer Partner für Schule ist der *MSD*. Die Mobilen Sonderpädagogischen Dienste sind wichtige Unterstützer im Schulalltag und tragen massiv zur gemeinsamen Professionalisierung und zur Weiterentwicklung unserer Schüler:innen bei. Ein Blick auf die *Förderzentren*, die den MSD organisieren und eine schulische Alternative für betroffene Schüler:innen darstellen, schließt sich an.
Die *Schulberatung* mit sämtlichen entsprechenden Personen und Institutionen unterstützen die Lehrkraft in ihrer schulischen Erziehungsaufgabe.
Zum Schluss wechselt der Blick hin auf die *schulische und außerschulische Betreuung*, die die schulische Erziehungsleistung verstärkt.
Die *KNOW*-Karten ermöglichen einen sofortigen Überblick über alle Inhalte und eine zügige Prüfungsvorbereitung.

Claus Heiner muss die Schule also nicht ganz alleine schmeißen …

5.1 MEET – Methoden erschließen Themen

Vorwissensaktivierung als Mindmap

Die Seminarteilnehmer:innen notieren auf einer vorbereiteten Mindmap (z. B. auf einer Flipchart oder einem DIN-A3-Blatt) ihnen bekannte Kooperationsformen bzw. Kooperationspartner:innen. Eventuell können die Inhalte konzentrisch angeordnet sein, d. h. von der Schule (innen) zu außerschulischen Kooperationen (außen).

Abgleich mit dem Kompendium

Die Seminarteilnehmer:innen benutzen das Kompendium, um in Partner:innenarbeit die für sie relevanten Kooperationen zu ergänzen und damit ebenso obiges Mindmap.

Die Themenübersicht für das Kapitel entsteht damit als fertige Mindmap.

Recherchezeit

Die Seminarteilnehmer:innen wählen sich je ein Thema der Mindmap aus und recherchieren mit dem Kompendium Inhalte dazu.

Dadurch entstehen Unter-Mindmaps, die jeweils auf weiteren DIN-A3-Blättern festgehalten werden können.

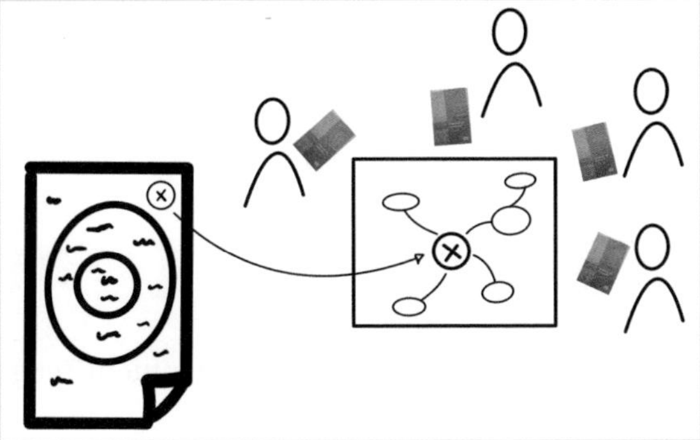

Austausch der Inhalte

Im Anschluss tauschen die Seminarteilnehmer:innen ihre neu entstandenen Mindmaps aus (und diese können dabei natürlich auch vorgestellt werden).

Die Seminarteilnehmer:innen, die die Mindmaps erhalten haben, überprüfen diese und ergänzen sie, falls nötig.

So entsteht ein Pool an Mindmaps, der dann als großes Bodenbild angeordnet wird und ein großes Gesamtergebnis darstellt.

→ Alternative Methoden finden Sie zu Beginn der anderen Kapitel.

5.2 Rechte und Pflichten der Erziehungsberechtigten

Gesetzlich ist erziehungsberechtigt, wem die Sorge für minderjährige Schulpflichtige obliegt. Bei ehelichen Kindern sind dies meistens beide Elternteile. Bei geschiedenen Ehegatten, bei für nichtig erklärten Ehen, bei dauernd getrennt lebenden Eltern und anderen Fällen ist die Entscheidung des Vormundschaftsgerichts bzw. ein eventuell ergangenes Urteil zu beachten. Darauf sollten Sie als Lehrkraft bei Auskünften in Sprechstunden, bei Klassenelternabenden usw. achten!

Rechte der Erziehungsberechtigten: Informationsrechte

Die Erziehungsberechtigten haben Anspruch auf

- Einsicht in den Schüler:innenbogen ihres Kindes;
- Einsicht in die Probearbeiten ihres Kindes (auf Verlangen);
- Auskunft über die Noten des eigenen Kindes (auf Wunsch), aber nicht Zeugnisnoten vor deren endgültiger Festlegung;
- schriftliche und unverzügliche Benachrichtigung bei auffallendem Absinken des Leistungsstandes und sonstigen das Kind betreffenden Vorgängen;
- unverzügliche Benachrichtigung durch die Schule, wenn das Kind unentschuldigt dem Unterricht fernbleibt;
- schriftlichen Hinweis bei schweren und häufigen Pflichtverletzungen des eigenen Kindes, auch bei nicht hinreichender Vorbereitung auf den Unterricht und bei nicht hinreichender Beteiligung am Unterricht;
- rechtzeitige schriftliche Benachrichtigung bei Anordnung von Nacharbeit;
- schriftliche Mitteilung über Ordnungsmaßnahmen unter Angabe des Sachverhalts, Mitteilung über Untersuchung im Verfahren einer Entlassung;
- Mitteilung über Ziel, Inhalt und Form der Familien- und Sexualerziehung und deren Besprechung im Rahmen eines Klassenelternabends;
- Beratung in Fragen der Schullaufbahn und Hilfe bei der Wahl der Bildungsmöglichkeiten entsprechend den Anlagen und Fähigkeiten des Kindes;
- Beratung zum Übertritt, insbesondere bei „bedingter" Eignung für den Besuch eines Gymnasiums oder einer Realschule;
- Elternsprechstunde, -sprechtage, Klassenelternversammlung;
- Teilnahme am Religionsunterricht für Kinder ohne Konfession;
- freiwilliges Wiederholen einer Jahrgangsstufe bzw. freiwilliges Zurücktreten in die tiefere Jahrgangsstufe;
- eine beglaubigte Abschrift des Schüler:innenbogens beim Wechsel an eine nicht öffentliche bzw. nicht staatlich anerkannte Schule;
- die Gelegenheit, sich bei Ordnungsmaßnahmen in der Lehrkräftekonferenz zu äußern.

Weitere Rechte

Die Erziehungsberechtigten haben weiter
- ein Anhörungsrecht (z. B. bei Zurückstellung vom Schulbesuch usw.);
- ein Antragsrecht (z. B. Überweisung des Kindes in eine Förderschule);
- ein Entscheidungsrecht (z. B. Wahl von Fächern, Teilnahme am Religionsunterricht, Schullaufbahn);
- ein Zustimmungsrecht (z. B. Fernsehaufnahme o. Ä. in der Schule).

Fall

Die Familie Mayer fällt aus allen Wolken, als sie nach dem Zwischenzeugnis bemerkt, dass das Vorrücken der kleinen Yasemin stark gefährdet ist. Warum hat die Lehrkraft nichts gesagt?

Welche Elternrechte bedienen Sie als Lehrkraft immer wieder? Warum stehen den Erziehungsberechtigten diese Rechte zu?

Claus Heiner studiert das Kompendium

... Was für ein Tag! Heute muss Claus Heiner mal ein Exempel statuieren. Raphael hat Sabine ein Bein gestellt und sie verletzt. Das geht gar nicht und da lässt er auch nicht mit sich reden. Gewalt hat in seinem Klassenzimmer nichts verloren! Ein Anruf bei den Eltern mit klaren Ansagen ist jetzt die Devise! Das muss jetzt sein! Und dann wird gelernt! Als er die Eltern am Telefon hat, lässt er sie gar nicht zu Wort kommen. Keine Ausreden! Er zeigt den Eltern ganz deutlich ihre Grenzen auf, droht mit Konsequenzen und wird in einen regelrechten Schimpfstrudel gezogen. Nach einer halben Stunde merkt er erst, dass er die falschen Eltern am Telefon hat. Es sind die Eltern von Gabriela. Wie peinlich ... jetzt braucht er auch nicht mehr mit dem Lernen zu beginnen ...

to be continued ...

Pflichten der Erziehungsberechtigten

Die Übersicht zeigt, dass nur ganz wenige Pflichten der Erziehungsberechtigten durch die Schule erzwingbar bzw. einklagbar sind.

„Pflichten" der Eltern nach dem BayEUG

Schulanmeldung • Grund- und Mittelschule • Förderschule • Berufsschule • Einhaltung der Meldefristen bei weiterführenden Schulen	**Kenntnisnahme schulischer Mitteilungen** z. B.: • Zeugnisse • Rundschreiben • Briefe der Lehrkraft und der Schule • Mitteilungen über Ordnungsmaßnahmen (z. B. Verweis)	**Sorge für den regelmäßigen Schulbesuch** • Einhaltung der Schulpflicht • Regelung im Krankheitsfall • Befreiung von der Teilnahme am Unterricht • Beurlaubung
Betreuung des Schulkindes • Überwachung der Unterrichtsteilnahme • Beschaffung des nötigen Materials • Erledigung der von der Schule angeordneten Arbeiten • „gehörige Ausstattung" der Schüler:innen	**Kenntnisnahme schulischer Mitteilungen** z. B.: • Kontakt mit der Schule • Informationen über Leistung und Verhalten in der Schule und Absprache über gemeinsame Erziehungsfragen, z. B. Handys, Konzentration usw.	**Beteiligung am „Schulleben"** z. B.: • Schulfest • Sportveranstaltung • Schlussfeier • Gottesdienst • Ausstellungen • Aktionen

Welche Elternpflichten halten Sie für unverzichtbar? Notieren Sie drei mit Begründung.

5.3 Elternvertretung

Bedeutung und Aufgaben des Elternbeirates

Die gemeinsame Erziehungsaufgabe, die Schule und Erziehungsberechtigte zu erfüllen haben, erfordert eine von gegenseitigem Vertrauen getragene Zusammenarbeit. Der Elternbeirat ist eine Einrichtung zur Mitgestaltung des schulischen Lebens, die sich aus dem natürlichen Recht und der Pflicht der Eltern auf Erziehung der Kinder ergibt. Als Vertretung der Erziehungsberechtigten nimmt der Elternbeirat allgemeine Angelegenheiten und Interessen wahr. Die Mitwirkung des Elternbeirates ist eine beratende. Der Elternbeirat kann alle Gegenstände der Unterrichtung und Erziehung der Schüler:innen, des äußeren Schulbetriebs und der Gestaltung des Schullebens, der Aufbringung des Schulaufwands, der Verwaltung des Schulvermögens und der Schulaufsicht behandeln. Die Ergebnisse seiner Beratung fasst der Elternbeirat in Empfehlungen (Anregungen und Vorschläge) zusammen.

Ein allgemeines politisches Mandat hat der Elternbeirat nicht. Er ist als Organ der Schule insbesondere auch an das Verbot der politischen Werbung gebunden. Für die Veranstaltungen des Elternbeirates müssen Räume in der Schule zur Verfügung gestellt werden. Lehrkräfte sind nicht verpflichtet, bei vom Elternbeirat abgehaltenen Veranstaltungen anwesend zu sein. Sie können nur teilnehmen, wenn sie dazu vom Elternbeirat eingeladen wurden. Die Schulleitung kann Lehrkräfte anweisen, in einer Sitzung des Elternbeirats zu einem einschlägigen Tagesordnungspunkt Stellung zu nehmen. Für die Schulleitung besteht die Verpflichtung zur Teilnahme, wenn der Elternbeirat dies verlangt.

Der Elternbeirat hat keine Dienstaufsichtsfunktion gegenüber den Lehrkräften. Ohne Erlaubnis der Schulleitung können Elternbeiräte nicht an Sitzungen der Lehrkräftekonferenz und an sonstigen Veranstaltungen der Schule teilnehmen. Die Schulleitung ist nicht verpflichtet, für den Elternbeirat Statistiken zu erheben oder andere umfangreiche Erhebungen durchzuführen.

Aufgaben des Elternbeirates nach Art. 65 BayEUG sind:
- das Vertrauensverhältnis zwischen Eltern und Lehrkräften zu vertiefen;
- das Interesse der Eltern für Bildung und Erziehung der Kinder zu wahren;
- den anderen Eltern in besonderen Veranstaltungen Gelegenheit zur Unterrichtung und zur Aussprache zu geben;
- Wünsche, Anregungen und Vorschläge der Eltern zu beraten;
- durch gewählte Vertreter:innen an den Beratungen des Schulforums teilzunehmen;

- bei der Entscheidung über unterrichtsfreie Tage Einvernehmen herzustellen;
- sich im Rahmen der Abstimmung über die Verwendung von Lernmitteln zu äußern;
- im Verfahren, das zur Entlassung eines:einer Schüler:in führen kann, angehört zu werden;
- im Verfahren, das zum Ausschluss eines:einer Schüler:in von allen Schulen einer oder mehrerer Schularten führen kann, angehört zu werden;
- bei Errichtung und Auflösung von staatlichen und kommunalen Schulen ein Benehmen mit dem Elternbeirat herzustellen;
- bei Abweichungen von den Sprengelgrenzen ein Benehmen mit dem Elternbeirat herzustellen;
- bei der Bestimmung eines Schulnamens durch Zustimmung mitzuwirken;
- das Einvernehmen bei der Änderung von Ausbildungsrichtungen, bei der Einführung von Schulversuchen, bei der Entwicklung des Schulprofils „Inklusion" und bei der Stellung eines Antrags auf Zuerkennung des Status einer MODUS-Schule herzustellen.

Wahl und Arbeit des Elternbeirates

Die Erziehungsberechtigten der Schüler:innen einer Klasse an einer Grund- oder Mittelschule wählen aus ihrer Mitte für die Dauer eines Schuljahres eine:n Klassenelternsprecher:in und eine:n Stellvertreter:in. Der Elternbeirat an Grund- und Mittelschulen besteht in der Regel aus den gewählten Klassenelternsprecher:innen. Für je 15 Schüler:innen ist ein Mitglied des Elternbeirats zu wählen. Der Elternbeirat hat mindestens fünf und höchstens zwölf Mitglieder.

Gemäß Art. 66 Abs. 1 Satz 2 BayEUG kann der Elternbeirat durch Beschluss weitere Mitglieder, die die Wählbarkeitsvoraussetzungen erfüllen, mit beratender Funktion hinzuziehen (= kooptierte Mitglieder). Normalerweise wählen aber die Klassenelternsprecher:innen aus ihrer Mitte den Elternbeirat. Die Amtszeit der Klassenelternsprecher:innen endet zum Schuljahresende, die des Elternbeirates mit dem ersten Zusammentritt des neuen Elternbeirates im darauffolgenden Schuljahr.

In der Regel tagt der Elternbeirat mindestens dreimal pro Schuljahr in nichtöffentlicher Sitzung, bei Bedarf auch öfter. Über die bekanntgewordenen Angelegenheiten ist Verschwiegenheit zu bewahren. Gemäß Art. 67 Abs. 1 BayEUG unterrichtet die Schulleitung den Elternbeirat zum frühestmöglichen Zeitpunkt über alle Angelegenheiten, die für die Schule von allgemeiner Bedeutung sind, z. B. Projekte, das Schulprofil bildende Maßnahmen etc. Dies stellt eine unabdingbare Verpflichtung der Schulleitung dar, sie muss von sich aus initiativ sein.

Die Anregungen und Vorschläge des Elternbeirates müssen von der Schulleitung in angemessener Frist geprüft, und das Ergebnis muss dem Elternbeirat mitgeteilt werden, im Falle der Ablehnung mit einer Begründung.

Mitwirkungsmöglichkeiten der Eltern

Das gesamte Schul- und Bildungswesen steht unter der Aufsicht des Staates (Art. 7 Abs. 1 GG und Art. 128 bis 130 BV). Art. 6 Abs. 2 GG und Art. 126 Abs. 1 BV bestimmen ein natürliches Recht und die Pflicht der Eltern auf Erziehung der Kinder.

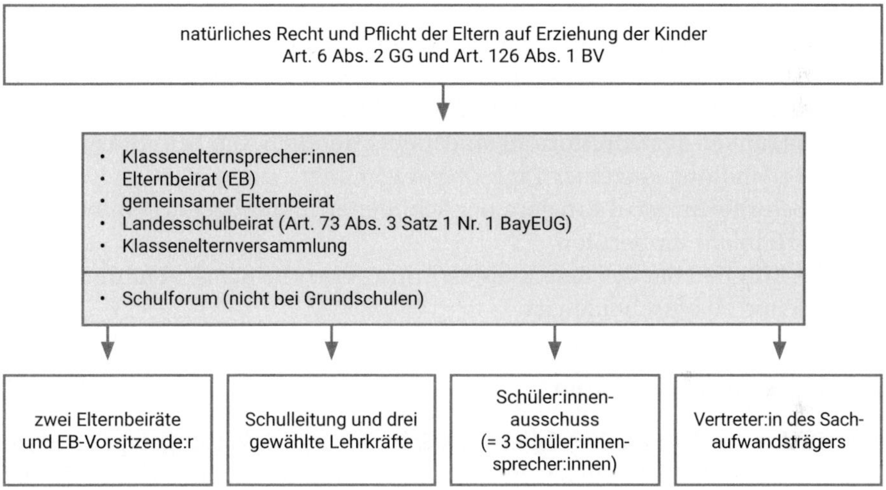

Mitwirkungsmöglichkeiten von Eltern

Welche Aufgaben des Elternbeirates halten Sie für entscheidend? Wie sind Sie in Ihrer schulischen Praxis schon mit dem Elternbeirat in Berührung gekommen?

5.4 Schulforum an Mittelschulen

Organisatorischer Rahmen für das Schulforum

Ein Schulforum wird an allen Schulen, an denen ein Elternbeirat besteht, eingerichtet. Ausgenommen sind jedoch Grundschulen und Berufsschulen.

Zusammensetzung des Schulforums gemäß Art. 69 Abs. 2 BayEUG:

- der:die Schulleiter:in;
- drei von der Lehrkräftekonferenz gewählte Lehrkräfte;
- der:die Elternbeiratsvorsitzende;
- zwei vom Elternbeirat gewählte Elternbeiratsmitglieder;
- der Schüler:innenausschuss (3 Vertreter:innen);
- und ein:e Vertreter:in des Schulaufwandsträgers.

Sitzungen des Schulforums nach § 17 BaySchO:

- Die Sitzungen des Schulforums sind nicht öffentlich. Das Schulforum kann zur Behandlung einzelner Tagesordnungspunkte Dritte hinzuziehen.
- Das Schulforum wird von dem:der Schulleiter:in mindestens einmal in jedem Halbjahr einberufen.
- Jedes Mitglied hat das Recht, einen Antrag einzubringen, über den zu beraten und zu entscheiden ist.

Beschlüsse des Schulforums

Gemäß Art. 69 BayEUG beschließt das Schulforum in den Angelegenheiten, die ihm zur Entscheidung zugewiesen sind, mit bindender Wirkung für die Schule. In den übrigen Angelegenheiten gefasste Beschlüsse bedeuten Empfehlungen.

Aufgaben und Arbeitsbereiche des Schulforums

Gemäß Art. 69 Abs. 4 BayEUG berät das Schulforum Fragen, die Schüler:innen, Eltern und Lehrkräfte gemeinsam betreffen, und gibt Empfehlungen ab. Unter anderem folgende Entscheidungen werden im Einvernehmen mit dem Schulforum getroffen:

- die Entwicklung eines eigenen Schulprofils, das der Genehmigung der Schulaufsichtsbehörde bedarf;
- die Stellung eines Antrags auf Zuerkennung des Status einer MODUS-Schule;
- Erlass von Verhaltensregeln für den geordneten Ablauf des äußeren Schulbetriebs (Hausordnung);

- Festlegung der Pausenordnung und Pausenverpflegung;
- Grundsätze über die Durchführung von Veranstaltungen im Rahmen des Schullebens.

Kann eine einvernehmliche Entscheidung nicht in angemessener Zeit herbeigeführt werden, legt die Schulleitung die Angelegenheit der Schulaufsichtsbehörde vor, die eine Entscheidung trifft.

Dem Schulforum ist insbesondere Gelegenheit zu einer vorherigen Stellungnahme zu geben zu

- wesentlichen Fragen der Schulorganisation, soweit nicht eine Mitwirkung der Erziehungsberechtigten oder des Elternbeirats vorgeschrieben ist;
- Fragen der Schulwegsicherung und der Unfallverhütung in Schulen;
- Baumaßnahmen im Bereich der Schule;
- Grundsätzen der Schulsozialarbeit;
- der Namensgebung einer Schule.

Fall

Die 12-jährige Nora ist begeisterte Skaterin. Leider gibt es in ihrer Gemeinde keinen Skatepark. „Kein Problem!", meint sie. „Das rege ich als Schüler:innensprecherin im Schulforum für das Schulgelände an."

Was ist das Schulforum? Wer ist dort Mitglied? Was passiert schulisch mit Entscheidungen des Schulforums?

5.5 MSD

Rechtliche Grundlagen für den MSD im BayEUG

Der MSD unterstützt das Unterrichten von Schüler:innen an allgemein bildenden Schulen. Dazu gehört die Unterstützung und Beratung von Lehrkräften an diesen Schulen. Der folgende Artikel führt die Aufgaben des MSD auf:

§

BayEUG Art. 21 Abs. 1 (Mobile Sonderpädagogische Dienste)

(1) [1]Die Mobilen Sonderpädagogischen Dienste unterstützen die Unterrichtung von Schülerinnen und Schülern mit sonderpädagogischem Förderbedarf, die nach Maßgabe des Art. 41 eine allgemeine Schule besuchen können; sie können auch an einer anderen Förderschule eingesetzt werden, wenn eine Schülerin oder ein Schüler in mehreren Förderschwerpunkten sonderpädagogischen Förderbedarf hat und vom Lehrpersonal der besuchten Förderschule nicht in allen Schwerpunkten gefördert werden kann. [2]Mobile Sonderpädagogische Dienste diagnostizieren und fördern die Schülerinnen und Schüler, sie beraten Lehrkräfte, Erziehungsberechtigte und Schülerinnen und Schüler, koordinieren sonderpädagogische Förderung und führen Fortbildungen für Lehrkräfte durch. [3]Mobile Sonderpädagogische Dienste werden von den nächstgelegenen Förderschulen mit entsprechendem Förderschwerpunkt geleistet […].

Die „Mobilen Sonderpädagogischen Dienste" als bewährte Hilfe

(1) Was ist der Mobile Sonderpädagogische Dienst?

Der MSD ist ein präventiv-integratives Angebot für Schüler:innen mit sonderpädagogischem Förderbedarf an der allgemeinen Schule. Durch diese Hilfe kann eventuell eine Überweisung an das Förderzentrum vermieden werden. Ziel dieses Dienstes ist es, durch zusätzliche sonderpädagogische Betreuung bei vielfältigen Beeinträchtigungen beratend und unterstützend tätig zu werden, um eine fortschreitende negative Entwicklung aufzuhalten. Den Schüler:innen soll durch Beratung, Intervention und durch gezielte kollegiale Zusammenarbeit der Verbleib an der allgemeinen Schule ermöglicht werden.

(2) Wer arbeitet im MSD?

Die Mitarbeiter:innen des MSD sind ausgebildete Förderschullehrer:innen der verschiedenen sonderpädagogischen Fachrichtungen. Sie sind im Auftrag der jeweiligen Förderschule an allgemeinen Schulen tätig.

(3) Wie arbeitet der MSD?

Die Förderschullehrer:innen besuchen die Schüler:innen nach Absprache während der Unterrichtszeit an der allgemeinen Schule. Die Dauer und die Häufigkeit sind vor allem orientiert an den individuellen Bedürfnissen der Schüler:innen, den Gegebenheiten des Umfelds und den zur Verfügung stehenden Förderstunden des MSD. Schwerpunkte der Arbeit liegen in der

- prozessorientierten, fachspezifischen Diagnostik,
- Beratung des beteiligten Personenkreises,
- Förderung der Schüler:innen,
- Zusammenarbeit mit anderen Einrichtungen.

(4) Für welche Bereiche ist der MSD zuständig?

Unter dem Dach des MSD vereinigen sich folgende Bereiche:

- MSD Autismus
- MSD für den Förderschwerpunkt emotionale und soziale Entwicklung
- MSD für den Förderschwerpunkt geistige Entwicklung
- MSD für den Förderschwerpunkt Hören
- MSD für den Förderschwerpunkt körperliche und motorische Entwicklung
- MSD für den Förderschwerpunkt Lernen
- MSD für den Förderschwerpunkt Sehen
- MSD für den Förderschwerpunkt Sprache
- MSD ELECOK (ELEktronische Hilfen und COmputer für Körperbehinderte)

(Quelle (1) bis (3): Dürr 1996)

Für welche Schüler:innen ist der MSD zuständig?

Zur besseren Einordnung der möglichen Schwierigkeiten werden die häufigsten Anfragen an den MSD in der Übersicht wiedergegeben. Der MSD wendet sich v. a. an Schüler:innen mit Beeinträchtigungen in diesen Bereichen:

Häufige Anfragen an den MSD

Lern- und Leistungsbereich:

- Leistungsverweigerung
- Schulschwänzen
- Unterrichtsstörungen
- Schulangst
- Prüfungsangst
- Konzentrationsstörungen
- Aufmerksamkeitsstörungen

Sozialer Bereich:

- aggressive Verhaltensweisen
- Außenseiterposition
- Clownerien
- Verwahrlosung
- delinquentes Verhalten
- sexuelle Auffälligkeiten

Emotionaler Bereich:

- aggressive Verhaltensweisen
- Beziehungsstörungen
- psychosomatische Störungen
- zwanghaftes Verhalten

Psychomotorischer Bereich:

- Wahrnehmungsstörungen (visuell, auditiv, kinästhetisch, taktil)
- Aufmerksamkeitsstörung
- Hyperaktivität
- Auffälligkeiten in der Grob- und Feinmotorik

Aber: Nicht jedes Kind, das eines dieser Symptome zeigt, darf gleich als verhaltensauffällig eingestuft werden. Ausschlaggebend für eine Betreuung durch die mobile Erziehungshilfe sind Ausprägung, Dauer, Intensität, Häufigkeit und Kombination der Auffälligkeiten.

Generell gilt: Kinder und Jugendliche mit sonderpädagogischem Förderbedarf sind keine homogene Gruppe; sie unterscheiden sich hinsichtlich ihrer Individualität und ihres spezifischen sonderpädagogischen Förderbedarfs. Die Bestimmung dieses Förderbedarfs macht die Professionalität sonderpädagogischen Handelns aus. Dabei werden stets aktuelle und zurückliegende Aspekte dieser Lebenswirklichkeit berücksichtigt.

Fall

Der 10-jährige Kevin zeigt immer wieder aggressives Verhalten, wenn er Leistungen erbringen soll. Er ist unkonzentriert und wenig aufmerksam. Die Lehrkraft empfiehlt am Elternsprechabend den MSD …

Für welche Bereiche ist der MSD zuständig? Haben Sie Schüler:innen im Auge, bei denen Sie den MSD anfordern könnten oder sollten?

5.6 Förderzentrum

Die Aufgaben der Förderschulen nach dem BayEUG

Schüler:innen, die nicht oder noch nicht so weit sind, dass sie eine allgemein bildende Schule besuchen können, besuchen die Förderschule. Diese flankieren das öffentliche Schulsystem von der Grund- über die Sekundarstufe bis hin zur beruflichen Bildung.

Art. 19 des BayEUG beschreibt präzise die Aufgaben der Förderschulen:

§

BayEUG Art. 19 Abs. 1–3 (Aufgaben der Förderschulen)

(1) Die Förderschulen diagnostizieren, erziehen, unterrichten, beraten und fördern Kinder und Jugendliche, die der sonderpädagogischen Förderung bedürfen und deswegen an einer allgemeinen Schule (allgemein bildende oder berufliche Schule) nicht oder nicht ausreichend gefördert und unterrichtet werden können.

(2) Zu den Aufgaben der Förderschulen gehören:

1. die schulische Unterrichtung und Förderung in Klassen mit bestimmten Förderschwerpunkten,
2. die vorschulische Förderung durch die Schulvorbereitenden Einrichtungen,
3. im Rahmen der verfügbaren Stellen und Mittel
   a) die vorschulische Förderung durch die Mobile Sonderpädagogische Hilfe und
   b) die Mobilen Sonderpädagogischen Dienste zur Unterstützung förderbedürftiger Schülerinnen und Schüler in allgemeinen Schulen oder in Förderschulen.

(3) Die Förderschulen erfüllen den sonderpädagogischen Förderbedarf, indem sie eine den Anlagen und der individuellen Eigenart der Kinder und Jugendlichen gemäße Bildung und Erziehung vermitteln. Sie tragen zur Persönlichkeitsentwicklung bei und unterstützen die soziale und berufliche Entwicklung. Bei Kindern und Jugendlichen, die ständig auf fremde Hilfe angewiesen sind, können Erziehung und Unterrichtung pflegerische Aufgaben beinhalten.

Welche Förderschulen gibt es?

Die Schulbezeichnungen und damit die Förderschwerpunkte sind in Art. 20 BayEUG aufgelistet.

§

BayEUG Art. 20 Abs. 1 und 2 (Förderschwerpunkte, Aufbau und Gliederung der Förderschulen)

(1) [1]Förderschulen können gebildet werden für
1. den Förderschwerpunkt Sehen,
2. den Förderschwerpunkt Hören,
3. den Förderschwerpunkt körperliche und motorische Entwicklung,
4. den Förderschwerpunkt geistige Entwicklung,
5. den Förderschwerpunkt Sprache,
6. den Förderschwerpunkt Lernen,
7. den Förderschwerpunkt emotionale und soziale Entwicklung.

(2) Die Schulen umfassen
1. Förderzentren mit Klassen
   a) der Grundschulstufe mit den Jahrgangsstufen 1 bis 4 […],
   b) der Mittelschulstufe mit den Jahrgangsstufen 5 bis 9 oder Teilstufen davon und, sofern Mittlere-Reife-Klassen gebildet werden können, auch mit der Jahrgangsstufe 10 […],
   c) der Berufsschulstufe mit den Jahrgangsstufen 10 bis 12 bei Schulen mit dem Förderschwerpunkt geistige Entwicklung, wobei die Berufsschulstufe auch die Aufgaben der Berufsschule für Schülerinnen und Schüler mit diesem Förderschwerpunkt erfüllt, […]
2. sonstige allgemein bildende Schulen zur sonderpädagogischen Förderung,
3. berufliche Schulen zur sonderpädagogischen Förderung. […]

Art. 41 regelt die Beschulung von Schüler:innen mit sonderpädagogischem Förderbedarf. Zunächst geht es um die allgemeinen Voraussetzungen für den Besuch einer Förderschule, dann um die Vorgehensweise bzw. Schritte beim Überweisungsverfahren.

§

BayEUG Art. 41 (Schulpflicht bei sonderpädagogischem Förderbedarf oder längerfristiger Erkrankung)

(1) [1]Schulpflichtige mit sonderpädagogischem Förderbedarf erfüllen ihre Schulpflicht durch den Besuch der allgemeinen Schule oder der Förderschule. [2]Die Förderschule kann besucht werden, sofern die Schülerin oder der Schüler einer besonderen sonderpädagogischen Förderung bedarf. […] [3]Die Erziehungsberechtigten entscheiden, an welchem der […] schulischen Lernorte ihr Kind unterrichtet werden soll […].

(2) Schulpflichtige, die sich wegen einer Krankheit längere Zeit in Einrichtungen aufhalten, an denen Schulen oder Klassen für Kranke

gebildet sind, haben die jeweilige Schule oder Klasse für Kranke zu besuchen, soweit dies nicht aus medizinischen Gründen ausgeschlossen ist.
(3) Die Erziehungsberechtigten eines Kindes mit festgestelltem oder vermutetem sonderpädagogischem Förderbedarf sollen sich […] an einer schulischen Beratungsstelle informieren. […]
(4) [1]Die Erziehungsberechtigten melden ihr Kind unter Beachtung der schulartspezifischen Regelungen für Aufnahme und Schulwechsel […] an der Sprengelschule, einer Schule mit dem Schulprofil „Inklusion" oder an der Förderschule an. [2]Die Aufnahme an der Förderschule setzt die Erstellung eines sonderpädagogischen Gutachtens voraus. […]
(5) Kann der individuelle sonderpädagogische Förderbedarf an der allgemeinen Schule […] nicht […] gedeckt werden, […] besucht die Schülerin oder der Schüler die geeignete Förderschule.
(6) Kommt keine einvernehmliche Aufnahme zustande, entscheidet die zuständige Schulaufsichtsbehörde nach Anhörung der Erziehungsberechtigten und der betroffenen Schulen über den schulischen Lernort. […]

Bei der Überweisung an ein Förderzentrum muss ein förderpädagogisches Gutachten erstellt werden. Dabei meldet zunächst die Klassenleitung nach Erörterung mit den Erziehungsberechtigten der Schulleitung schriftlich den:die Schüler:in, der:die für eine Überweisung an ein Förderzentrum in Betracht kommt. Die Schulleitung benachrichtigt die Erziehungsberechtigten über die geplante Überprüfung ihres Kindes und weist darauf hin, dass auf Verlangen der Erziehungsberechtigten ein:e Beratungslehrer:in oder Schulpsycholog:in gehört wird; sie fordert von der voraussichtlich zuständigen Förderschule ein Gutachten ein.

Nach Vorliegen des Gutachtens erhalten die Erziehungsberechtigten Gelegenheit zu einer Stellungnahme. Daher sind frühzeitiger und regelmäßiger Kontakt mit dem Elternhaus sowie genaue Schüler:innenbeobachtung und präzise Aufzeichnungen unabdingbar. Wenn das sonderpädagogische Gutachten vorliegt, geht es darum, den richtigen Förderort zu finden. Die Entscheidung darüber, welche Schule einem Kind mit besonderem Förderbedarf am besten gerecht wird, muss immer individuell auf dieses Kind zugeschnitten sein.

➔ Der Weg vom sonderpädagogischen Gutachten zur Aufnahme an der Förderschule wurde in Kapitel 4.6 dargestellt.

Skizzieren Sie den Weg eines Kindes von der Schulaufnahme bis hin zur Aufnahme an die Förderschule. Konkretisieren Sie die Aussagen, falls möglich, anhand eines echten Beispiels.

Kooperation zwischen Förderschulen und allgemeinen Schulen

Das BayEUG schreibt die Zusammenarbeit aller Schularten vor.

§

BayEUG Art. 30a (Zusammenarbeit von Schulen, kooperatives Lernen)

(1) [1]Die Schulen aller Schularten haben zusammenzuarbeiten. [...] [3]Die Schulen stimmen sich beim Wechsel einer Schülerin oder eines Schülers an eine andere Schule ab. [...]

(3) [1]Schülerinnen und Schüler mit und ohne sonderpädagogischem Förderbedarf können gemeinsam in Schulen aller Schularten unterrichtet werden. [2]Die allgemeinen Schulen werden bei ihrer Aufgabe, Schülerinnen und Schüler mit sonderpädagogischem Förderbedarf zu unterrichten, von den Förderschulen unterstützt.

(4) Die Aufnahme von Schülerinnen und Schülern mit sonderpädagogischem Förderbedarf in den Förderschwerpunkten Sehen, Hören sowie körperliche und motorische Entwicklung in die allgemeine Schule bedarf der Zustimmung des Schulaufwandsträgers. [...]

(5) [1]Ein sonderpädagogischer Förderbedarf begründet nicht die Zugehörigkeit zu einer bestimmten Schulart. [2]Schulartspezifische Regelungen für die Aufnahme, das Vorrücken, den Schulwechsel und die Durchführung von Prüfungen an weiterführenden Schulen bleiben unberührt. [...] [4]Die Festschreibung der Lernziele der Schülerinnen und Schüler mit sonderpädagogischem Förderbedarf durch einen individuellen Förderplan sowie den Nachteilsausgleich regeln die Schulordnungen. [...]

(6) [1]Die Zusammenarbeit zwischen Förderschulen und allgemeinen Schulen soll im Unterricht und im Schulleben besonders gefördert werden. [...]

Kooperation zwischen Förder- und Regelschule		
Mobile Sonderpädagogische Dienste (MSD)	Partnerklassen	Kooperation zwischen Förderschulen und allgemeinen Schulen: inklusive Schulen
Beratungszentren	Öffnung der Förderschule für Schüler:innen ohne sonderpädagogischen Förderbedarf: offene Klassen	Kooperationsklassen

Bereiche der Kooperation zwischen Förder- und Regelschule

Art. 30a des BayEUG konkretisiert die institutionalisierten Zusammenarbeiten:

Institutionalisierte Kooperationen an Förder- und Regelschule

Kooperationsklassen: In Kooperationsklassen der Grundschulen, Mittelschulen und Berufsschulen wird eine Gruppe von Schüler:innen mit sonderpädagogischem Förderbedarf zusammen mit Schüler:innen ohne sonderpädagogischen Förderbedarf gemeinsam unterrichtet. Dabei erfolgt eine stundenweise Unterstützung durch die Mobilen Sonderpädagogischen Dienste.

Partnerklassen: Partnerklassen der Förderschule oder der allgemeinen Schule kooperieren mit einer Partnerklasse der jeweils anderen Schulart. Formen des gemeinsamen, regelmäßig lernzieldifferenten Unterrichts sind darin enthalten. Gleiches gilt für Partnerklassen verschiedener Förderschularten.

Offene Klassen der Förderschule: In offenen Klassen der Förderschule, in denen auf der Grundlage der Lehrpläne der allgemeinen Schule unterrichtet wird, können Schüler:innen ohne sonderpädagogischen Förderbedarf unterrichtet werden.

Einige pädagogische Hinweise zum Thema

Eine mögliche Überweisung eines Kindes an eine Förderschule ist für alle Beteiligten häufig eine schmerzhafte Angelegenheit. Von besonderer Wichtigkeit ist hier das Gespräch der Lehrkraft und der Schulleitung mit den Erziehungsberechtigten. Ihnen sollte unbedingt klargemacht werden, dass dieser Schultyp für die Entwicklung ihres Kindes notwendig und wertvoll ist.

Nur hier erfährt das Kind die Förderung, die es braucht; nur hier sind Lernfortschritte und positive Erlebnisse für den:die Schüler:in möglich. Ein Verbleiben an der bisherigen Schule würde vermutlich nur Frustrationen, Enttäuschungen und Misserfolge bringen.

Man darf hier nicht auf die Nachbar:innen schauen, deren Kinder in „andere" Schulen gehen, sondern muss die Bedürfnisse des:der Schüler:in im Auge haben. Die Bedeutung einer guten Elternarbeit kann nicht stark genug betont werden. Vielleicht ist es den Eltern auch ein Trost, wenn sie erfahren, dass eine Rückkehr an die Grund- und Mittelschule und die Teilnahme an der qualifizierenden Mittelschulabschluss-Prüfung stets möglich ist.

Fall

Die 7-jährige Herta besucht die Eingangsklasse des Förderzentrums. Sie hat Einschränkungen im Bereich der geistigen Entwicklung, möchte aber trotzdem an die Regelschule gehen. Ihre Eltern bitten um ein Gespräch mit der Klassenleitung.

Welche Formen der Kooperation zwischen Förderschulen und Regelschulen kennen Sie? Ist an Ihrer Schule, in Ihrer Gemeinde eine Kooperation institutionalisiert?

Claus Heiner studiert das Kompendium

... Nach dem Seminartag nimmt er sich fest vor, sich für die mündlichen Prüfungen vorzubereiten. Seine Seminarleiterin hat ihn daran erinnert, sich noch bei mebis anzumelden. Die Zugangsdaten sind auf einem Zettel, den er von der Verwaltungsangestellten erhalten hat. Er fährt den Rechner hoch, checkt schnell seine E-Mails und überweist noch zwei ausstehende Rechnungen. Da ploppt eine Nachricht mit einem Videotipp auf. Das Video lockert die Stimmung auf, das nächste ebenfalls, und die anderen vierzig erst recht. Die Zeit verfliegt und nachdem er sich auch noch zwei Stunden lang mit mebis geärgert hat, geht er ins Bett, damit er am nächsten Morgen bald aufstehen kann. Morgen...

to be continued ...

5.7 Schulberatung

Als Teil der schulischen Erziehungsaufgabe hat jede Schule und jede Lehrkraft gem. Art. 78 Abs. 1 BayEUG „die Erziehungsberechtigten und die Schülerinnen und Schüler in Fragen der Schullaufbahn zu beraten und ihnen bei der Wahl der Bildungsmöglichkeiten entsprechend den Anlagen und Fähigkeiten des Einzelnen zu helfen".

Im Rahmen der wöchentlichen Elternsprechstunde berät insbesondere die Klassenleitung die Erziehungsberechtigten in schulischen Fragen (z. B. bezüglich des Arbeits- und Sozialverhaltens).

Zur Unterstützung der Schulen bei der Schulberatung werden Beratungslehrkräfte und Schulpsycholog:innen bestellt, die wöchentliche Sprechstunden einrichten bzw. nach Vereinbarung zur Verfügung stehen. Koordinative und über den Bereich einer Schule hinausgehende Aufgaben werden von staatlichen Schulberatungsstellen wahrgenommen.

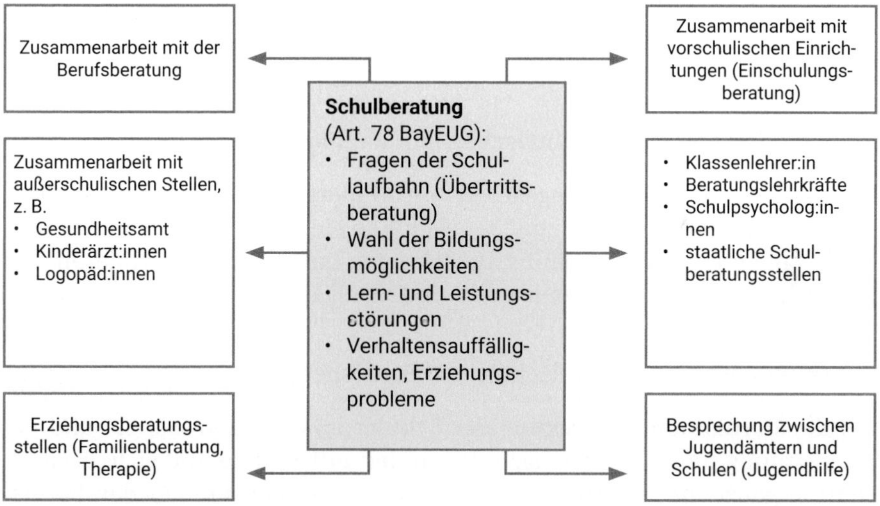

Übersicht zur Schulberatung

Welche Formen der Beratung sind Ihnen bei Ihrem schulischen Einsatz schon begegnet? Wer ist die Beratungslehrkraft bei Ihnen, an welche:n Schulpsycholog:in können Sie sich wenden?

Zusammenarbeit mit Beratungsdiensten: Beratungswege

1. Klassenleitung
   a) Beratungslehrkraft vor Ort, ggf. auch für mehrere Schulen zuständig oder
   b) Schulpsycholog:in, in der Regel für mehrere Schulen zuständig oder
   c) Mobile Sonderpädagogische Dienste
2. Beratungsrektor:in am Staatlichen Schulamt, als Koordinator:in für den Einsatz der Beratungslehrer:innen und Schulpsycholog:innen verantwortlich, ebenfalls in der Beratung und Fortbildung tätig
3. überregionale Schulberatung
4. außerschulische Beratung

Besprechungen zwischen Jugendämtern und Schulen

Inhalt der Aussprache sind u. a. Grundfragen der gemeinsamen Verantwortung für die Erziehung und Bildung junger Menschen, insbesondere aktuelle pädagogische Probleme und das Anliegen der wertorientierten Erziehung im Sinne der Wertorientierung des Grundgesetzes und der Verfassung.

Zusammenarbeit mit vorschulischen Einrichtungen

Die Erziehungs- und Bildungsarbeit von Kindergarten und Schule schließt ein enges Zusammenwirken mit den Familien ein. Erzieher:innen und Lehrkräfte sollen u. a. die Erziehungsberechtigten gemeinsam informieren und beraten, z. B. auf Elternabenden oder in Einzelgesprächen.

Zusammenarbeit von Mittelschule und Berufsberatung

Bei der Berufswahlvorbereitung der Schüler:innen leisten Schule und Berufsberatung unterschiedliche, aufeinander aufbauende und sich wechselseitig ergänzende Beiträge, z. B. regelmäßige Sprechstunden der Berufsberatung an der Schule, Schulbesprechungen in den einzelnen Klassen, Elternveranstaltungen, berufskundliche und berufsorientierende Vortragsveranstaltungen.

In der 8./9. Klasse liegt der Schwerpunkt berufsberaterischer Tätigkeit darin, Hinweise zu den Einstellungs-, Bewerbungs- und Vorstellungsbedingungen einzelner Betriebe und Informationen über berufsvorbereitende Maßnahmen zu geben.

Zusammenarbeit mit schulischen Berater:innen

Schulpsycholog:innen verfügen über ein Studium der Psychologie mit schulpsychologischem Schwerpunkt, ausgebildete Beratungslehrkräfte absolvieren ein Erweiterungsstudium für die Qualifikation als Beratungslehrkraft, Beratungsrektor:innen leiten die Schulberatungsstelle beim Staatlichen Schulamt. Sie sind voll ausgebildete Grund- oder Mittelschullehrkräfte mit einem Erweiterungsstudium in Psychologie mit schulpsychologischem Schwerpunkt. Gemäß ihrer Expertise beraten sie schulische und außerschulische Gruppen.

Zusammenarbeit mit Erziehungsberatungsstellen

Gemeinsames Ziel ist, die Erziehung von Kindern und Jugendlichen unter Berücksichtigung des elterlichen Erziehungsrechts zu fördern und ihnen zu helfen, sich ihren Fähigkeiten und Begabungen entsprechend zu entwickeln.

Der Jugendhilfe kommt die spezifische Aufgabe zu, Eltern, Kindern und Jugendlichen Hilfestellung zu geben, wenn Schwierigkeiten oder Störungen im Entwicklungsprozess oder aktuelle Konflikte auftreten, die von den Betroffenen allein nicht bewältigt werden können.

Die Zusammenarbeit setzt Einverständnis aller Beteiligten voraus, die persönlichen Angelegenheiten der Schüler:innen und Erziehungsberechtigten unterliegen der Verschwiegenheitspflicht. Im Einzelfall werden Klassenlehrkräfte, Beratungslehrkräfte oder Schulpsycholog:innen die Eltern auf die therapeutische Hilfe einer Erziehungsberatungsstelle hinweisen und auf Wunsch die erforderlichen Kontakte vermitteln, wobei aber stets die Eigeninitiative der Ratsuchenden im Auge zu behalten ist.

Fall

Die 10-jährige Hanna zeigt therapeutisch auffälliges Verhalten. Da Sie keine Expertise auf diesem Gebiet haben, müssen Sie sich Hilfe zur Elternberatung holen.

An welche Stellen verweisen Sie Erziehungsberechtigte, die in Ihrer Sprechstunde von Sorgen um eine Berufsausbildung ihres Kindes berichten?

5.8 Schulische und außerschulische Betreuung

Schule sollte Eltern stark in die erzieherische Verantwortung einbeziehen. Dennoch will sie zur Unterstützung der Eltern Betreuungsangebote auch außerhalb der Unterrichtszeit ausbauen.

Betreuungsangebote innerhalb und außerhalb der Unterrichtszeit
Ziel: Verstärkung der schulischen Erziehungsleistung

Mittagsbetreuung (Art. 31 Abs. 3 BayEUG)	kind- und familiengerechte Halbtagsgrundschule
offene bzw. gebundene Ganztagsschule	Schule und Hort (Art. 31 Abs. 2 BayEUG)

Gesamtkonzept der Betreuungsangebote innerhalb und außerhalb der Unterrichtszeit

Mittagsbetreuung

Die Mittagsbetreuung schließt sich an den stundenplanmäßigen Vormittagsunterricht an und dauert in der Regel bis ca. 14.00 Uhr. Träger der Mittagsbetreuung kann die Gemeinde oder eine gemeinnützige Einrichtung sein. Der Träger ist im Benehmen mit der Schulleitung für die Organisation und Finanzierung verantwortlich. Für die Betreuung kommt vor allem sozialpädagogisches Fachpersonal infrage.

Mittagsbetreuung beinhaltet neben der Beaufsichtigung von Schüler:innen der Grund- und Mittelschulen auch bedeutsame pädagogische Aufgaben.

Die Mittagsbetreuung ist mit sozial- und freizeitpädagogischer Zielsetzung zu gestalten, wobei die Bedürfnislage der Kinder zu beachten ist:

- Bedürfnis nach Entspannung und Erholung (freie Kommunikation und Spiel);
- Bedürfnis nach freier Aktivität;
- Bedürfnis nach Ruhe;
- Bedürfnis nach Geborgenheit;
- Bedürfnis nach Nahrung (gemeinsames Mittagessen).

Daneben können auch Erziehungsschwerpunkte wie Entwicklung von Sozialverhalten und Verhalten bei Konflikten mit Tendenz zur Gewaltanwendung in die Betreuungsarbeit einbezogen werden.

Unter denselben Voraussetzungen wie die Mittagsbetreuung bis mindestens 14.00 Uhr kann auch eine verlängerte Mittagsbetreuung mit Betreuungszeiten bis mindestens 15.30 Uhr oder 16.00 Uhr und mit einer verlässlichen Hausaufgabenbetreuung angeboten werden.

Kind- und familiengerechte Halbtagsgrundschule

Diese staatliche Einrichtung soll die Betreuung von Kindern auch außerhalb des Unterrichts von 7.30 Uhr bis 13.00 Uhr sicherstellen. Die Betreuung wird seit dem Schuljahr 1999/ 2000 dort eingerichtet, wo Bedarf besteht. Das Konzept strebt die Vernetzung aller vor- und nachunterrichtlichen Betreuungsangebote an und fordert eine kindgemäße Rhythmisierung des Schulvormittags.

Ganztagsschulen

Ganztagsschulen sind Schulen, bei denen im Primar- oder Sekundarbereich über den vormittäglichen Unterricht hinaus an mindestens vier Tagen in der Woche ein ganztägiges Angebot für die Schüler:innen bereitgestellt wird,

- das täglich mindestens sieben Zeitstunden umfasst;
- das an allen Tagen des Ganztagsbetriebs bereitgestellt wird;
- das die nachmittäglichen Angebote unter Aufsicht und Verantwortung der Schulleitung organisiert,
- das in enger Kooperation mit der Schulleitung durchgeführt wird und in einem konzeptionellen Zusammenhang mit dem vormittäglichen Unterricht steht.

Ganztagsschule in Bayern		
Schule als Lebensraum	individuelle Förderung	Förderung sozialer Kompetenzen
ganzheitliche Bildung		Werteerziehung
Gesundheitserziehung	Unterstützung der Familien	interkulturelle Bildung
Freizeiterziehung		Berufsorientierung

Ganztagsschulen in Bayern (Quelle: ISB, München)

Fall

Die 9-jährige Lina möchte im nächsten Schuljahr auf keinen Fall die gebundene Ganztagsklasse ihrer Schule besuchen. Ihre Eltern überlegen sich zahlreiche Argumente, um sie zu überzeugen.

Explizieren Sie den Begriff „Ganztagsschule".

Offene Ganztagsschule

Schulen mit Angeboten der ganztägigen Förderung und Betreuung im Anschluss an den Vormittagsunterricht werden als „offene Ganztagsschule" bezeichnet. Der Unterricht findet wie gewohnt überwiegend am Vormittag im Klassenverband statt. Diejenigen Schüler:innen, deren Eltern dies wünschen, besuchen dann nach dem planmäßigen Unterricht die Ganztagsangebote.

Zur familiengerechten Förderung und Betreuung gehören:

- Mittagsverpflegung;
- Hausaufgabenbetreuung;
- unterrichtliche Fördermaßnahmen;
- sportliche, musische und gestalterische Aktivitäten.

Wahlunterricht und Arbeitsgemeinschaften werden selbstverständlich für alle Schüler:innen fortgeführt und in das Gesamtkonzept eingebunden. Art und Ausgestaltung der Angebote hängen von den Bedürfnissen und Möglichkeiten an der jeweiligen Schule ab. Die Schulen und ihre Sachaufwandsträger entwickeln das jeweilige Angebot gemeinsam. Vereine, Verbände und andere Institutionen sollen eingebunden werden. Sie werden entweder eingeladen, sich an der Gestaltung der Tagesangebote an der Schule zu beteiligen, oder die Schüler:innen erhalten die Erlaubnis, für den Besuch etwa der Musikschule, des Sportvereins oder für ähnliche Aktivitäten vorübergehend die Schule zu verlassen.

Gebundene Ganztagsschule

Schulen, an denen ein Ganztagszug mit häufig rhythmisiertem Unterricht eingerichtet ist, werden als „gebundene Ganztagsschulen" bezeichnet.

Unter gebundener Ganztagsschule (Ganztagsklasse) wird verstanden,

- dass ein durchgehend strukturierter Aufenthalt in der Schule an mindestens vier Wochentagen von täglich mindestens sieben Zeitstunden für die Schüler:innen verpflichtend ist;
- dass die vormittäglichen und nachmittäglichen Aktivitäten der Schüler:innen in einem konzeptionellen Zusammenhang stehen und
- dass der Unterricht in einer Ganztagsklasse erteilt wird.

Der Pflichtunterricht ist auf Vormittag und Nachmittag verteilt. Über den ganzen Tag hinweg wechseln Unterrichtsstunden mit Übungs- und Studienzeiten und sportlichen, musischen und künstlerisch orientierten Fördermaßnahmen. Es werden auch Freizeitaktivitäten angeboten.

Gebundene Ganztagsschulen unterbreiten zusätzliche unterrichtliche Angebote und Fördermaßnahmen:

- mehr Unterrichtsstunden, z. B. in Deutsch (je nach Konzept der Schule);
- Unterrichtsstunden für interkulturelles Lernen bzw. sprachliche Integration;
- mehr Lernzeit für Schüler:innen mit hohen Lerndefiziten;
- Hausaufgabenhilfen;
- Projekte zur Gewaltprävention, Freizeitgestaltung, Berufsorientierung;
- Rhythmisierung des Unterrichts;
- projektorientierte Unterrichtsmethoden.

Ziel ist es, dass der Schulalltag in einem dem Alter entsprechenden Wechsel von Arbeit und Entspannung, von Anleitung und eigenverantwortlichem Tun organisiert wird. Erwünscht sind dabei ausdrücklich die Öffnung der Schule zu ihrem Umfeld und die Zusammenarbeit mit externen Partnern und Kräften, z. B. örtlichen Vereinen.

Hort

Der Hort ist neben der Schule eine weitere, die Familie ergänzende, eigenständige Bildungs- und Erziehungseinrichtung für schulpflichtige Kinder, die außerhalb der täglichen Schulzeit Betreuung benötigen. Ein Hort kann in kirchlicher oder kommunaler Trägerschaft oder als Angebot der freien Jugendhilfe eingerichtet werden.

Gemäß § 22 KJHG (Kinder- und Jugendhilfegesetz) erfüllt der Hort einen pädagogischen Auftrag. Im Hinblick auf die angestrebte Erziehung, Förderung und Betreuung der Hortkinder ist eine enge Zusammenarbeit und Absprache von Eltern, Lehrkräften und Erzieher:innen notwendig.

Wichtige Aufgaben und Ziele des Horts:

- einen Lebensraum schaffen, in dem sich Kinder angenommen und wohl fühlen;
- Selbstständigkeit und soziale Mitverantwortung fördern;
- Hilfe zur selbstständigen, selbstverantwortlichen Hausaufgabenbewältigung;
- Möglichkeiten offener und gemeinsam gestalteter, angeleiteter, sinnvoller Freizeitbeschäftigungen, wobei die körperliche Bewegung sehr wichtig ist;
- Vorbereitung und Gestaltung eines gesunden, gemeinsamen Mittagessens.

Dabei gibt es unzählige Möglichkeiten der Zusammenarbeit, zum Beispiel:

- gemeinsame Besprechungen der Horterzieher:innen und Lehrkräfte;
- gegenseitige Besuche von Erzieher:innen und Lehrkräften;
- Nutzung schulischer Einrichtungen;
- gemeinsame Fortbildungsveranstaltungen, Unternehmungen und Projekte;
- Zusammenarbeit von Hort, Schule und Elternhaus.

5.9 KNOW – Karten nennen und organisieren Wissen

Rechte und Pflichten der Erziehungsberechtigten

Rechte:
- Erziehungsberechtigte tragen Sorge für minderjährige Schulpflichtige.
- Auskünfte nur an Sorgeberechtigte
- Informationsrecht: Einsichten (Probearbeiten), Auskünfte (Noten), Benachrichtigung (Abfallen der Leistungen), Hinweise (Pflichtverletzungen), Beratung (Schullaufbahn)
- Anhörungsrecht (bei Zurückstellung)
- Antragsrecht (Überweisung Förderschule)
- Entscheidungsrecht (Religionsunterricht)
- Zustimmungsrecht (Aufnahme von Bildern)

Pflichten:
- Pflicht zur Schulanmeldung und zur Einhaltung von Fristen
- Kenntnisnahme schulischer Mitteilungen (Zeugnisse, Rundschreiben, Lehrkräftebriefe), v. a. über Ordnungsmaßnahmen (wären auch ohne Unterschrift gültig)
- Sorge für den regelmäßigen Schulbesuch (Regelung im Krankheitsfall)
- Betreuung des Schulkindes (Hausaufgaben, Beschaffung Material)
- Beteiligung am Schulleben (Schulfest, Gottesdienste, Ausstellungen)

Elternvertretung = Elternbeirat (EB) und Schulforum

EB: Vertretung der Erziehungsberechtigten mittels beratender Mitwirkung
- Aufgaben:
  - vertrauensverhältnis Eltern-Lehrkräfte
  - Gelegenheit zu Mitteilung/Aussprache
  - Wünsche der Eltern beraten
- Elternbeiräte sind in der Regel Klassenelternsprecher:innen; für je 15 Schüler:innen ist ein Mitglied des EB zu wählen.
- Tagung des EB mindestens 3-mal im Schuljahr in nichtöffentlicher Sitzung
- Neben lokalen Gremien gibt es auch regionale und überregionale (gemeinsamer EB, Landesschulbeirat).

Schulforum an *Mittelschulen* mit EB
- Mitglieder:
  - 1-mal der:die Schulleiter:in
  - 3-mal von der Lehrkräftekonferenz gewählte Lehrkräfte
  - 1-mal Elternbeiratsvorsitzende:r
  - 2-mal vom EB gewählte Elternbeiratsmitglieder
  - 3-mal Schüler:innenausschuss
  - 1-mal Vertreter des Schulaufwandsträgers
- mindestens 1-mal je halbes Jahr
- Aufgaben: Entwicklung Schulprofil, Erlass von Schulregeln, Pausenordnung, Veranstaltungen im Rahmen des Schullebens

MSD - Förderzentrum

- Mobile Sonderpädagogische Dienste (MSD) unterstützen die Unterrichtung von Schüler:innen mit sonderpädagogischem Förderbedarf mit einem präventiv-integrativen Angebot.
- Mitarbeiter:innen sind Förderschullehrkräfte.
- Schwerpunkte: Diagnostik, Beratung, Förderung, Zusammenarbeit
- MSD-Bereiche: Autismus, emotionale und soziale Entwicklung, geistige Entwicklung, Hören, körperliche und motorische Entwicklung, Lernen, Sehen, Sprache, ELECOK
- Nicht jedes Kind mit Symptomen ist verhaltensauffällig; Kinder sind auch auf die Bereiche bezogen nie eine homogene Gruppe.
- Förderschulen erfüllen den sonderpädagogischen Förderbedarf, orientieren sich an individuellen Eigenarten der Kinder, tragen zur Persönlichkeitsentwicklung bei, unterstützen die soziale und berufliche Entwicklung.
- Förderschwerpunkte: Sehen, Hören, körperliche und motorische Entwicklung, geistige Entwicklung, Sprache, Lernen, emotionale und soziale Entwicklung
- Überweisung an ein Förderzentrum bedarf eines sonderpädagogischen Gutachtens.
- Kooperatives Lernen: Kooperationsklassen (Gruppe von Schüler:innen), Partnerklassen der Förderschule an der Regelschule

Schulische und außerschulische Betreuung

- Mittagsbetreuung: Träger Gemeinde/ gemeinnützige Organisation, oft bis 14 Uhr
- nach Bedürfnislage der Kinder:
  - Entspannung und Erholung
  - freie Aktivität
  - Ruhe
  - Geborgenheit
  - Nahrung
- verlängerte Mittagsbetreuung denkbar
- kind- und familiengerechte Halbtags-GS:
  - Betreuung auch außerhalb des Unterrichts von 7.30 Uhr bis 13.00 Uhr
  - Vernetzung aller vor- und nachunterrichtlichen Betreuungsangebote
  - kindgemäße Rhythmisierung des Tages
  - Ganztagsschule (GS) in Bayern:
  - mindestens 4 Tage/Woche ganztags
  - täglich mindestens 7 Zeitstunden
  - nachmittägliches Angebot unter Aufsicht und Verantwortung der Schule
- offene Ganztagsschule: Schulen mit Angeboten der ganztägigen Betreuung im Anschluss an den Vormittagsunterricht
- gebundene Ganztagsschule: Schulen mit Ganztagszug mit rhythmisiertem Unterricht; zusätzliche Angebote:
  - mehr Unterrichtsstunden
  - mehr Lernzeit
  - Hausaufgabenhilfen
  - projektorientierte Unterrichtsmethoden

6 Rechte und Pflichten der Lehrkräfte

oder Wer kann, der kann müssen

Eine Lehrkraft, die in der rechtlichen Landschaft zwischen „können", „müssen", „sollen" und „nicht dürfen" unterscheiden kann, wird eine glückliche Lehrkraft werden. Und bei allen Entscheidungen, die sie trifft, sollte der *gesunde Menschenverstand* Ihr ständiger Begleiter sein.

Nach einem neuen *MEET*-Methodenvorschlag zur Erarbeitung der Inhalte folgen Aspekte, die den Wirkungs- und Aufgabenbereich der Lehrkräfte berühren.
Deren *Pflichten und Rechte* werden angesprochen, aufgrund des Beamtenstatus beleuchtet, sowie ihre Aufgaben thematisiert. Insbesonders bekommt die *Aufsichtspflicht* der Schule und der Lehrkraft eine zentrale Rolle im Kanon der Pflichten.
Sie erhalten einen Überblick über das *amtliche Schriftwesen* und die Aufgaben und Zuständigkeiten der *Lehrkräftekonferenz* und werden über die *Personalvertretung* informiert, die ein starker Partner an Ihrer beruflichen Seite ist.
Abschließend finden Sie eine kurze Zusammenfassung in Form der wichtigsten Stichpunkte in den *KNOW*-Karten.

Claus Heiner möchte einmal Lehrer werden und informiert sich zeitig über seinen zukünftigen Beamtenstatus ...

6.1 MEET – Methoden erschließen Themen

Brainstorming

Die Seminarteilnehmer:innen sitzen vor Pinnwänden und bringen sich mit ihrem Wissen zu den jeweiligen Themen (z. B. Rechte und Pflichten der Lehrkräfte, Lehrer:innenkonferenz etc.) ein.

Auf einem Flipchartbogen notiert die Seminarleitung die entsprechenden Stichpunkte zu den jeweiligen Themen und strukturiert den Bogen inhaltlich vor.

Es ist noch Platz auf diesen Flips, die Sie nach einer Einarbeitungszeit in der „Wandernde Blätter“-Runde füllen werden.

Recherchezeit

In einer vorgegebenen Zeit lesen sich die Seminarteilnehmer:innen die entsprechenden Kapitel durch, sammeln Informationen und machen sich Notizen.

Sie haben Zeit, sich Informationen aus dem Kompendium anzueignen, um dann gemeinsam die Flipbögen zu ergänzen.

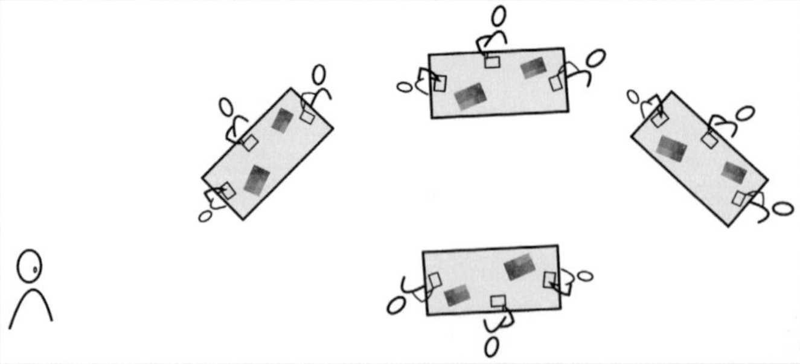

Wandernde Blätter

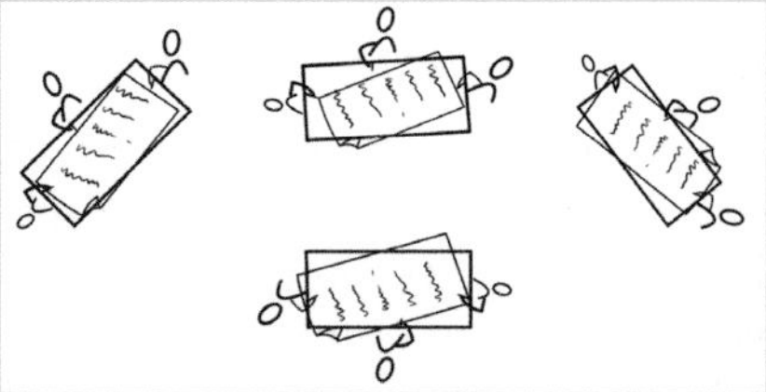

In Gruppen sitzen die Seminarteilnehmer:innenn zusammen und erhalten die Aufgabe, die vor ihnen liegenden Flipbögen aus der Brainstormingphase mit dem neu erworbenen Wissen zu füllen.

Eventuell können Fallbeispiele von dem:der Lehrer:in hinzugefügt werden, die mit ihrer Praxisnähe zusätzlich den gemeinsamen Gedankenprozess anstoßen können.

Nach einer vorgegebenen Zeit und einem akustischen Signal wandern die Blätter zum nächsten Tisch und somit zur nächsten Gruppe.

Eine neue Bearbeitungs- bzw. Ergänzungsrunde beginnt.

Gemeinsame Präsentation mit offener Fragerunde

Im Plenum werden die Flipchartbögen ausgehängt, kurz präsentiert, und offene Fragen in der gesamten Runde geklärt.

Ich hätte noch eine Frage zur Lehrerkonferenz.

→ Alternative Methoden finden Sie zu Beginn der anderen Kapitel.

6.2 Überblick über Rechte und Pflichten

Die Pflichten der Lehrkräfte

Diese folgende Übersicht teilt die Pflichten der Lehrkräfte in zwei Gruppen ein. Links stehen die Pflichten, die ihnen durch ihren Beamtenstatus auferlegt sind. Sie betreffen prinzipiell alle Beamt:innen in allen Behörden und sind im Bayerischen Beamtengesetz festgelegt.

In der rechten Spalte sind die Pflichten aufgelistet, die ihnen in ihrer Eigenschaft als Lehrkräfte speziell aufgegeben und im Wesentlichen in der Lehrkräftedienstordnung verankert sind.

Pflichten der Lehrkräfte

Pflichten aufgrund des Beamtenstatus
- Dienstleistungspflicht
- Pflicht zur ordnungsgemäßen Amtsführung
- politische Treuepflicht
- Weisungsgebundenheit
- Eigenverantwortlichkeit
- Verhalten im Dienst
- Verhalten außerhalb des Dienstes
- Amtsverschwiegenheit
- Annahmeverbot von Geschenken

besondere Pflichten der Lehrkraft
- Unterricht und Erziehung (einschließlich Aufsichtspflicht)
- Verwaltungstätigkeit
- Vermittlung zwischen Schüler:innen und Schule
- Beratungspflicht
- Zusammenarbeit mit den Erziehungsberechtigten
- Teilnahme an Lehrkräftekonferenzen u. a.
- Teilnahme an Wandertagen, Skikursen und Schulfahrten
- Pflichten als Klassenleitung
- Fortbildungspflicht

Die Rechte der Lehrkraft als Beamt:in

Die Rechte der Beamt:innen werden hier überblicksweise aufgeführt und kurz erläutert. Aus Ihrer Praxis können Sie sicher dazu weitere Beispiele anführen:
- das Recht auf Erholungsurlaub unter Fortbezahlung der Dienstbezüge (bei Lehrkräften wird der Erholungsurlaub durch die Schulferien abgegolten): Da die Ferien länger sind als der zustehende Urlaub, kann die Lehrkraft ggf. in den Ferien zur Dienstleistung herangezogen werden (z. B. Lehrkräftekonferenz am letzten Tag der Ferien).
- das Recht auf Schutz und Fürsorge für die Beamt:innen und ihre Familien:

BeamtStG §45 (Fürsorge)
Der Dienstherr hat im Rahmen des Dienst- und Treueverhältnisses für das Wohl der Beamtinnen und Beamten und ihrer Familien, auch für die Zeit nach Beendigung des Beamtenverhältnisses, zu sorgen. Er schützt die Beamtinnen und Beamten bei ihrer amtlichen Tätigkeit und in ihrer Stellung.

- das Recht auf Einsichtnahme in die Personalakte: Über alle Beamt:innen werden Personalakten geführt. Alle Beamt:innen haben, auch nach Beendigung ihrer Dienstzeit, ein Recht auf Einsicht in ihre vollständige Personalakte (ggf. auch mit oder durch eine:n Bevollmächtigte:n, Art. 107 BayBG).
- das Recht auf Dienstunfallschutz und Beihilfen: Diese werden gewährt für die Beamt:innen, ihre Familien und ggf. die Hinterbliebenen, bei Geburts- und Todesfällen, Kur- und Sanatoriumsaufenthalten, bei Krankheit, Unfällen usw. Näheres regeln die Beihilfevorschriften.
- das Recht auf pädagogische und didaktisch-methodische Freiheit gemäß LDO:

LDO §2 Abs. 1 (Verantwortung der Lehrkraft)
(1) [1]Die Lehrkraft trägt im Rahmen der Rechtsordnung und ihrer dienstlichen Pflichten die unmittelbare pädagogische Verantwortung für die Erziehung und den Unterricht ihrer Schülerinnen und Schüler. [2]Sie trägt die Verantwortung für die Schule mit.

- Selbstverständlich haben die Beamt:innen Grundrechte wie alle anderen Staatsbürger:innen auch. Allerdings sind bestimmte Einschränkungen zu beachten (z. B. die vom Amt her gebotene Mäßigung und Zurückhaltung bei politischer Betätigung oder das Verbot parteipolitischer Aktivitäten im Unterricht).
- das Recht auf Führung der Amtsbezeichnung;
- das Recht auf Reisekosten, Tagegelder, Umzugskosten usw., soweit diese dienstlich veranlasst sind;
- das Recht auf Zusammenschluss in Gewerkschaften und Berufsverbänden (Beamte haben aber kein Streikrecht!);
- das Recht auf Vertretung durch die Organe der Personalvertretung usw.

Fall

Herr Lux ist neu an der Schule und weiß nicht, ob er den HSU-Stoff so einführen darf, wie er will.

Fassen Sie die Rechte und Pflichten der Lehrkräfte in Stichpunkten zusammen und belegen Sie diese mit Beispielen aus der Praxis.

Die Aufgaben der Lehrkräfte

Der abgebildete „Aufgabenkatalog“ ist weniger juristisch zu sehen. Er stellt mehr die allgemeinen Lehrkräfteaufgaben in den Mittelpunkt. Vielleicht lässt er sich gerade deswegen gut in Prüfungsantworten „einbauen“.

Die Aufgabe der Lehrkraft
Darstellung der Vielfalt ihres Auftrags unter den fünf Einzelaspekten
(nach dem Strukturplan für das Bildungswesen)

1 Lehren als Vermittlung von Kenntnissen und Fertigkeiten

2 Erziehen als Hilfe zu persönlicher Entfaltung und Selbstbestimmung

3 Beurteilen mit dem Bemühen um höchste Objektivität

4 Beraten als Orientierungs-, Beurteilungs-, und Beratungshilfe

5 Innovieren als Verarbeiten von Neuansätzen, methodischer, didaktischer und curricularer Art

Die Aufgaben der Lehrkräfte nach dem „Strukturplan für das Bildungswesen“

Die Fortbildungspflicht der Lehrkraft als wichtige Dienstaufgabe

Die Lehrkraft sollte stets „am Puls der Zeit“ bleiben und sich entsprechend fortbilden.

§

BayLBG Art. 20 Abs.1 und 2 (Fortbildung der Lehrer)

(1) [1]Die Fortbildung des Lehrers dient der Erhaltung der für die Ausübung des Lehramts erworbenen Fähigkeiten und deren Anpassung an

die Entwicklung der Erkenntnisse der Wissenschaft bzw. der Wirtschafts- und Arbeitswelt. [2]Sie ist durch Fortbildungseinrichtungen zu fördern.
(2) [1]Die Lehrer sind verpflichtet, sich fortzubilden und an dienstlichen Fortbildungsveranstaltungen teilzunehmen. [2]Für die Teilnahme an Fortbildungsveranstaltungen, die im dienstlichen Interesse liegen, können im notwendigen Umfang dienstliche Erleichterungen gewährt werden.

In einer Bekanntmachung des Bayerischen Staatsministeriums für Unterricht und Kultus (BayKM) werden bei möglichen Lehrkräftefortbildungen folgende Inhalte charakterisiert: Unterrichten, Erziehen, Beurteilen, Diagnostizieren, Fördern und Beraten.

> Lehrerinnen und Lehrer sind Fachleute für Unterricht und Erziehung. Zu ihren beruflichen Aufgaben zählen Unterrichten, Erziehen, Beurteilen, Diagnostizieren, Fördern und Beraten; hierzu gehört auch die Notwendigkeit, ihre berufliche Tätigkeit zu überprüfen, zu überdenken und weiterzuentwickeln. Diesem komplexen Berufsbild entsprechen hohe Anforderungen an die Aus- und Fortbildung. Um dem Bedarf gerecht zu werden, strebt die Lehrerfortbildung an, die beruflichen Kenntnisse und Fertigkeiten der Lehrkräfte zu erhalten, zu erweitern und der wissenschaftlichen und gesellschaftlichen Entwicklung anzupassen (vgl. Art. 20 Abs. 1 des Bayerischen Lehrerbildungsgesetzes). Lehrerfortbildung hat vielfältige Perspektiven: Sie trägt zur Qualität und Weiterentwicklung des Schulwesens bei und hilft der Lehrkraft, sich dem Wandel der gesellschaftlichen Anforderungen zu stellen; sie unterstützt das personale Selbstverständnis und die berufliche Identität des Lehrers. [...]
>
> (Bekanntmachung des BayKM vom 9. August 2002)

In dieser Bekanntmachung des Kultusministeriums werden zwei Schwerpunkte der Lehrkräftefortbildung besonders herausgestellt:

- die Lehrkräftefortbildung als Instrument der Unterrichtsentwicklung im Sinne von Erhaltung und Aktualisierung der pädagogischen, fachlichen, didaktischen und methodischen Kenntnisse und Fertigkeiten der Lehrkraft;
- die Lehrkräftefortbildung als Instrument der Personal- und Organisationsentwicklung in der Schule (z. B. Auswahl von Funktionsträgern und Führungskräften in Schule und Schulverwaltung).

Die Erfüllung der Fortbildungspflicht durch die einzelnen Lehrkräfte ist zeitlich geregelt.

> Die Verpflichtung zur Fortbildung ist in Art. 20 Abs. [3] BayLBG geregelt. Sie gilt als erfüllt, wenn Fortbildung im Zeitumfang von zwölf Fortbildungstagen innerhalb von vier Jahren nachgewiesen ist. Einem Fortbildungstag ist ein Richtwert von jeweils etwa 5 Stunden à 60 Minuten zugrunde zu legen. Für die Erfüllung der persönlichen Fortbildungsverpflichtung können Veranstaltungen auf allen Ebenen der staatlichen oder staatlich anerkannten Fortbildung (z. B. an Hochschulen) besucht und eingebracht werden. In die Belegverpflichtung ist mindestens ein Drittel des Gesamtumfangs als schulinterne Lehrerfortbildung einzubringen.
>
> (Bekanntmachung des BayKM, II, Ziffer 3)

Die Fortbildungspflicht ist also bei Teilnahme an 60 Fortbildungsstunden in vier Jahren erreicht – diese Vorgabe wird von engagierten Lehrkräften stets deutlich überschritten.

Darstellung einer ausgewählten Problematik: Auskunfts- und Schweigepflicht

Beispielhaft sei eingegangen auf die Schweigepflicht der Lehrkräfte und ihre Pflicht zur Information und Auskunftserteilung gegenüber Erziehungsberechtigten und Schüler:innen. Das *Schulleiter-ABC* (Lott/Pirner/Unger o. J.) fasst unter dem Stichwort „Auskünfte durch die Lehrkraft“ so zusammen:

Die Lehrkraft muss

- die Erziehungsberechtigten im Einvernehmen mit der Schulleitung möglichst frühzeitig über das auffallende Absinken des Leistungsstandes informieren, besonders, wenn dies nach Aushändigung des Zwischenzeugnisses der Fall ist und eine Gefahr für das Vorrücken oder für das Bestehen der Abschlussprüfung erkennbar wird;
- den Schüler:innen Auskunft über ihren Leistungsstand und Hinweise auf eine Förderung geben;
- über den weiteren Bildungsweg Beratung anbieten, wenn das Klassenziel nicht erreicht bzw. die Abschlussprüfung nicht bestanden wurde;
- bewertete Probearbeiten baldmöglichst zur Einsichtnahme an die Schüler:innen zurückgeben und auf Verlangen der Erziehungsberechtigten zur Kenntnisnahme mit nach Hause geben;
- als Zeug:in oder Sachverständige:r auf Ladung vor der Staatsanwaltschaft nach Genehmigung durch die Dienstvorgesetzt:innen Aussagen oder Gutachten erstatten; Zeugnisverweigerungsrecht steht zu;
- mitwirken bei Erhebungen, Umfragen und wissenschaftlichen Untersuchungen, wenn mit der Genehmigung die Verpflichtung dazu besteht;

- mitwirken bei Erhebungen der Schulaufsichtsbehörde des Bayerischen Landesamtes für Statistik und Datenverarbeitung und des Aufwandsträgers im Rahmen seiner Aufgaben.

Fall

Frau Schlau und Herr Praktisch erstellen eine Liste über das, was sie als Lehrkraft „nicht dürfen" und über das, was sie „müssen".

Denken Sie an die Rechte von Schüler:innen oder Eltern. Das sind automatisch Pflichten für Sie.

Verbote

Die Lehrkraft darf nicht

- Daten und Unterlagen über Schüler:innen und Erziehungsberechtigte an außerschulische Stellen weitergeben, falls nicht ein rechtlicher Anspruch auf die Herausgabe der Daten nachgewiesen wird;
- Angaben über Familienverhältnisse der Schüler:innen weitergeben;
- diskriminierende Äußerungen über einzelne Schüler:innen, auch nicht im Unterricht, abgeben;
- bei mündlichen oder schriftlichen Anfragen von Eltern über Leistung und Verhalten ihrer Kinder andere Schüler:innen zum Vergleich mit Namen als positive oder negative Beispiele nennen;
- Auskünfte an Presse, Rundfunk und Fernsehen erteilen;
- Auskünfte an Erziehungsberechtigte oder Schüler:innen über das Vorrücken oder über Zeugnisnoten vor der endgültigen Festlegung der Zeugnisnoten geben;
- über Spannungen und Gegensätze innerhalb der Schule sprechen, sondern sie muss diese vertraulich behandeln;
- auch nach Beendigung des Dienstverhältnisses über die ihr bei ihrer dienstlichen Tätigkeit bekannt gewordenen Angelegenheiten Auskünfte erteilen.

6.3 Die Aufsichtspflicht

Fälle

Steffi ist Lehramtsanwärterin und hat von einem älteren Kollegen mitbekommen, dass es reicht, ihre Büchertasche ans Lehrerpult zu stellen, damit die Klasse weiß, dass die Lehrkraft im Haus ist.

Der Unterricht ist vorbei. Einige Lehrkräfte wollen pünktlich Schluss machen und sind bereits um 13.02 Uhr am Lehrkräfteparkplatz.

Aufsichtspflicht der Schule

Die Gewährleistung der Sicherheit der Schüler:innen in der Schule ergibt sich aus der Fürsorgepflicht des Staates für die seiner Obhut anvertrauten Schüler:innen. Um diese und Dritte vor Schäden zu bewahren und um Schadensverursachung durch sie zu verhindern, muss grundsätzlich eine ununterbrochene Beaufsichtigung sichergestellt sein, die von der Schulleitung insgesamt zu organisieren ist. Jedoch führt die unmittelbare Aufsicht die jeweils anwesende Lehrkraft. Die Aufsichtspflicht der Schule, eine der wichtigsten Amtspflichten der Schulleitung, muss flexibel und den besonderen Verhältnissen der jeweiligen Klasse angepasst sein und richtet sich nach der charakterlichen und geistigen Reife der Schüler:innen, dem Erziehungsstand der jeweiligen Klasse und den räumlichen Verhältnissen.

Die Beaufsichtigung soll Gefahren nach Möglichkeit gar nicht aufkommen lassen, doch muss auch der Erziehung zur Selbstständigkeit und Eigenverantwortung Raum gegeben werden. Deshalb soll die Aufsicht umsichtig, kontinuierlich, vorausschauend, aktiv und präventiv sein. Dazu gehört auch, in Unterricht und Schulleben bei geeigneten Anlässen sicherheitsbewusstes Verhalten zu vermitteln. Bedeutsam ist auch die Vorbildwirkung der Lehrkräfte.

In Streitfällen vor Gericht wird im Nachhinein überprüft, ob die Möglichkeit einer Gefahr zu erkennen war, welche Verhaltensregeln festgelegt wurden, ob deren Einhaltung kontrolliert wurde und ob eine Nichteinhaltung konsequente Maßnahmen zur Folge hatte.

Aufsichtspflicht der Schule

Wann?

- angemessene Zeit vor Beginn des Unterrichts oder einer Schulveranstaltung: 15 Minuten (durch Lehr-/Fachlehrkräfte)

- angemessene Zeit nach Beendigung des Unterrichts oder einer Schulveranstaltung: Zeit bis zum Weggang aus der Schulanlage (durch Lehr-/Fachlehrkräfte)
- Zeit bis zur Übernahme der Aufsichtspflicht durch die Gemeinde oder den Schulverband (z. B. Mittagspause) bei Bedarf ab 7.30 Uhr im Sinne einer kind- und familiengerechten Halbtagsgrundschule

Wo?

- Teilnahme am Unterricht und sonstigen Veranstaltungen innerhalb oder außerhalb der Schulanlage
- an freiwilligen Arbeitsgemeinschaften
- Veranstaltungen im Rahmen der Schüler:innenmitverantwortung, Vorbereitung schulischer Veranstaltungen, Arbeit am Schulgarten, genehmigte Übung am Computer
- Freistunden und Unterrichtspausen
- Betriebspraktika
- Wanderungen, Fahrten, Reisen, Besichtigungen, Theaterbesuche, die zu Schulveranstaltungen erklärt worden sind

Für besondere Fälle treffen die Schulleitung oder die Lehrkräftekonferenz eine Regelung.

Im Schulbus und während der Wartezeiten in der Schulanlage außerhalb des stundenplanmäßigen Unterrichts haben die Gemeinde oder der Schulverband die Aufsichtspflicht. Als Wartezeiten gelten die Zeit zwischen der Ankunft des Schulbusses und dem Beginn der Aufsichtspflicht der Schule (15 Minuten vor Unterrichtsbeginn). Die Aufsichtspflicht des Schulverbandes während der Mittagspause (60 bis 90 Minuten) besteht darin, dass die Fahrschüler:innen entweder mit dem Schulbus zum Mittagessen nach Hause gefahren werden (= Beförderungspflicht) oder stattdessen vom Aufwandsträger zu beaufsichtigen sind (= Beaufsichtigungspflicht).

Laut § 5 Abs. 1 LDO ist die Lehrkraft verpflichtet, bei der Wahrnehmung der Aufsichtspflicht außerhalb ihres Unterrichts mitzuwirken. Eine Einteilung der Lehrkräfte zur Wahrnehmung der Aufsichtspflicht bei Unterrichtspausen, zum Stundenwechsel und für Wartezeiten erfolgt durch die Schulleitung. Der Schulleitung obliegt auch die Beratung und Belehrung der Lehrkräfte, da sie die Gesamtverantwortung hat (vgl. Art. 57 Abs. 2 BayEUG). Die Organisation der Aufsicht legt die Schulleitung schriftlich fest.

Ändert sich durch eine Schulveranstaltung wesentlich die reguläre Unterrichtszeit, so sind die Erziehungsberechtigten rechtzeitig zu unterrichten (Elternbrief). Beginnt oder endet eine schulische Veranstaltung außerhalb der Schule, so beginnt oder endet dort die Aufsichtspflicht der Lehrkraft. Aus der Fürsorgepflicht für die Schüler:innen ergibt sich auch die Notwendigkeit, dass Ort und Zeit schulischer Veranstaltungen außerhalb des Unterrichts, an denen minderjährige Schüler:innen teilnehmen, so gelegt werden, dass unübliche Gefahren auf dem Schulweg möglichst ausgeschlossen sind. Abendliche Veranstaltungen dürfen für minderjährige Schüler:innen nicht verbindlich sein.

Aufgaben der Schulleitung

Bei Krankheit und Verhinderung einer Lehrkraft trifft die Schulleitung die „notwendigen und möglichen Maßnahmen“ (§ 5 Abs. 1 LDO).

Die Schulleitung hat die Überwachungspflicht und die Gesamtverantwortung für Organisation und Durchführung der Aufsicht. Sie trifft Einzelanweisungen und legt schriftliche Regelungen über die Organisation der Aufsicht fest.

➔ Nähere Informationen zur Schulleitung finden sie in Kapitel 2.4.

Grundsätzliche Anforderungen an Lehrkräfte und Schulleitung

Das Wesen der Aufsicht besteht darin, die anvertrauten Schüler:innen vor Schaden zu bewahren und Dritte vor Schaden durch sie zu schützen. Was im Einzelnen zu tun oder zu unterlassen ist, muss die Lehrkraft jeweils nach vernünftiger Überlegung aufgrund der allgemeinen Lebenserfahrung, ihrer besonderen Erfahrung als Erzieher:innen und der allgemeinen Lage entscheiden, wobei Anzahl, Alter, Disziplin und Reife der Schüler:innen, die örtlichen Verhältnisse, die Einschätzung der eigenen Eingriffsmöglichkeiten, aber auch unvorhergesehene und unvorhersehbare Ereignisse eine Rolle spielen können.

Staatshaftung bei Amtspflichtverletzungen d. h. Rechtsschutz für Schüler:innen und Erziehungsberechtigte (§ 839 BGB i. V. m. Art. 34 GG).

Zivilrechtliche Folgen von Pflichtverletzungen: Unter Haftung versteht man nach dem Bürgerlichen Gesetzbuch (BGB) die Pflicht, für einen Schaden einstehen zu müssen. Bei der Verschuldenshaftung können die geschädigten Personen (z. B. Schüler:innen) nur dann Schadensersatz fordern, wenn eine Amtspflichtverletzung einer Lehrkraft – also ein Verschulden – vorliegt.

Verschuldensformen: Bei der Haftung für ein eigenes Verschulden müssen dem:der Schuldner:in Vorsatz und Fahrlässigkeit nachgewiesen werden. Fahrlässig handelt, wer die erforderliche Sorgfalt außer Acht lässt. Grob fahrlässig handelt der:diejenige, der:die den Schaden dadurch herbeiführt, dass er:sie die verkehrsübliche Sorgfalt in besonders schwerem Maße verletzt hat, wenn er:sie selbst einfachste, ganz naheliegende und jedermann einleuchtende Überlegungen nicht angestellt hat.

- Einfache Fahrlässigkeit: „Das kann vorkommen!"
- Grobe Fahrlässigkeit: „Das darf nicht vorkommen!"

Amtshaftung: Verletzt jemand in Ausübung eines ihm anvertrauten öffentlichen Amtes (Unterrichts- und Erzieher:innentätigkeit) die ihm einem Dritten gegenüber obliegende Amtspflicht, so trifft die Verantwortlichkeit grundsätzlich den Staat. Bei Vorsatz und grober Fahrlässigkeit ist der Rückgriff gegen die Beamt:innen zulässig. Durch Schulbedienstete Geschädigte stellen ihre Schadenersatzansprüche grundsätzlich gegenüber dem Freistaat Bayern.

Disziplinarrechtliche Folgen von Amtspflichtverletzungen: Beamt:innen begehen ein Dienstvergehen, wenn sie schuldhaft die ihnen obliegenden Pflichten verletzen. Nach dem Bayerischen Disziplinargesetz drohen den Beamt:innen (außer einer Missbilligung) folgende disziplinarrechtliche Maßnahmen: Verweis, Geldbuße, Gehaltskürzung, Versetzung in ein Amt derselben Laufbahn mit geringerem Endgrundgehalt, Entfernung aus dem Dienst mit dem Verlust aller Beamtenrechte, Kürzung oder Aberkennung des Ruhegehaltes (Art. 6 BayDG).

Strafrechtliche Folgen für Beamte: Wenn z. B. ein:e Schüler:in durch grobe Vernachlässigung der Aufsichts- und Sorgfaltspflicht oder durch eine rechtswidrige körperliche Züchtigung (schwer) verletzt wird oder zu Tode kommt, muss sich die Lehrkraft strafrechtlich verantworten, hier z. B. wegen Körperverletzung bzw. wegen fahrlässiger Tötung.

Claus Heiner studiert das Kompendium

... Claus Heiners Handy klingelt. Sein Opa ist am Telefon, den er über alles mag aber wegen der vielen Lernerei ständig vertrösten muss. „Clausi, stell dir vor, ich bin auf den Enkel-Trick reingefallen. Du musst sofort vorbeikommen und mir helfen." Augenblicklich steigt Claus Heiner auf sein Fahrrad und eilt zu seinem Großvater. Er rennt die vier Stockwerke hoch und klingelt völlig verschwitzt und ganz außer Atem an der Tür. Sein Großvater öffnet: „Du hast uns noch zu unserem Glück gefehlt. Wir feiern alle meinen Geburtstag nach." Aus dem Wohnzimmer hört er die ganze Familie lachen und rufen: „Opa-Trick!" Claus Heiner ist beruhigt und denkt sich: „Es gibt Wichtigeres als Lernen." ...

to be continued ...

Unfallverhütung und Sicherheitserziehung sind wichtige pädagogische Aufgaben der Schule, die von der Schulleitung an ihrer Schule initiiert und kontrolliert werden. Auch Sicherheitsbeauftragte für den inneren Schulbetrieb tragen durch konkrete Vorschläge zur Verbesserung der Unfallverhütung bei. Doch auch jede Lehrkraft muss in ihrem Unterricht Fragen der Unfallverhütung behandeln.

Durch das Gesetz über die **Unfallversicherung** vom 18. März 1971 sind alle Schüler:innen bei der Teilnahme am Unterricht und an den übrigen schulischen Veranstaltungen in die gesetzliche Unfallversicherung aufgenommen. Die gesetzliche Unfallversicherung tritt ein bei Körperverletzung, leistet aber keinen Ersatz für Sachschäden. Nach Eintritt eines Schulunfalles gewährt der Bayerische Gemeindeunfallversicherungsverband (KUVB) folgende Leistungen: Heilbehandlung, Verletztenrente, Berufshilfe, Sterbegeld. Jeder Schulunfall, der den Besuch des Arztes nötig macht, ist von der Schulleitung binnen drei Tagen dem KUVB zu melden.

Eine bei einer Rauferei im Pausenhof zugefügte Verletzung eines:einer Schüler:in durch eine:n Mitschüler:in ist in der Regel als „schulbezogen" anzusehen. Sie fällt deshalb unter den gesetzlichen Unfallversicherungsschutz mit der Haftungsfreistellung des:der Schüler:in gegenüber dem:der verletzten Schüler:in.

Aufgaben der Schulleitung zur Unfallverhütung und Sicherheitserziehung

- Lehrkräfte und Schüler:innen über Sicherheitsbestimmungen unterrichten;
- eine:n Sicherheitsbeauftragte:n für den inneren Betrieb (Lehrkraft) bestellen und mit ihm:ihr zusammenwirken;
- die für einen sicheren Ablauf des Unterrichtsbetriebes erforderlichen besonderen Anweisungen erteilen;
- die Einhaltung von Sicherheitsbestimmungen und Anweisungen überwachen;
- die Lehrkräfte dazu anhalten, in den Unterricht die Erziehung der Schüler:innen zu sicherheitsbewusstem Denken und Handeln miteinzubeziehen;
- dem Aufwandsträger Mängel an Schulanlage oder Einrichtung unverzüglich anzeigen;
- Zusammenwirken mit Eltern- und Schüler:innenvertretern und insbesondere mit dem Schulforum bei der Durchführung der Unfallverhütung.

➔ Nähere Informationen zur Schulleitung finden Sie in Kapitel 2.4.

6.4 Amtliches Schriftwesen

Das amtliche Schriftwesen von Lehrkräften umfasst eine Reihe von Unterlagen.

Das amtliche Schriftwesen der Lehrkraft
umfasst

• Schüler:innenunterlagen	• Leistungsnachweise	• Schüler:innenliste
• Schüler:innenbeobachtungen	• Schüler:innenstammblatt	• Schüler:innenlaufbahnbogen
• Notenliste/Notenbogen	• Wochenplan als Lehrnachweis	• Belehrungskalender
• Klassenlehrplan		• Sonstiges

Das Schriftwesen der Lehrkraft

Die Schüler:innenunterlagen

Gemäß § 37 BaySchO umfassen die Schüler:innenunterlagen die für das Schulverhältnis jedes:jeder Schüler:in wesentlichen Unterlagen. Zu den sogenannten Schüler:innenunterlagen gehören die in Papierform zu führende **Schüler:innenakte**, welche je nach Schulart folgende Unterlagen enthält:

- das Schüler:innenstammblatt, welches Angaben über den:die Schüler:in, die Erziehungsberechtigten, die Personen, welchen die Erziehung anvertraut ist, die Berufsausbildung und die Schullaufbahn enthält, nach dem vom Staatsministerium herausgegebenen Muster;
- die Abschlusszeugnisse oder – soweit kein Abschluss erzielt wurde – die diese ersetzenden Zeugnisse in Abschrift;
- die Zeugnisse, die wichtige schulische Berechtigungen verleihen, in Abschrift, die sonstigen Zeugnisse in Abschrift und Übertrittszeugnisse in Abschrift oder im Original;
- den Schullaufbahnbogen, in welchen die für den schulischen Bildungsweg wesentlichen Feststellungen, Beobachtungen und Empfehlungen aufgenommen werden, einschließlich einer Übersicht über die ausgesprochenen Ordnungsmaßnahmen nach Art. 86 Abs. 2 Nr. 6 bis 12 BayEUG, nach dem vom Staatsministerium herausgegebenen Muster;
- die Notenbögen, in welche insbesondere die Ergebnisse der schriftlichen, mündlichen und praktischen Leistungsnachweise des:der einzel-

nen Schüler:in sowie damit zusammenhängende Bemerkungen aufgenommen werden;
- die Zwischenberichte, soweit diese nach den Vorschriften der Schulordnungen die Halbjahreszeugnisse ersetzen;
- die schriftlichen Angaben über bereits erfolgte Maßnahmen und diagnostische Grundlagen bei Schüler:innen mit besonderem Förderbedarf sowie Unterlagen zum Nachteilsausgleich und Notenschutz;
- die schriftlichen Stellungnahmen zum sonderpädagogischen Förderbedarf, insbesondere das sonderpädagogische Gutachten und den förderdiagnostischen Bericht;
- die Förderpläne;
- die schriftlichen Äußerungen der beruflichen Ausbildungseinrichtungen über Leistung und Verhalten des:der Schüler:in in Form eines Abschlussberichts, sofern für die Mittelschule vorhanden;
- die Schüler:innenlisten an Grundschulen und Mittelschulen;
- alle sonstigen schriftlichen, den:die einzelne:n Schüler:in betreffenden wesentlichen Vorgänge, die zur nachvollziehbaren und transparenten Dokumentation der Schullaufbahn zwingend notwendig sind;

und Weiteres.

Die Leistungsnachweise

Die Leistungsnachweise setzen sich zusammen aus
- den schriftlichen Leistungsnachweisen einschließlich der Abschlussprüfungen, Orientierungsarbeiten, Vergleichsarbeiten, Seminararbeiten, Praktikumsberichte und Grundwissens- und Jahrgangsstufentests;
- den praktischen Leistungsnachweisen, insbesondere Werkstücken und Zeichnungen.

Einsichtnahme in die Schüler:innenakte und Leistungsnachweise

Sehr detailliert regelt § 41 der BaySchO die Einsichtnahme in die eigene Schüler:innenakte und die eigenen Leistungsnachweise:

§

BaySchO §41 Abs. 1 und 2 (Einsichtnahme)

(1) Ein Recht auf Einsicht in die eigene Schülerakte nach §37 Satz 2 Nr. 1 sowie – nach Abschluss des Aufnahmeverfahrens, der Abschlussprüfung oder anderer schulischer Leistungsfeststellungen – in die Leistungsnachweise nach §37 Satz 2 Nr. 2 haben

1. die jeweiligen Schülerinnen und Schüler ab Vollendung des 14. Lebensjahres, auch wenn sie die Schule verlassen haben,

2. die Erziehungsberechtigten der jeweiligen Schülerinnen und Schüler und
3. die früheren Erziehungsberechtigten bei Schülerinnen und Schülern bis zur Vollendung des 21. Lebensjahres, soweit Vorschriften des Bayerischen Gesetzes über das Erziehungs- und Unterrichtswesen oder der Schulordnungen ihre Unterrichtung vorschreiben.

(2) [1]Die Einsichtnahme ist unzulässig, soweit Daten der betreffenden Schülerinnen und Schüler mit Daten Dritter derart verbunden sind, dass eine Trennung nicht oder nur mit unverhältnismäßig hohem Aufwand möglich ist. [2]Insoweit ist den Berechtigten über die zu den betreffenden Schülerinnen und Schülern vorhandenen Daten Auskunft zu erteilen. [3]Die Einsichtnahme und die Auskunft können eingeschränkt oder versagt werden, wenn dies zum Schutz der betreffenden aktuellen bzw. ehemaligen Schülerinnen und Schüler oder der aktuellen bzw. früheren Erziehungsberechtigten erforderlich ist.

Fall

Bodo ist ein Quereinsteiger und fragt Sie, ob Sie ihm einen Überblick über das „Schriftwesen" geben können. Er kann sich darunter wenig vorstellen.

Sie wollen Ihr Schriftwesen präzise und effizient gestalten. Was ist für Sie essenziell?

Verwendung der Schüler:innenunterlagen

§ 38 BaySchO regelt die Verwendung der Schüler:innenunterlagen, den Zugriff vonseiten der Lehrkräfte, der Schulleitung, der Beratungslehrkräfte und Schulpsychologen. Darüber hinaus gibt dieser Paragraph Auskunft über die Einwilligung vonseiten der Schüler:innen und der Erziehungsberechtigten.

§

BaySchO § 38 (Verwendung)

(1) Die Schülerunterlagen dürfen ohne Einwilligung nur verwendet werden, soweit dies zur Erfüllung der den Schulen durch Rechtsvorschriften zugewiesenen Aufgaben erforderlich ist.

(2) [1]Der Zugriff auf die Schülerunterlagen ist jeweils auf den konkreten Einzelfall zu beschränken. [2]Zugriff dürfen insbesondere erhalten:

1. Lehrkräfte für die jeweils von ihnen unterrichteten Schülerinnen und Schüler, soweit dies zur Erfüllung ihrer Aufgaben erforderlich ist,
2. die Schulleitung, soweit dies zur Erfüllung ihrer pädagogischen, organisatorischen und rechtlichen Aufgaben erforderlich ist,
3. Beratungslehrkräfte und Schulpsychologen, soweit dies zur Erfüllung ihrer pädagogisch-psychologischen und rechtlichen Aufgaben im Rahmen der Schulberatung erforderlich ist.

[3]Nach Beendigung des Schulbesuchs darf Zugriff auf die Schülerunterlagen nur die Schulleitung im konkreten Einzelfall erhalten, soweit dies zur Erfüllung ihrer rechtlichen Aufgaben erforderlich ist oder die Betroffenen eingewilligt haben.

(3) Die Einwilligung ist von der volljährigen Schülerin oder dem volljährigen Schüler, bei minderjährigen Schülerinnen und Schülern von deren Erziehungsberechtigten sowie – ab Vollendung des 14. Lebensjahres – zusätzlich von der Schülerin oder dem Schüler schriftlich zu erteilen und muss sich auf einen konkret benannten Zweck, wie etwa den Nachweis beruflicher Qualifikation oder die Belehrung sozialversicherungsrechtlicher Ansprüche, beziehen.

Die Schüler:innenliste

Die Durchführungshinweise zum Umgang mit Schüler:innenunterlagen (vom 13. Oktober 2015) verpflichten die Klassenleiter:innen an Grund- und Mittelschulen zur Führung der Schüler:innenliste für die Zeit des Besuchs der Grundschule oder der Mittelschule. Die Vordrucke dazu finden sich als Anlage zu obiger Bekanntmachung. Die Schüler:innenliste ist klassen- und jahrgangsbezogen zu führen, d. h., sie wird jährlich und für jede Klasse neu zusammengestellt. Sie enthält die Personalien der Schüler:innen und eine Übersicht über entschuldigte und unentschuldigte Schulversäumnisse. Die Schüler:innenliste wird nach dem Verlassen der jeweiligen Schule noch ein Schuljahr an der abgebenden Schule verwahrt.

Die Leistungsaufzeichnungen durch die Lehrkraft

§ 3 Abs. 6 der LDO spricht die Aufschreibungen durch die Lehrkraft an, über die Aufbewahrungsdauer und über die Erläuterung der Schulleitung gegenüber, wenn dies erforderlich ist.

§

LDO §3 Abs. 6 (Unterricht)

(6) [1]Über die Leistungen der Schülerinnen und Schüler führt die Lehrkraft Aufschreibungen, die beim Ausscheiden oder bei längerer Dienstverhinderung der Schulleiterin oder dem Schulleiter zur Weitergabe an die Nachfolgerin oder den Nachfolger oder die Vertretungslehrkraft zugänglich zu machen sind. [2]Unbeschadet der Verpflichtung zur Eintragung der Leistungsbewertungen in den Notenbogen hat die Lehrkraft ihre Aufschreibungen mindestens ein Jahr nach Ablauf des Schuljahres aufzubewahren. [3]Auf Anforderung hat sie der Schulleiterin oder dem Schulleiter Einsicht in die Aufschreibungen zu gewähren, diese zu erläutern oder zu übergeben.

Für diese Leistungsaufschreibungen ist keine verbindliche Form vorgeschrieben, die Lehrkraft könnte folgende zwei Alternativen nutzen:

- Die traditionelle Notenliste wird für je ein Fach geführt und enthält die Namen aller Schüler:innen und ihre Noten in dem betreffenden Fach.
- Es gibt auch Vordrucke, welche die Leistungen einzelner Schüler:innen in allen Fächern auf einer Seite zusammenfassen; diese Art der Aufzeichnung ist bei Elterngesprächen und bei der Zeugniserstellung sicherlich hilfreich. Auch ist ein Absinken der Leistungen in mehreren Fächern schneller sichtbar.

Auf zwei Punkte muss noch hingewiesen werden:

- Einige Gerichtsurteile legen es nahe, bei mündlichen Noten (bei denen also keine schriftlichen Unterlagen existieren) mindestens das Datum oder mit einem Stichwort das geprüfte Stoffgebiet festzuhalten.
- Auf den Arbeiten der Schüler:innen dürfen nur ganze Noten (also nicht 2–, 3+ oder 3 – 4) erscheinen; in den Aufzeichnungen der Lehrkraft ist gegen Zwischennoten nichts einzuwenden, da sie zur Festlegung von Zeugnisnoten durchaus hilfreich sein können. Es ist außerdem auch denkbar, die in schriftlichen Leistungsnachweisen erzielten Punkte festzuhalten (z. B. 42 von 48 möglichen Punkten).

Schüler:innenbeobachtungen und zusammenfassende Schüler:innenbeurteilungen (rechtliche Vorgaben)

Die Lehrkraft ist gehalten, ihre Schüler:innenbeobachtungen planmäßig durchzuführen und schriftlich festzuhalten. Diese Aufzeichnungen können in vielfacher Hinsicht nützlich und arbeitserleichternd sein, zum Beispiel

- bei der Erstellung der Zeugnisbemerkungen bzw. der Berichte in den Jahrgangsstufen 1 und 2;
- bei Elterngesprächen (Schulberatung und Schullaufbahnberatung);
- beim Verdacht auf das Vorliegen einer Lernbehinderung im Überweisungsvorgang an eine Förderschule und
- für eventuelle Gutachten, welche die Lehrkraft zu erstellen hat (z. B. für Schulpsycholog:innen, das Jugendamt, die Staatsanwaltschaft, das Gericht o. Ä.).

Die Form, in der die Beobachtungen geführt werden, ist amtlich nicht vorgeschrieben. Die Lehrkraft kann die von Verlagen angebotenen Vordrucke verwenden oder sich selbst ein geeignetes Formular erstellen. Häufig ist auch an der Schule eine bestimmte Form eingeführt und üblich.

Die Lehrkraft kann auch Erkenntnisse und Feststellungen, die sie bei soziometrischen Erhebungen (z. B. Soziogrammen), aus von Schüler:innen ausgefüllten Fragebögen (werden häufig bei Neuübernahme von Klassen eingesetzt) und aus sonstigen Beobachtungen (z. B. im Schullandheim) gewonnen hat, in pädagogischer Verantwortung in die Schüler:innenbeobachtungen einfließen lassen.

Wichtig erscheint, dass die Lehrkraft die Kontakte mit dem Elternhaus mit Datum dokumentiert (Telefonate, schriftliche Mitteilungen, Sprechstundenbesuch, Anwesenheit bei Elternabenden u. Ä.) und ihre Aktivitäten, die von den Eltern nicht erwidert wurden, festhält. Das kann bei späteren Auseinandersetzungen hilfreich sein.

Fall

Eine Kollegin aus der ersten Jahrgangsstufe und eine Kollegin aus der vierten Jahrgangsstufe vergleichen ihr Schriftwesen. Sie stellen teilweise Unterschiede fest.

Wenn Sie einen „Stoffverteilungsplan" erstellen, berücksichtigen Sie einige Aspekte.

Wochenplan und Lehrnachweis

Der Wochenplan sollte vor Beginn der Woche erstellt werden. Häufig wird dafür ein an der Schule eingeführtes Formular verwendet. Im Wochenplan sind die Themen aller Unterrichtsstunden der kommenden Woche präziser als im Lehrplan anzugeben. In diese Planung sollten auch besondere Ereignisse aus dem Schulleben (Wandertage, Filmvorführungen, Bundesjugendspiele usw.) aufgenommen werden. Im Falle einer Erkrankung der Lehrkraft sollte der Wochenplan eine kontinuierliche Fortsetzung des Unterrichts ermöglichen.

Am Ende der Schulwoche kann der Wochenplan zum Lehrnachweis werden, wenn er die tatsächliche Arbeit der vergangenen Woche widerspiegelt (ggf. waren Ergänzungen, Änderungen oder Berichtigungen anzubringen).

Eine andere Form des Lehrnachweises ist das an manchen Schulen eingeführte Klassentagebuch, das allerdings die Planungsdimension nicht so sehr berücksichtigt. Am Ende des Schuljahres verbleibt der Lehrnachweis bzw. das Klassentagebuch an der Schule, während der Lehrplan Eigentum der Lehrkraft ist.

Belehrungskalender

Die in der Schule regelmäßig durchzuführenden Belehrungen sind als ein Teil der Lehrkräften obliegenden Pflicht zur Unfallverhütung und Sicherheitserziehung zu sehen. Die relativ große Anzahl an Belehrungen hat dazu geführt, dass einzelne Punkte sinnvoll auf die Monate des Schuljahres verteilt werden. So entstand der Begriff „Belehrungskalender“. Für die Durchführung ist primär die Klassenleitung zuständig. Sie soll die Erledigung durch ihre Unterschrift bestätigen.

Beispiele für solche Belehrungen:

- Verhalten bei Feueralarm;
- Gefährdung des Eisenbahnbetriebs;
- Unfälle durch Fundmunition;
- Unfälle beim Baden;
- Gefahren beim Drachensteigen.

Die Vordrucke mit den Belehrungen erhalten Lehrkräfte zu Schuljahresbeginn von der Schulleitung. Über die methodische Ausgestaltung dieser Belehrungen gibt es keine näheren Vorschriften. Hier hat die Lehrkraft nach dem Reifegrad ihrer Schüler:innen vorzugehen. Bei Schüler:innen nichtdeutscher Muttersprache ist sicherzustellen, dass diese den Inhalt der Belehrungen auch verstehen.

Der amtliche Lehrplan

In Art. 45 BayEUG wird u. a. der Lehrplan als Grundlage für Unterricht und Erziehung gelegt, wobei der Fokus auch auf die Bildungsziele und Aufgaben der jeweiligen Schulart gelegt wird.

§

BayEUG Art. 45 (Lehrpläne, Stundentafeln, Richtlinien und Bildungsstandards)
(1) [1]Grundlage für Unterricht und Erziehung bilden die Lehrpläne, die Stundentafel, in der Art und Umfang des Unterrichtsangebots einer Schulart festgelegt ist, und sonstige Richtlinien. [2]Lehrpläne, Stundentafeln und Richtlinien richten sich nach den besonderen Bildungszielen und Aufgaben der jeweiligen Schulart; sie haben die Vermittlung von Wissen und Können und die erzieherische Aufgabe der Schule zu berücksichtigen. [3]Wissen und Können beziehen sich auch auf Standards, die in länderübergreifenden Verfahren mit Zustimmung des Staatsministeriums festgelegt werden.
(2) [1]Lehrpläne, Stundentafeln und Richtlinien erlässt, bei grundlegenden Maßnahmen im Benehmen mit dem Landesschulbeirat (Art. 73 Abs. 2 Satz 2 Nr. 1), das zuständige Staatsministerium. […]

Zu den Lehrplänen gehören auch die Richtlinien und Bekanntmachungen
- zur Familien- und Sexualerziehung,
- zur Umwelterziehung,
- zur Verkehrserziehung,
- zur Suchtprävention usw.

Der klasseneigene (klassenspezifische) Lehrplan

Es ist nun Aufgabe der Lehrkraft, diesen für ganz Bayern gültigen Lehrplan im Team mit den in ihrer Klasse unterrichtenden Fachlehrkräften und zusammen mit den Kolleg:innen der Jahrgangsstufe in einen in jeder Hinsicht „maßgeschneiderten" klassenbezogenen Lehrplan aufzubereiten.

Der LehrplanPLUS Grundschule macht dazu folgende Aussage:

> Als lernende Organisationen schaffen Bildungseinrichtungen den Transfer von neuem Wissen in die gesamte Organisation und sind daher fähig, auf neue Herausforderungen angemessen zu reagieren und gemeinsam aus ihnen zu lernen. Gelingende Teamarbeit ist maßgeblich für die Qualitätsentwicklung der Prozesse und Ereignisse in Bildungseinrichtungen. Erforderlich ist die Kompetenz, in Arbeitsgruppen gemeinsam zu planen und zu handeln sowie diese Prozesse zu reflektieren. Teamlernen erfordert Übung und stellt kein punktuelles Vorhaben dar, sondern erfordert den konsequenten Dialog mit Kolleginnen und Kollegen sowie die gemeinsame Verantwortung aller für die gesteckten Ziele und die Festlegung von Strategien und Regeln innerhalb einer zeitlichen und organisatorischen Struktur.
>
> (LehrplanPLUS Grundschule, Leitlinien, Ziff. 7.1)

Der LehrplanPLUS Mittelschule artikuliert dies folgendermaßen:

> Als Experten für schulische Lernprozesse und Lehrgegenstände begleiten die Lehrkräfte den Kompetenzerwerb der Schülerinnen und Schüler. Sie unterstützen und beraten diese dabei, das Lernen aktiv und verantwortlich umzusetzen sowie zu reflektieren. Lehrkräfte gestalten ihren Unterricht auf der Basis von Kompetenzorientierung, Dialog, Partizipation, Flexibilität und Selbstreflexion. Sie sind für die Schülerinnen und Schüler verlässliche Bezugspersonen und Vorbilder. Dabei achten sie auf eine Kultur der gegenseitigen Wertschätzung und Rücksichtnahme. Sie stellen Stärken sowie individuellen Bedarf an Förderung fest und ergreifen entsprechende pädagogische Maßnahmen, um die Lernenden nachhaltig individuell zu fördern.
>
> (LehrplanPLUS Mittelschule, Bildungs- und Erziehungsauftrag, Ziff. 3.2)

Welche Besonderheiten sind im klasseneigenen Lehrplan zu berücksichtigen?

- Festlegung der zeitlichen Abfolge der Lerninhalte unter Berücksichtigung der Ferien;
- Präzisierung der Lehrplanaussagen (z. B. Titel von Lesestücken, genaue Aufsatzthemen, konkrete Angaben von Liedern und Gedichten – dabei ist der Pflichtkanon im Lehrplan zu beachten);
- Berücksichtigung von unterrichtsfreier Zeit (z. B. Betriebserkundungen und -praktika, Schullandheimaufenthalte, Studien- und Abschlussfahrten);
- Aufweisungen von Querverbindungen zwischen den einzelnen Fächern;
- Einplanung von Unterrichtsgängen, Möglichkeiten außerschulischer Lernorte und originaler Begegnung (Heimat- bzw. Ortsbezug), Betriebspraktika usw.;
- zeitliche Festlegung von Leistungsnachweisen (auf gleichmäßige Verteilung im Schuljahr achten!);
- Beachtung jahreszeitlicher Gegebenheiten (z. B. Jahreszeiten in Biologie, Kirchenjahr in Religionslehre usw.);
- Auflistung von bereits bekannten und geeigneten Medien (Schule, Kreisbildstelle, Landesfilmdienst, kirchliche Medienstellen usw.);
- Beachtung erziehlicher Aspekte unter Einbezug der obersten Bildungsziele des Art. 131 der Bayerischen Verfassung, Berücksichtigung von Aktivitäten des Schullebens usw.;
- Hinweis auf die Durchführung der vorgeschriebenen regelmäßigen Belehrungen der Schüler:innen.

Die Erstellung eines Klassenlehrplans ist arbeits- und zeitintensiv und erfordert zudem ein Quantum an unterrichtlicher Erfahrung. Deshalb kann Teamarbeit nur angeraten werden. In diesem Zusammenhang kann auch auf die hilfreichen Veröffentlichungen des ISB hingewiesen werden.

6.5 Lehrkräftekonferenz

Die Lehrkräftekonferenz ist ein internes Willensbildungsorgan der Grund- und Mittelschule und soll die Erziehungs- und Unterrichtsarbeit sowie das kollegiale und pädagogische Zusammenwirken der Lehrkräfte an der Schule sichern. Sie beschließt in den Angelegenheiten, die ihr durch Rechts- und Verwaltungsvorschriften zur Entscheidung zugewiesen sind, mit bindender Wirkung für die Schulleitung und die übrigen Mitglieder der Lehrkräftekonferenz. Zur Vertretung nach außen ist die Lehrkräftekonferenz jedoch nicht berechtigt. Für den Vollzug ihrer Beschlüsse ist die Schulleitung zuständig.

Im BayEUG Art. 58 werden die Mitglieder und der Vorsitz der Lehrkräftekonferenz erwähnt.

§

BayEUG Art. 58 (Lehrerkonferenz)

(2) [1]Mitglieder der Lehrerkonferenz sind alle an der Schule tätigen Lehrkräfte, die Beamten im Vorbereitungsdienst, die an der Schule eigenverantwortlichen Unterricht erteilen, sowie die Förderlehrer und das Personal für die heilpädagogische Unterrichtshilfe. [2]Den Vorsitz führt die Schulleiterin oder der Schulleiter. [3]Die Vertreter der Schulaufsichtsbehörden sind zur Teilnahme an den Sitzungen berechtigt.

Aufgaben und Zuständigkeiten der Lehrkräftekonferenz:

- Einführung zugelassener Lernmittel an der Schule (Art. 51 Abs. 3 BayEUG); wenn ein Lehr- und Lernmittelausschuss besteht, wird diese Aufgabe von ihm wahrgenommen;
- Wahl der Lehrkräfte, die Mitglieder im Schulforum sein sollen (Art. 69 Abs. 2 BayEUG);
- Verhängung von Ordnungsmaßnahmen nach Art. 86 Abs. 2, Nr. 6 bis 9 BayEUG, soweit im Gesetz die Mitwirkung oder Zustimmung der Lehrkräftekonferenz gefordert ist (das ist besonders bei den „schweren" Ordnungsmaßnahmen wie z. B. „Ausschluss vom Unterricht" vorgesehen);
- Entscheidung über die Einführung von Wahlpflichtfächern, Wahlfächern, Arbeitsgemeinschaften und Fördermaßnahmen;
- Entscheidung über die Pausenordnung nach Anhörung des Schulforums an der Mittelschule bzw. des Elternbeirats an der Grundschule;
- Wahl der Mitglieder des Lehr- und Lernmittelausschusses und Disziplinarausschusses bei Grund- und Mittelschulen mit mehr als 25 hauptberuflichen Lehrkräften;
- Entscheidung über wichtige Veranstaltungen der Schule (Tag der offenen Tür);

- Entscheidung über Beschwerden von grundsätzlicher Bedeutung gegen allgemeine Unterrichts- und Erziehungsmaßnahmen der Schule;
- Entscheidung über die freiwillige Wiederholung einer Jahrgangsstufe.

Wie wichtig die Lehrkräftekonferenz ist, zeigt die Entscheidungsgewalt dieses Gremiums bezüglich der Erhebung von Leistungsnachweisen und Hausaufgaben.

§

GrSO §10 und MSO §12 (Leistungsnachweise)

(1) [1]Die Lehrerkonferenz trifft vor Unterrichtsbeginn des Schuljahres grundsätzliche Festlegungen zur Erhebung von Leistungsnachweisen einschließlich prüfungsfreier Lernphasen. […]

Fall

Einige Lehrkräfte sind unzufrieden mit diversen Aspekten der unterrichtlichen Organisation der Schule, wollen Initiative zeigen und beraumen eine Konferenz ein. Geht das?

Welche weitreichenden Entscheidungen kann eine Lehrkräftekonferenz vor Schuljahresbeginn treffen?

§

BaySchO §28 (Hausaufgaben)

(1) […] [2]Die Lehrerkonferenz legt vor Unterrichtsbeginn des Schuljahres die Grundsätze für die Hausaufgaben fest. […]

Formale Voraussetzungen und Bestimmungen für Lehrkräftekonferenzen:

- Die Sitzungen sind nichtöffentlich und außerhalb der regelmäßigen Unterrichtszeit durchzuführen (d. h. nicht vor 13.00 Uhr beginnend).
- Es besteht Verschwiegenheitspflicht.
- Die Lehrkräftekonferenz kann beschließen, dass bei der Beratung einzelner Tagesordnungspunkte Klassen-, Schüler:innensprecher:innen, Vertretung der Eltern, der Behörden, des Sachaufwandsträgers etc. Gelegenheit zur Äußerung erhalten.
- Die Schulleitung beruft die Lehrkräftekonferenz bei Bedarf, mindestens jedoch zwei Mal im Schuljahr ein oder wenn mindestens ein Viertel der Mitglieder oder die Schulaufsichtsbehörde dies verlangt.
- Die Konferenz ist mindestens eine Woche vorher mit Tagesordnung etc. schriftlich bekanntzugeben.

- Die Mitglieder der Lehrkräftekonferenz sind zur Teilnahme verpflichtet (Befreiungsmöglichkeit durch die Schulleitung; Teilnahmepflicht auch für Teilzeitlehrkräfte).
- Die:der Vorsitzende setzt die Tagesordnung fest, wobei jedes Mitglied die Behandlung zusätzlicher Punkte beantragen kann.
- Die Lehrkräftekonferenz ist beschlussfähig, wenn alle Mitglieder ordnungsgemäß geladen worden sind und die Mehrheit anwesend ist.
- Alle Mitglieder sind stimmberechtigt (außer bei Betroffenheit).
- Jede:r ist zur Stimmabgabe verpflichtet, eine Stimmenthaltung ist nicht möglich.
- Die Beschlussfassung erfolgt mit einfacher Mehrheit.
- Die Niederschrift durch Schriftführung muss enthalten: Datum, Beginn und Ende der Sitzung, die Namen der Anwesenden, die behandelten Gegenstände und das Abstimmungsergebnis. Bei wichtigen Entscheidungen muss die Niederschrift die maßgebenden Gründe enthalten.
- Zur Erleichterung der Protokollführung kann mit Billigung der Teilnehmer der Lehrkräftekonferenz eine Audioaufzeichnung angefertigt werden.

Claus Heiner studiert das Kompendium

... Claus Heiners Schwester ruft an und ist ganz verzweifelt. „Hast du uns vergessen? Du wolltest doch heute Abend babysitten. Das hast du mir zum Geburtstag geschenkt." Sofort packt er seine Unterlagen ein. Als gelernter Pädagoge kann er Berufliches und Privates mühelos miteinander vereinbaren. Seine Nichte und sein Neffe freuen sich, als sie Onkel Clausi sehen, spielen pausenlos mit ihm, maskieren sich und verstecken sich, bis er sie ins Bett bringt und er endlich lernen kann. Seine Schwester weckt ihn, als sie nach Hause kommt, und entsetzt stellt er fest, dass die Kinder Papierflieger aus seinen Unterlagen gebastelt haben ...

to be continued ...

6.6 Personalvertretung

Mitbestimmungsrechte im öffentlichen Dienst

Die Personalrät:innen sind im Bereich des öffentlichen Dienstes die dem Betriebsrat entsprechende Vertretung der Beschäftigten. Das Bayerische Personalvertretungsgesetz regelt die Mitbestimmung im öffentlichen Dienst, das Betriebsverfassungsgesetz gilt für Privatbetriebe.

Nach dem Betriebsverfassungsgesetz ist in Betrieben mit mehr als fünf Arbeitnehmer:innen ein Betriebsrat zu bilden, der in sozialen, personellen und wirtschaftlichen Angelegenheiten Mitbestimmungs-, Mitwirkungs- oder Informationsrecht besitzt. Gem. Art. 12 Abs. 1 BayPVG i. V. m. Art. 75 und 76 BayPVG gilt diese Regelung auch für staatliche Dienststellen. In Bayern gibt es nach Schulformen getrennte Personalrät:innen, die den jeweiligen Dienststellen zugeordnet sind.

Wahlberechtigt sind alle Beschäftigten, denen nicht infolge Richterspruchs das Recht aberkannt ist, in öffentlichen Angelegenheiten zu wählen.

Wählbar sind alle Wahlberechtigten, die am Wahltag seit sechs Monaten dem Geschäftsbereich ihrer obersten Dienstbehörde angehören und seit einem Jahr in einem öffentlich-rechtlichen Dienstverhältnis stehen (Art. 14 Abs. 1 BayPVG).

Die regelmäßige Amtszeit des Personalrats beträgt vier Jahre. Gewählt wird in geheimer, unmittelbarer Wahl nach den Grundsätzen der Verhältniswahl (ggf. kommen die Vorschriften zur Schwerbehindertenvertretung bzw. Jugend- und Auszubildendenvertretung zur Anwendung).

Claus Heiner studiert das Kompendium

... Im Gegensatz zu Claus Heiners leicht hyperaktiver und esoterischer Mutter ist sein Vater ein ausgesprochen fleißiger Indoor-Kreuzworträtsellöser. Regelmäßig schickt er seine Lösungen ein und hofft auf einen Gewinn. Unglaublich! Auf einmal klappt es und er gewinnt eine Reise nach Venedig. Sofort ruft er Claus Heiner an und schenkt ihm diese Reise für zwei Personen, weil er selbst die Sportschau nicht verpassen will und Claus Heiners Mutter bei einem Räucherkerzenwochenende ist. Also fährt Claus Heiner mit einem Fußballkumpel nach Venedig, weil seine Mitseminaristen alle für die Schulrechtsprüfung lernen ...

to be continued ...

Personalvertretung

Aufbau der Personalvertretung im Bereich der Grund- und Mittelschulen

- auf Schulamtsebene:
  - Hauspersonalrat des Schulamtes
  - örtlicher Personalrat für die Gesamtheit der Grund- und Mittelschulen
- auf Regierungsebene:
  - Hauspersonalrat der Regierung
  - Bezirkspersonalrat als Stufenvertretung
- auf Ebene des Kultusministeriums:
  - Hauspersonalrat des KM
  - Hauptpersonalrat als Stufenvertretung

rechtliche Vorgaben der VSO und der LDO

Allgemeine Aufgaben der Personalvertretung

- Art. 69 BayPVG (Allgemeine Aufgaben, Informationsrecht)
- Art. 49 BayPVG (Durchführung der halbjährlichen Personalversammlung)

Beteiligung der Personalvertretung

Mitwirkungsrechte nach Artikel 72, 76 und 77, 77a BayPVG

Mitbestimmungsrechte nach Art. 70, 75 und 75a BayPVG

Übersicht Personalvertretung

	Grund- und Mittelschulen	sonderpädagogische Förderzentren	Realschulen und Gymnasien	Berufsschulen
Unterbehörde	staatliches Schulamt **örtlicher Personalrat** (1)		Schule, **örtlicher Personalrat** (1)	Schule, **örtlicher Personalrat** (1)
Mittelbehörde	Bezirksregierung, **Bezirkspersonalrat** (2)	Bezirksregierung		Bezirksregierung, **Bezirkspersonalrat** (2)
Oberbehörde	Staatsministerium für Unterricht und Kultus: **Hauptpersonalrat** (3)			
	Einigungsstelle			

Übersicht Hierarchie der Personalvertretungen

Der Personalrat ist gestuft in
(1) **örtlicher Personalrat;** Gruppen: Lehrkräfte (Beamt:innen), Angestellte (Lehrkräfte und Verwaltungsangestellte); Schwerbehinderte
(2) **Bezirkspersonalrat;** Gruppen: Lehrkräfte an Grund- und Mittelschulen, Angestellte, Beamt:innen, Lehrkräfte an Berufsschulen, Arbeiter:innen, Schwerbehinderte, Jugendvertretung, Lehrkräfte an Förderschulen
(3) **Hauptpersonalrat;** Gruppen: Lehrkräfte an Grund- und Mittelschulen, Lehrkräfte an Berufsschulen, Lehrkräfte an Förderschulen, Lehrkräfte an Realschulen, Lehrkräfte an Gymnasien, Beamt:innen, Angestellte, Arbeiter:innen, Schwerbehinderte, Jugendvertretung
Alle Stufenvertretungen haben das sog. Initiativrecht (Art. 70 a BayPVG).

Allgemeine Aufgaben des Personalrats

Das Personalvertretungsgesetz verpflichtet Dienststelle und Personalvertretung „zum Wohl der Beschäftigten und zur Erfüllung der dienstlichen Aufgaben" im Rahmen der Gesetze und Tarifverträge vertrauensvoll zusammenzuarbeiten.

Dienststelle und Personalvertretung wirken mit den in der Dienststelle vertretenen Gewerkschaften und Arbeitgebervereinigungen zusammen. Die Leitung der Dienststelle (z. B. die fachliche Leitung eines Schulamtes) und die Personalvertretung sollen einmal im Monat, bei Bedarf auch öfter, zu gemeinschaftlichen Besprechungen zusammentreten (Art. 67 BayPVG).

Die Verpflichtung zur vertrauensvollen Zusammenarbeit (Art. 2 BayPVG) darf nicht zur Interessenskollision mit den ursprünglichen Aufgaben des Personalrats führen, nämlich die Interessen aller Beschäftigten gegenüber der Dienststelle (z. B. Schulamt) zu vertreten.

Lassen sich unterschiedliche Interessenslagen nicht ausgleichen, kann die Leitung der Dienststelle (z. B. Schulrat) oder der Personalrat gem. Art. 70 Abs. 4 BayPVG die Angelegenheit binnen zwei Wochen auf dem Dienstweg den übergeordneten Dienststellen, bei denen Stufenvertretungen bestehen, vorlegen. Letzte Instanz ist die Einigungsstelle (siehe Abb. *Übersicht Hierarchie der Personalvertretungen*). Gemäß Art. 71 Abs. 1 BayPVG wird die Einigungsstelle von Fall zu Fall bei der obersten Dienstbehörde gebildet. Sie besteht aus je drei Beisitzer:innen, die von der obersten Dienstbehörde und der bei ihr bestehenden zuständigen Personalvertretung bestellt werden, und einem:einer unparteiischen Vorsitzenden, auf dessen:deren Person sich beide Seiten einigen. Die Einigungsstelle entscheidet durch Mehrheitsbeschluss, der bindend ist.

Ausnahmen sind in Art. 71 Abs. 5 Satz 2 BayPVG geregelt (z. B. bei Einstellungen, Arbeitszeitregelungen, Nebentätigkeiten). Hier spricht die Einigungsstelle eine Empfehlung aus. Die oberste Dienststelle entscheidet endgültig.

Die Zustimmung zu beantragten bzw. geplanten Maßnahmen kann der Personalrat formlos mitteilen. Mit Erteilung der Zustimmung ist das Mitbestimmungsverfahren beendet und die Maßnahme kann gem. Art. 70 Abs. 1 Bay-PVG durchgeführt werden.

Voraussetzungen für die Verweigerung einer Zustimmung: Der Beschluss des Personalrats muss innerhalb einer Frist von zwei Wochen schriftlich und unter Angabe von Gründen der Leitung der Dienststelle mitgeteilt werden (Art. 70 Abs. 2 Satz 5 BayPVG).

Auf dem Dienstweg wird die Angelegenheit binnen zwei Wochen der übergeordneten Dienststelle, bei der eine Stufenvertretung besteht, vorgelegt (siehe Übersicht *Hierarchie der Personalvertretungen*).

Informationsrecht des Personalrats: Gemäß Art. 69 Abs. 2 Satz 1 BayPVG ist der Personalrat zur Durchführung seiner Aufgaben rechtzeitig und umfassend zu unterrichten. Die Information muss rechtzeitig sein, damit der Personalrat Beschlüsse vorbereiten und Fristen einhalten kann. „Umfassend" bedeutet, die Information muss so vollständig sein, dass alle Gesichtspunkte berücksichtigt werden können. Das Informationsrecht besteht gegenüber der Leitung der Dienststelle, bei welcher der Personalrat gebildet ist.

Initiativrecht des Personalrats: Gemäß Art. 69 Abs. 1 Buchstabe a BayPVG hat der Personalrat die Möglichkeit, Maßnahmen, die der Dienststelle und ihren Angehörigen dienen, zu beantragen. Während solche Anträge nur den Rechtscharakter unverbindlicher Anregungen haben, unterliegen Personalratsinitiativen in sozialen Mitbestimmungsangelegenheiten oder mitbestimmungspflichtigen Personalangelegenheiten den Regeln des Mitbestimmungsverfahrens.

Was Mitbestimmung bedeutet: Die Dienststelle kann eine Maßnahme erst dann rechtswirksam durchführen, wenn der zuständige Personalrat seine Zustimmung (z. B. bei Beförderungen, Versetzung oder Abordnung von Lehrkräften im Schulamtsbereich) erteilt hat (Art. 75 BayPVG – Mitbestimmung in Personalangelegenheiten).

Mitwirkung bedeutet eine wesentlich schwächere Form der Beteiligung. Der Personalrat erhält nur ein Mitspracherecht (Art. 76 BayPVG – Mitwirkung in sozialen und persönlichen Angelegenheiten; Art. 77 BayPVG – Mitwirkung bei Kündigungen, Entlassungen). Gemäß Art. 10 BayPVG fällt die Arbeit der Personalräte unter die Schweigepflicht.

6.7 KNOW – Karten nennen und organisieren Wissen

Rechte und Pflichten der Lehrkräfte

- Pflichten der Lehrkräfte als Beamt:innen: z. B. Weisungsgebundenheit, Amtsverschwiegenheit, Verhalten im Dienst, Annahmeverbot von Geschenken, Dienstleistungspflicht, Pflicht zur ordnungsgemäßen Amtsführung
- Besondere Pflichten der Lehrkräfte: Pflichten als Klassenleitung, Fortbildungspflicht (60 Fortbildungsstunden in 4 Jahren), Zusammenarbeit mit Erziehungsberechtigten, Aufsichtspflicht, Beratungspflicht, Teilnahme an Lehrkräftekonferenzen, Teilnahme an Wandertagen und Schulfahrten, Vermittlung zwischen Schüler:innen und Schule
- Rechte als Lehrkraft und Beamt:in: Erholungsurlaub unter Fortbezahlung der Dienstbezüge, Schutz und Fürsorge für ihre Familien, Dienstunfallschutz, Pädagogische, und didaktisch-methodische Freiheit, Beihilfe, Einsichtnahme in Personalakte, Zusammenschluss in Gewerkschaften und Berufsverbänden (Beamt:innen haben kein Streikrecht!)
- Aufgaben der Lehrkraft: lehren, erziehen, beurteilen, beraten, innovieren

Die Lehrkraft muss
- Erziehungsberechtigte bei auffallendem Leistungsabfall ihres Kindes informieren;
- bewertete Probearbeiten baldmöglichst zurückgeben.

Die Lehrkraft darf nicht
- Auskünfte an Presse, Rundfunk erteilen.

Aufsichtspflicht

- Fürsorgepflicht des Staates:
  - angepasst an besondere Verhältnisse der jeweiligen Klasse
  - umsichtig, kontinuierlich, vorausschauend, aktiv, präventiv
  - Vorbildwirkung der Lehrkraft
- Aufsichtspflicht der Schule:
  - Unterrichtsbeginn, Unterrichtsschluss
  - Freistunden, Betriebspraktika
  - Wanderungen, Fahrten
- Aufgaben der Schulleitung:
  - Vertretung, Organisation und Durchführung der Aufsicht
- Aufgaben von Schulleitung und Lehrkraft:
  - anvertraute Schüler:innen vor Schaden bewahren
  - Dritte vor Schaden durch Schüler:innen bewahren
- Die Lehrkraft muss berücksichtigen: die allgemeine Lage, Anzahl der Schüler:innen, Alter, Disziplin und Reife der Schüler:innen, örtliche Verhältnisse, die Einschätzung der eigenen Eingriffsmöglichkeiten
- Verschuldensformen:
  - einfache Fahrlässigkeit („Das kann vorkommen")
  - grobe Fahrlässigkeit („Das darf nicht vorkommen")

Amtliches Schriftwesen

- Schüler:innenunterlagen: Schüler:innenstammblatt, Zeugnisse, Notenbögen, Förderpläne, etc.
- Leistungsnachweise: schriftliche, praktische, mündliche Leistungsnachweise
- Einsichtnahme durch Schüler:innen und Erziehungsberechtigte
- Leistungsaufzeichnungen müssen nachfolgender Lehrkraft zugänglich gemacht werden und mindestens bis Ende des Folgeschuljahres aufbewahrt werden.
- Schüler:innenbeobachtungen sind planmäßig und schriftlich festzuhalten.
- Wochenplan und Lehrnachweis dienen der Vorbereitung und der Dokumentation.
- Belehrungskalender: Verhalten bei Feueralarm, Unfälle beim Baden, Gefahren beim Drachensteigen usw.
- der amtliche Lehrplan: Grundlage für Unterricht und Erziehung, Familien- und Sexualerziehung, Umwelterziehung, Verkehrserziehung usw.
- der klasseneigene Lehrplan: bekannt als Stoffverteilungsplan

Lehrkräftekonferenz

- Willensbildungsorgan:
  - sichert Erziehungs- und Unterrichtsarbeit
  - sichert kollegiales und pädagogisches Zusammenwirken in der Schule
  - beschließt Rechts- und Verwaltungsvorschriften
- Mitglieder der Lehrkräftekonferenz: Lehrkräfte, Seminarteilnehmende, Förderlehrkräfte etc.
- formale Voraussetzungen:
  - nicht öffentlich
  - außerhalb der regelmäßigen Unterrichtszeit durchzuführen
  - findet mindestens zwei Mal im Schuljahr statt
  - mindestens eine Woche vorher mit Tagesordnung angekündigt
  - Verschwiegenheitspflicht
  - Teilnahme ist verpflichtend, ebenso die Abstimmung (keine Enthaltung)
  - Beschlüsse mit einfacher Mehrheit
- Aufgaben und Zuständigkeiten:
  - Einführung zugelassener Lernmittel
  - Wahl der Lehrkräfte für Schulforum
  - Verhängung von Ordnungsmaßnahmen
  - Entscheidung über Pausenordnung
  - Erhebung von Leistungsnachweisen
  - Grundsätze für Hausaufgaben

7 Weiteres schulkundliches Wissen

oder The show must go on

Ist das schulrechtliche Wissen zur Genüge gelernt und ausgeschöpft worden, findet sich immer noch schulkundliches Wissen zum Auswendiglernen. Dieses Kapitel ist allen Seminarteilnehmer:innen mit Hauptfach „Sozialkunde" gewidmet.

Auch das letzte Kapitel beginnt mit *MEET*, zwei Methodenseiten zur aktiven Bearbeitung der folgenden Themen aus dem schulkundlichen Bereich.
Zu den übergreifenden Bildungs- und Erziehungszielen sind diverse Themen im LehrplanPLUS GS zu finden. Stellvertretend werden in diesem Kapitel die Familien- und Sexualerziehung, die Umwelterziehung sowie die Mobilitäts- und Verkehrserziehung behandelt.
Die *Familien- und Sexualerziehung* macht deutlich, dass dieses für einige Familien heikle Thema unbedingt in enger Kooperation zwischen Schule und den Erziehungsberechtigten erfolgen und vorbereitet werden muss.
Eng verbunden mit dem Bereich der nachhaltigen Entwicklung zeigt die *Umwelterziehung*, wie wichtig die altersangemessene und aktive Teilhabe der Schüler:innen am gesellschaftlichen Leben ist.
Das Kapitel *Mobilitäts- und Verkehrserziehung* betont die Befähigung der Schüler:innen zu einer sicheren Teilhabe am Verkehr, spricht Empfehlungen aus einem Beschluss der KMK an und schließt wiederum mit *KNOW-Karteikarten*, die die Kapitelinhalte in aller Kürze zusammenfassen.

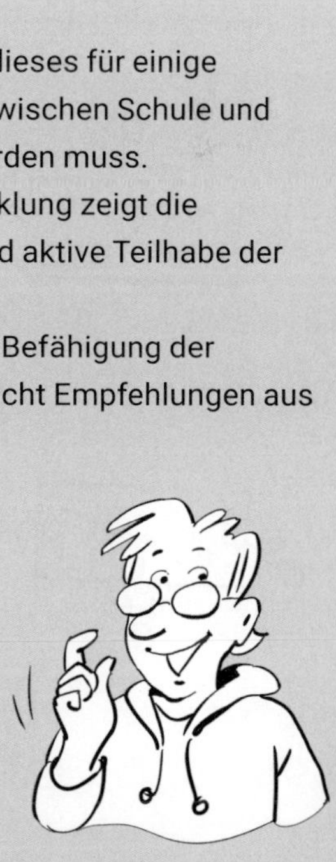

Claus Heiner fragt sich, was er sonst noch wissen muss ...

7.1 MEET – Methoden erschließen Themen

Besprechung

Die Seminarleitung gibt eine Auswahl von Themen vor.

In diesem Fall: Verkehrserziehung, Familien- und Sexualerziehung und Umwelterziehung.

Die Überschriften werden auf jeweils einer Pinnwand fixiert, auf der jeweils ebenfalls etliche leere Karten angepinnt sind.

Recherche- und Beschriftungszeit

Nun erhalten die Seminarteilnehmer:innen Zeit, sich in die Themen einzuarbeiten und gleichzeitig während der Recherchezeit diverse leere Karten zu beschriften.

Auf der Vorderseite wird eine Frage aufgeschrieben, auf der Rückseite die entsprechende Antwort und der Name der Verfasser:innen.

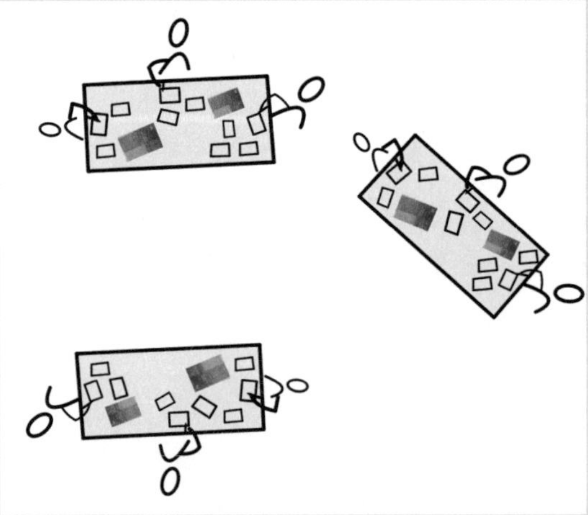

Rätselzeit

Wenn die Karten beschriftet sind, beginnt die Rätselzeit. Jede:r Teilnehmer:in kann sich ein Fragekärtchen holen, dieses allein oder zu zweit bearbeiten.

Ist man nicht in der Lage, die Frage auf Anhieb zu beantworten, hat man die Möglichkeit, im Kompendium nachzuschlagen oder den:die Autor:in nach Informationen zu fragen.

Feedbackrunde

In einer Abschlussrunde können Schwerpunkte gesetzt und offene Fragen beantwortet werden.

Vielleicht braucht es eine zusätzliche Rätselrunde, um die Themeninhalte zu festigen.

➔ Alternative Methoden finden Sie am Anfang der anderen Kapitel.

7.2 Familien- und Sexualerziehung

Erziehungsrechte der Eltern und der Schule

Gemäß Art. 6 Abs. 2 GG ist die Familien- und Sexualerziehung primär die Aufgabe der Eltern. Das Recht einer schulischen Familien- und Sexualerziehung ergibt sich aus Art. 7 Abs. 1 GG. Gemäß Art. 48 Abs. 1 Satz 2 BayEUG ist die Familien- und Sexualerziehung Teil der Gesamterziehung in Elternhaus und Schule mit dem vorrangigen Ziel der Förderung von Ehe und Familie.

Daneben wird Familien- und Sexualerziehung im Rahmen mehrerer Fächer (Biologie, Religionslehre, Deutsch, Sozialkunde) durchgeführt. Nach Art. 1 Abs. 2 BayEUG haben die Schulen bei Erfüllung ihres Auftrags das verfassungsmäßige Recht der Eltern auf Erziehung ihrer Kinder zu achten und sind nach Art. 2 Abs. 4 BayEUG zur vertrauensvollen Zusammenarbeit verpflichtet.

Grundgesetz, Bayerische Verfassung:
- Herz- und Charakterbildung
- Erziehung zur Verantwortungsbereitschaft
- Erziehung nach den Grundsätzen der christlichen Bekenntnisse

gemeinsame Aufgabe von Elternhaus und Schule

Umsetzung der Familien- und Sexualerziehung in der Schule

Aufgaben und Ziele der Familien- und Sexualerziehung:
- Förderung von Ehe und Familie
- verantwortliches geschlechtliches Verhalten

Organisation der Familien- und Sexualerziehung

Umsetzung der Familien- und Sexualerziehung in der Schule

Da das Thema Familien- und Sexualerziehung in Familien unterschiedlich gehandhabt wird, muss entsprechend sensibel damit umgegangen werden. Darum ist es verpflichtend, die Eltern bezüglich der Inhalte, der Vorgehensweise im Unterricht und des Unterrichtsmaterials zu informieren. Dies klärt der Art. 48 im BayEUG.

§

BayEUG Art. 48 Art. 3 (Familien- und Sexualerziehung)

(3) Ziel, Inhalt und Form der Familien- und Sexualerziehung sind den Erziehungsberechtigten rechtzeitig mitzuteilen und mit ihnen zu besprechen.

Grundlegung schulischer Familien- und Sexualerziehung

Familien- und Sexualerziehung gehört zu den Aufgaben der Schule und richtet sich unter Wahrung der Toleranz für unterschiedliche Wertvorstellungen nach diesen in der Verfassung festgelegten Wertentscheidungen und Bildungszielen:

- Art. 124 Abs. 1 BV (Ehe und Familie als natürliche und sittliche Grundlage der menschlichen Gemeinschaft);
- Art. 131 Abs. 1 und 2 BV (Herz- und Charakterbildung, Erziehung zur Verantwortungsbereitschaft);
- Art. 135 Satz 2 BV (Erziehung nach den Grundsätzen der christlichen Bekenntnisse).

Aufgaben und Ziele schulischer Familien- und Sexualerziehung

In den übergreifenden Bildungs- und Erziehungszielen finden Sie im LehrplanPLUS GS:

> Die Familien- und Sexualerziehung begleitet den seelischen und körperlichen Reifungsprozess von Schülerinnen und Schülern. Sie hilft ihnen, auf der Grundlage eines sachlich begründeten Wissens zu Fragen der menschlichen Sexualität ihre individuelle Entwicklung vorbereitet zu erleben und ihre Geschlechtlichkeit anzunehmen. Zuneigung, gegenseitige Achtung und Verlässlichkeit begreifen die Schülerinnen und Schüler als wichtige Bestandteile persönlicher Beziehungen, beständiger Partnerschaft und des Familienlebens.
>
> (LehrplanPLUS Grundschule, Schulart- und fächerübergreifende Bildungs- und Erziehungsziele sowie Alltagskompetenz und Lebensökonomie)

Die Organisation der Familien- und Sexualerziehung in der Schule

Die Klassenleitung oder eine von der Schulleitung beauftragte, in der Klasse unterrichtende Lehrkraft ist für die Durchführung und Koordinierung der Familien- und Sexualerziehung verantwortlich.

In den Jahrgangsstufen 1 bis 6 erfolgt die Elterninformation im Rahmen der jährlich vorgesehenen Klassenelternversammlungen. In der Grundschule werden mögliche Fragen der Kinder sowie Art und Umfang der Beantwortung in Schule und Elternhaus besprochen. Außerdem werden die vorgesehenen audiovisuellen Lehrmittel vorgestellt und besprochen. Erst nach Ablauf von acht Wochen setzt die unterrichtliche Behandlung der vorgesehenen Themen ein, um den Eltern ausreichend Zeit zum persönlichen Gespräch mit den Kindern zu geben.

In den Jahrgangsstufen 7 bis 11 kann die Elterninformation entweder im Rahmen von Klassenelternversammlungen oder durch Elternbrief erfolgen. Dies entscheidet die Schule im Einvernehmen mit dem Elternbeirat.

Besondere Klassenelternversammlungen zur Familien- und Sexualerziehung werden auf Wunsch des Elternbeirates für die Jahrgangsstufe 1, am Gymnasium und an der Realschule für die Jahrgangsstufe 5 sowie an der Mittelschule für die Jahrgangsstufe 6 einberufen.

Sexualpädagogische Themen werden in der Regel im gewohnten Klassenverband behandelt. Bei Bedarf können Schülerinnen und Schüler getrennt unterrichtet werden (Schulleitung entscheidet).

Lehrmittel zur Sexualerziehung sind nach Beendigung der jeweiligen Unterrichtsstunde aus dem Unterrichtsraum wieder zu entfernen.

Mündliche und schriftliche Leistungsnachweise oder Fragebogenaktionen über das sexuelle Verhalten der Schüler:innen sind im Rahmen der Familien- und Sexualerziehung nicht statthaft.

Fall

Sie planen eine Sequenz zum Thema „Familien- und Sexualerziehung“. Dabei haben Sie vor allem die Zusammenarbeit mit den Erziehungsberechtigten im Auge.

Die Familien- und Sexualerziehung ist ein sensibles Thema. Sollte dies nicht ausschließlich in der Familie behandelt werden?

Unterrichtspraktische Hinweise

Neben der Lehrkräfteinformation kommt dem schüler:innenorientierten, pädagogischen Gespräch eine besondere Bedeutung zu: Der zeitliche Umfang des Unterrichts über sexuelle Fragen sollte sich laut Empfehlung der Richtlinien für die Familien- und Sexualerziehung in den einzelnen Jahrgangsstufen nach den Unterrichtszielen und der jeweiligen Situation der Klasse richten. Für die Behandlung der vorgesehenen Themen in den einzelnen Jahrgangsstufen wird ein Zeitrichtwert von insgesamt drei bis höchstens zehn Unterrichtsstunden vorgeschlagen.

Die Umsetzung der Lerninhalte

In den Jahrgangsstufen 1 und 2 werden insbesondere Fragen der Kinder im Rahmen der vorgegebenen Themenbereiche behandelt. In den Jahrgangsstufen 3 und 4 erfolgen sexualpädagogische Unterrichtsgespräche in vorgegebenen Themenbereichen. Auch der LehrplanPLUS greift im Fach Heimat- und Sachkunde (1. bis 4. Jahrgangsstufe) unter dem Lernbereich 2 „Körper und gesunde Ernährung“ bzw. „Körper und Gesundheit“ wesentliche Kompetenzerwartungen auf.

Die Ziele der Familien- und Sexualerziehung in der Mittelschule werden nicht in einem eigenen Unterrichtsfach, sondern verteilt auf mehrere Fächer verwirklicht.

Die Unterrichtsthemen gliedern sich wie folgt auf (die Richtlinien für die Grund- und Mittelschule gelten sinngemäß auch für die Förderschulen):

Familien- und Sexualerziehung in der Grundschule

Jahrgangsstufen 1 und 2: Schülerinnen und Schüler

- benennen sichtbare körperliche Gemeinsamkeiten und Unterschiede der Geschlechter (ohne detaillierte anatomisch-physiologische Einzelheiten)
- wenden selbstständig Maßnahmen der Körperhygiene an; erläutern die Grundregeln beim Waschen (Gesundheitsförderung)

Jahrgangsstufen 3 und 4: Schülerinnen und Schüler

- benennen Geschlechtsmerkmale bei Jungen und Mädchen
- beschreiben Anzeichen von Pubertät, Reifungserscheinungen
- wenden erweiterte Regeln der Körperhygiene selbstständig an
- haben eine klare Vorstellung von der Entwicklung menschlichen Lebens, von der Zeugung bis zur Geburt

Familien- und Sexualerziehung in der Mittelschule

Jahrgangsstufen 5, 6 und 7: Schülerinnen und Schüler

- wissen um die entwicklungsbedingten strukturellen Gemeinsamkeiten der weiblichen und männlichen Geschlechtsorgane und um deren geschlechtsspezifische Funktionen (u. a. Menstruation, Ejakulation)
- strukturieren ihr Wissen zu Geschlechtsakt, Befruchtung, Schwangerschaft und Geburt
- beachten Regeln zur Hygiene der Geschlechtsorgane und wissen um deren Bedeutung zur Vermeidung von Krankheiten

Jahrgangsstufe 8: Schülerinnen und Schüler

- vertiefen ihr Wissen über die biologische Bedeutung der Sexualität (u. a. Fortpflanzung, Partnerbindung)
- wissen um die Bedeutung der sexuellen Orientierung und Geschlechtsidentität
- erkennen die Bedeutung der Hormone für die Sexualität des Menschen
- verstehen Empfängnisregulation als Möglichkeit, ungewollte Schwangerschaft zu vermeiden und erkennen die Bedeutung von Kondomen auch als Infektionsschutz

- leiten aus dem Wissen über die Wirkungsweise und Wirksamkeit verschiedener empfängisverhütender Methoden und Mittel Folgerungen für verantwortungsbewusste Empfängnisregulation und Gesundheitsvorsorge ab
- strukturieren ihr Wissen über sexuell übertragbare Krankheiten: Übertragungswege, Symptome, Präventionsmöglichkeiten, Impfungen, Therapiemöglichkeiten (u. a. HI-Virus, Chlamydien)
- achten den Schutz des ungeborenen Lebens (Aktionstag für das Leben) und berücksichtigen dabei ihr Wissen zur Entstehung menschlichen Lebens, Schwangerschaft und Mutterschutz sowie Empfängisverhütung und Schwangerschaftsabbruch
- sind offen und aufgeschlossen für eine regelmäßige Gesundheitsvorsorge und ggf. Beratung durch den Facharzt
- erfassen die Auswirkungen und Gefahren von Alkohol- und Drogenkonsum im Zusammenhang mit Sexualität

Jahrgangsstufen 9 und 10: Schülerinnen und Schüler

- setzen sich mit den Themen Vererbung und genetisch bedingte Erkrankungsrisiken auseinander
- befürworten Gesundheitsvorsorge und eine gesunde Lebensführung (u. a. Verzicht auf Alkohol-, Tabak- und Drogenkonsum) in der Schwangerschaft
- verstehen den Fruchtbarkeitsverlauf und die Fertilitätsphase beim Menschen
- vergegenwärtigen sich die Gefahren von sexueller Gewalt und sind motiviert, sich und andere davor zu schützen
- erkennen die Bedeutung der frühkindlichen Mutter-Kind-Beziehung/Eltern-Kind-Beziehung
- nehmen Stellung zu ethischen Konfliktfeldern in den modernen Lebenswissenschaften

(Quelle: *Handreichung für die Familien- und Sexualerziehung in den bayerischen Schulen*, ISB, München, 1. Auflage, April 2019)

7.3 Umwelterziehung

Zu vermittelnde Kompetenzen

In den Schulart- und fächerübergreifenden Bildungs- und Erziehungszielen sowie Alltagskompetenz und Lebensökonomie finden Sie im LehrplanPLUS GS:

> *Bildung für Nachhaltige Entwicklung (Umweltbildung, Globales Lernen):*
> Im Rahmen einer Bildung für Nachhaltige Entwicklung entwickeln Schülerinnen und Schüler Kompetenzen, die sie befähigen, nachhaltige Entwicklungen als solche zu erkennen und aktiv mitzugestalten. Sie entwickeln Verantwortungsbewusstsein für Natur und Umwelt und erweitern ihre Kenntnisse über die komplexe und wechselseitige Abhängigkeit zwischen Mensch und Umwelt. Sie gehen sorgsam mit den ökologischen, ökonomischen und sozialen Ressourcen um, damit Lebensgrundlage und Gestaltungsmöglichkeiten der jetzigen und der zukünftigen Generationen in allen Regionen der Welt gesichert werden.
> Die Schülerinnen und Schüler eignen sich Wissen über Umwelt- und Entwicklungsprobleme, deren komplexe Ursachen sowie Auswirkungen an und setzen sich mit Normen und Werten auseinander, um ihre Umwelt wie auch die vernetzte Welt im Sinne des Globalen Lernens kreativ mitgestalten zu können.
>
> (LehrplanPLUS Grundschule, Schulart- und fächerübergreifende Bildungs- und Erziehungsziele sowie Alltagskompetenz und Lebensökonomie)

Im LehrplanPLUS MS finden Sie folgende grundlegende Kompetenzen im Handlungsfeld Umweltverhalten:

> Im Rahmen der schulischen Umweltbildung und -erziehung erwerben die Schülerinnen und Schüler zahlreiche Kompetenzen, die im Detail den einzelnen Fachlehrplänen entnommen werden können. In Anlehnung an diese sei hier auf folgende grundlegende Kompetenzen verwiesen:
> Die Schülerinnen und Schüler
> - entwickeln Verantwortungsbewusstsein für Natur und Umwelt und erweitern ihre Kenntnisse über die komplexe und wechselseitige Abhängigkeit zwischen Mensch, Gesundheit und Umwelt,
> - sind in der Lage, sich durch Informationsbeschaffung und -verarbeitung Themen der Umweltbildung zu erschließen und im altersgerechten Rahmen ihre Handlungsmöglichkeit zur aktiven gesellschaftlichen Mitgestaltung zu nutzen,
> - überdenken ihr eigenes Handeln vor dem Hintergrund globaler Herausforderungen (z. B. Klimawandel, Auswirkung der Globalisierung),
> - zeigen ein Bewusstsein für einen verantwortlichen und nachhaltigen Umgang mit

ökologischen, ökonomischen und sozialen Ressourcen und handeln altersgemäß im Sinne einer nachhaltigen Entwicklung.

(LehrplanPLUS Mittelschule, Schulart- und fächerübergreifende Bildungs- und Erziehungsziele sowie Alltagskompetenz und Lebensökonomie)

Fall

Michaela möchte ihre Hausarbeit über das Thema Verkehrserziehung schreiben und sichtet den Lehrplan.

Nennen Sie einige Prinzipien der Umwelterziehung und stellen Sie deren unterrichtliche Umsetzung dar.

Zum Ansatz der Umweltbildung führt das Kultusministerium aus:

Der neue Ansatz der Umweltbildung besteht darin, dass sie das zentrale Anliegen der Bildung für eine nachhaltige Entwicklung ist. In ihr überschneiden sich ökologische Fragen, ökonomische Problemstellungen und Aspekte sozialer Entwicklungen in der „Einen Welt". Diese Teilbereiche hängen zusammen und sollten deshalb als Gesamtheit betrachtet werden. Eine wichtige Basis ist der verantwortungsbewusste Umgang mit Natur und Umwelt, der von den Kindern und Jugendlichen selbst erlernt werden muss. Wie bei jedem Lernen verknüpfen sie ihre Vorerfahrungen mit neuen Anforderungen und müssen Wissen, Verständnis und Haltungen letztlich selbst aufbauen.
Es geht nicht in erster Linie um die Vermittlung eines wünschenswerten Umweltverhaltens oder um moralische Appelle. Zu den zentralen neuen Zielen von Umweltbildung gehört es vielmehr, Kinder und Jugendliche zu befähigen, dass sie altersangemessen aktiv am gesellschaftlichen Geschehen teilhaben (Partizipation) und es mitgestalten können (Gestaltungskompetenz). Damit ist die Umweltbildung ein Teil der politischen Bildung.
Die Kinder und Jugendlichen sollen Verständnis für die vielfachen, wechselseitigen Abhängigkeiten zwischen Mensch und Umwelt erwerben. Die Entwicklung von problemlösendem, flexiblem Denken geht damit Hand in Hand. Sachwissen bleibt aber folgenlos, wenn die Schüler:innen den Sinn für ihr persönliches Leben nicht erkennen, sich emotional nicht angesprochen fühlen und sich nicht in die Lage anderer versetzen können. [...] Umweltbildung hat also den ganzen Menschen mit seinem Gefühl, seinem praktischen Können und seinem Sachverstand im Blick („Herz, Hand und Kopf").

(Richtlinien für die Umweltbildung an den bayerischen Schulen, Bekanntmachung des BayKM vom 22. Januar 2003, KWMBl. I Nr. 3/2003, S. 61 ff., KMK.org)

Prinzipien der Umwelterziehung

Werteerziehung: Orientierung an den Bildungszielen der Verfassung (Art. 131 Abs. 2 BV)

Situationsorientierung:
Umwelterziehung greift die konkrete Erfahrungswelt der Schüler:innen auf: z. B. heimatliches Wohn-, Schul- und Arbeitsfeld. Durch die Beschäftigung mit Umweltthemen der Heimat wird die Grundlage für eine vertiefte Einsicht in die Umweltproblematik auch auf globaler Ebene geschaffen. Es werden Lebenssituationen der Schüler:innen mit in den Unterricht einbezogen. Es soll von solchen Situationen ausgegangen werden, an denen beispielhaft gezeigt werden kann, dass diese Situationen durch pädagogische Aktionen von den Schüler:innen beeinflusst werden können.

Handlungsorientierung:
Schüler:innen sollen persönliche Erfahrungen und Fähigkeiten in eigenes umweltbezogenes, sinnhaftes und verantwortungsbewusstes Handeln umsetzen und als sinnvoll erleben. Für die ökologische Erziehung bedeutet dies ein Ausrichten an „Ernstsituationen“; keine Vermittlung von ausschließlich reproduzierbarem Wissen!

Fächerübergreifendes Unterrichten:
Umwelterziehung kann in allen Fächern realisiert werden. In erster Linie steht die komplexe Wirklichkeit da, die Fragen stellt. Dann sind die Arbeitsweisen der Fächer gefragt; Fachaspekte und -arbeitsweisen werden in das Gesamtthema integriert.

Betroffenheit:
Inneres Angerührtsein stellt sich ein, wenn die persönlichen Werte und die darauf beruhenden Handlungs- und Verhaltensmuster zur Lebensbewältigung unmittelbar angesprochen sind. In negativer Hinsicht kann es eine Infragestellung bedeuten, in positiver Hinsicht kann es eine aufbauende, tragende Erfahrung sein (Freude, Angemutetsein, Staunen, Ehrfurcht, Spaß, Begegnung).

Geschichtlichkeit:
Die ökologische Erziehung verlangt Geschichtlichkeit (Vergangenheitsaspekt und Zukunftsaspekt) und Erziehung zu

- Achtung vor den Leistungen unserer Vorfahren
- sorgfältige Bewahrung der ererbten Lebensgrundlagen
- Wahrnehmung von Verantwortung gegenüber nachfolgenden Generationen

Projektorientierung:
Projektskizze: Auseinandersetzung mit der Projektinitiative
Projektplan: Gemeinsame Entwicklung des Betätigungsfeldes
Projektdurchführung: Aktivität im Betätigungsfeld
Projektabschluss: Veröffentlichung der Ergebnisse und Vergleich mit dem Ausgangszustand
Metainteraktion: Reflexion über das ganze Projektgeschehen

Möglichkeiten der Realisierung von Umweltbildung in den Bereichen Erziehung, Unterricht und Schulleben

Die bereits zitierte Bekanntmachung des BayKM aus dem Jahre 2003 gibt eine Fülle von Vorschlägen, Anregungen und Hinweisen nebst Ideen zur praktischen Umsetzung für alle Schularten und Jahrgangsstufen. Um eine genaue Lektüre dieses Textes werden Sie nicht herumkommen. Nachfolgend nur einige wenige Ideen:

- Schaffung einer gesunden Schulumwelt (Verwendung ökologischer und unbedenklicher Baustoffe, Vermeidung von Asbest, Klebstoffen, Holzschutzmitteln usw.);
- Verwendung umweltfreundlicher Materialien in der Schule (Verwendung von Umweltpapier, Mehrwegflaschen usw. im Pausenverkauf, umweltfreundliche Materialien für die Schüler:innen);
- konsequente Abfallvermeidung bzw. -trennung;
- Energie- und Wassersparmaßnahmen umsetzen, umweltfreundliche Reinigungsmittel verwenden;
- Anliegen der Umwelterziehung in den Bereichen Erziehung, Unterricht und Schulleben (Projekte wie Biotop-Patenschaften o. Ä.) umsetzen;
- Teilnahme an außerschulischen Aktivitäten (z. B. Sammeln von leeren Batterien, Tonerpatronen usw.; Nutzung des Angebotes des Landesbundes für den Vogelschutz e. V. Bayern; Teilnahme am Mitmach-Projekt „Naturdetektive“ des Bundesamtes für Naturschutz usw.).

Claus Heiner studiert das Kompendium

... Es ist der Tag der Prüfung. Claus Heiner muss nur noch die drei mündlichen Prüfungen bestreiten, und dann geht es in den wohlverdienten Urlaub, der aber noch so weit weg zu sein scheint. Vorsichtshalber hat er das Kompendium im Rucksack dabei, das ihm Glück bringen soll. Es ist 17 Uhr, er atmet tief durch und wird von einem Seminarleiter in das Klassenzimmer gebeten. Sein Blick schweift kurz durchs fremde Klassenzimmer, als er die Mitprüferin erblickt. Ihn trifft der Pfeil Amors direkt ins Herz und er ist augenblicklich schockverliebt. Wie aus der Ferne hört er sich stammeln: „Sie sind die schönste Frau, die ich je gesehen habe. Lassen Sie uns fliehen ... Mein Auto steht vor der Tür. Es soll nur noch uns geben ... in der Liebe vereint ...“ Ganz beglückt sieht ihn die Seminarleiterin an, die ihren Mund öffnet ...

to be continued ...

7.4 Mobilitäts- und Verkehrserziehung in der Grund- und Mittelschule

Das Ziel der Verkehrserziehung findet man im LehrplanPLUS für die bayerische Grundschule wie auch für die bayerische Mittelschule:

> Verkehrserziehung zielt auf die Befähigung der Schülerinnen und Schüler zu einer sicheren Teilhabe am Verkehr sowie zu selbstverantwortlicher und altersgerechter Mobilität.
> Sie schulen ihre motorischen Fähigkeiten sowie ihr antizipatorisches Wahrnehmungs- und Reaktionsvermögen, um als Fußgänger, Radfahrer, Mitfahrer und Benutzer motorisierter Fahrzeuge sowie öffentlicher Verkehrsmittel gefahrenbewusst und verantwortungsvoll zu agieren. Ihr Mobilitätshandeln zeigt Problembewusstsein für ökologische und ökonomische Fragen und Bereitschaft zu Rücksichtnahme und defensivem Verhalten.
>
> (LehrplanPLUS Grundschule/Mittelschule, Schulart- und fächerübergreifende Bildungs- und Erziehungsziele sowie Alltagskompetenz und Lebensökonomie)

In den Empfehlungen zur Mobilitäts- und Verkehrserziehung in der Schule der KMK finden sich folgende Punkte:

> *Zukunftsfähige Mobilität*
> Mobilitäts- und Verkehrserziehung befähigt Schülerinnen und Schüler, sich mit den Anforderungen des heutigen Verkehrs, seinen Auswirkungen auf die Menschen und die Umwelt sowie mit der Entwicklung einer zukunftsfähigen Mobilität auseinanderzusetzen. Sie orientiert sich am Leitbild der nachhaltigen Entwicklung, die ökologische Belastbarkeit der Erde nicht zu überfordern, den Klimaschutz zu verstärken und negative Auswirkungen des Verkehrs auf das Leben der Menschen zu reduzieren.
> *Selbstständige Mobilität*
> Mobilitäts- und Verkehrserziehung leistet durch die Förderung der selbstständigen Mobilität der Schülerinnen und Schüler einen Beitrag zu ihrer Persönlichkeitsentwicklung und befähigt sie, ihre soziale Rolle im Verkehr eigenständig und kompetent wahrzunehmen. Schülerinnen und Schüler beteiligen sich zunehmend selbstständig zu Fuß und mit dem Fahrrad am Verkehr, lernen, sich in den öffentlichen Verkehrsmitteln und Verbundsystemen zurechtzufinden, und erweitern dadurch ihren Aktionsradius. Sie entwickeln Kompetenzen für eine verantwortungsvolle Teilnahme am motorisierten Verkehr.
> *Sicheres Verhalten im Verkehr*
> Die Mobilitäts- und Verkehrserziehung unterstützt die Schülerinnen und Schüler beim Aufbau von Kompetenzen, um sich am Straßenverkehr vielseitig und sicher zu beteiligen. Schülerinnen und Schüler lernen, sich als Fußgänger, Radfahrer, Fahrer und Mitfahrer von motorisierten Fahrzeugen und als Benutzer öffentlicher Verkehrsmittel umsichtig und sicherheits- und gefahrenbewusst zu verhalten. Sie erwerben Regelwissen,

verkehrsspezifische und verkehrsrechtliche Kenntnisse. Sie erweitern ihre motorischen Fertigkeiten, ihr Wahrnehmungs- und Reaktionsvermögen und bauen ein flexibles, situationsbezogenes Verhalten und die Fähigkeit zur Antizipation von Risiken im Straßenverkehr und zur Vermeidung von Gefahren aus.

Sozialkompetenz im Verkehr

Schülerinnen und Schüler setzen sich mit der Verkehrswirklichkeit auseinander und lernen den Verkehr als ein soziales System kennen, das besonderen Regeln und Normen der sozialen Interaktion unterworfen ist. Sie bauen Kompetenzen auf, um in Verkehrssituationen sozial angemessen handeln zu können. Sie lernen sich flexibel und verantwortungsbewusst zu verhalten, Rücksicht zu nehmen und sich in die Rolle der anderen Verkehrsteilnehmer hineinzuversetzen, deren Verhalten zu antizipieren und das eigene Verhalten darauf einzustellen.

Umweltbewusstes und gesundheitsbewusstes Verhalten im Verkehr

Schülerinnen und Schüler erwerben grundlegende Kenntnisse über die Auswirkungen des Verkehrs auf Gesundheit, Umwelt und Klima. Sie setzen sich mit Motiven der Verkehrsmittelwahl und des Mobilitätsverhaltens sowie ihrer eigenen Motivation zum Einstieg in die Motorisierung auseinander und erproben unterschiedliche Verkehrsmittel. Sie bauen Kompetenzen auf für eine verantwortungsvolle, umweltfreundliche Verkehrsmittelwahl sowie für ein gesundheitsbewusstes Verhalten.

Verkehrsraumgestaltung

Schülerinnen und Schüler erwerben Grundlagen, um an der Gestaltung einer Verkehrsumwelt mitzuwirken, die zur Gleichberechtigung der Verkehrsteilnehmer, zu besseren Lebensbedingungen und einer zukunftsfähigen Mobilität beiträgt. Sie erwerben Wissen über die städtebaulichen und wirtschaftlichen Aspekte heutiger Verkehrswirklichkeit und ihrer Folgen. Sie werden angeregt, sich an Maßnahmen zur Erhöhung der Sicherheit im Straßenverkehr zu beteiligen und solche zu initiieren.

(„Empfehlungen zur Mobilitäts- und Verkehrserziehung in der Schule“,
Beschluss der Kulturministerkonferenz vom 7. Juli 1972 i. d. F. v. 10. Mai 2012)

Wer arbeitet in der Verkehrserziehung mit der Lehrkraft zusammen?

Innerschulische Kooperation:

- Fachlehrer:in und Förderlehrer:in;
- Fachberater:in für Verkehrserziehung auf Schulamts- und Regierungsbezirksebene, Verkehrslehrer:in an der jeweiligen Schule;
- Sicherheitsbeauftragte:r.

Außerschulische Kooperation:

- Polizei (z. B. in der 4. Klasse in der Jugendverkehrsschule);
- Sanitätsdienste (z. B. das Rote Kreuz oder eine ähnliche Hilfsorganisation bei der Durchführung der Lehrgänge in Erster Hilfe);

- Eltern (besonders bei Fragen der Schulwegsicherheit in der 1. Klasse);
- Verkehrswacht, ADAC usw. (Informationsmaterial, Handreichungen, Filme usw.);
- Träger der Schüler:innenunfallversicherung;
- Schulbusunternehmen (z. B. beim Thema „Verhalten im Schulbus").

Fall

Zwei Kollegen sprechen über die wichtigsten rechtlichen Grundlagen der Verkehrserziehung in der Grundschule bzw. Mittelschule.

Beschreiben Sie die Aufgaben, Ziele und Realisierung der Verkehrserziehung in der Grundschule bzw. Mittelschule.

Hinweis zur Radfahrausbildung in der Grundschule: Unter Berücksichtigung der bisher in der Realraumausbildung gesammelten Erfahrungen gelten folgende Richtlinien für die Radfahrausbildung in den Grundschulen in Bayern:

- Die Verantwortung für die gesamte Ausbildung trägt die Schule; Schule und Polizei arbeiten eng zusammen. Die Schonraumübungen in den Jahrgangsstufen 2 und 3 sind ausschließlich von den Lehrkräften durchzuführen. Die Verkehrserzieher:innen der Polizei können beratend hinzugezogen werden.
- Die theoretische und praktische Radfahrausbildung wird in den Jahrgangsstufen 2, 3 und 4 nach dem geltenden Lehrplan für die Grundschulen in Bayern durchgeführt. Die lehrplanmäßigen Radfahrübungen in den Jahrgangsstufen 2 und 3 sind als Grundlage für die Ausbildung in den Jugendverkehrsschulen zwingend erforderlich. Sie erfolgen ausschließlich als Schonraumübungen.
- Der theoretische Unterricht zur Radfahrausbildung in der Jahrgangsstufe 4 wird in der Regel von der Klassenleitung rechtzeitig vor den praktischen Übungen in der Jugendverkehrsschule auf der Grundlage des Lehrplans durchgeführt. Fächerübergreifender Unterricht ist auch über die im Lehrplan (z. B. im Fach Sport) angegebenen verbindlichen Querverbindungen hinaus anzustreben.
- Die praktische Radfahrausbildung in mobilen oder stationären Jugendverkehrsschulen wird von Verkehrserzieher:innen der Polizei übernommen. Die Klassenleitung hat dabei anwesend zu sein und wirkt bei den praktischen Übungen unterstützend mit. Sie informiert ggf. die polizeilichen Verkehrserzieher:innen über motorische Probleme, Behinderung, Krankheiten und sonstige Einschränkungen einzelner Schüler:innen.

- Die praktische Ausbildung in den Jugendverkehrsschulen umfasst einschließlich der Prüfungseinheit vier Übungseinheiten im Schonraum und eine Übungseinheit im Realverkehr. Eine Übungseinheit entspricht je zwei Unterrichtseinheiten. Die gesamte Ausbildung sollte einen Zeitraum von zehn Wochen nicht überschreiten.
- Die Fahrradprüfung erfolgt im Anschluss an die Übungseinheiten im Schonraum. Die Teilnahme an der Übungseinheit im Realverkehr setzt grundsätzlich das Bestehen der theoretischen und praktischen Fahrradprüfung voraus.

Mit Schüler:innen, die die Radfahrprüfung nicht bestanden haben, sollte die fünfte Übungseinheit im Schonraum durchgeführt werden, sofern dafür die personellen und zeitlichen Voraussetzungen gegeben sind.

- Die Durchführung eines Sehtests im Rahmen der Radfahrausbildung wird empfohlen.
- Die Inhalte der fünf Übungseinheiten (vier im Schonraum, eine in der Verkehrswirklichkeit) können den Bekanntmachungen entnommen werden. Abweichungen sind insbesondere in ländlichen Gegenden denkbar und zulässig.

Weitere Hinweise (z. B. zur Durchführung der Realraumübungen, zur Ausrüstung der Fahrräder, zur Radfahrprüfung und zum Versicherungsschutz) finden Sie in der „Gemeinsamen Bekanntmachung“, die im Amtsblatt abgedruckt ist bzw. in der Schulleitung einzusehen ist: „Zusammenarbeit zwischen Schulen und Erziehungsberatungsstellen in Bayern“, Gemeinsame Bekanntmachung der Bayerischen Staatsministerien für Unterricht und Kultus und für Arbeit und Sozialordnung vom 18. Juli 1989.

Claus Heiner studiert das Kompendium

... Aus ihrem Mund hört Claus Heiner ein ohrenbetäubendes Klingeln. Es ist der Wecker, der ihn aus seinem Traum reißt. Der Fernseher läuft noch und vor ihm liegen zwei aufgerissene Chipstüten, fünf mit Kaffee befleckte Tassen und zwei Weingläser. Eine kalte Dusche belebt seine Lebensgeister und er liest sich auf dem Weg zur Prüfung sämtliche Spickzettel durch. Verschwommen erinnert er sich an seinen Klassenausflug, an den Film vom Vorabend und hofft auf das Schicksal, das es gut ihm meinen könnte. Er steht vor der Prüfungstür und die Tür öffnet sich ...

to be continued ...

7.5 KNOW – Karten nennen und organisieren Wissen

Familien- und Sexualerziehung

- ist Teil der Gesamterziehung in Elternhaus und Schule
- Eltern müssen bezüglich der Inhalte, der Vorgehensweise im Unterricht und des Unterrichtsmaterials informiert werden
- begleitet den seelischen und körperlichen Reifungsprozess der Schüler:innen
- Schüler:innen können bei Bedarf getrennt unterrichtet werden
- mündliche und schriftliche Leistungsnachweise über das sexuelle Verhalten der Schüler:innen sind nicht statthaft
- Unterricht: Lehrerinformation und schüler:innenorientierte, pädagogische Gespräche
- zeitliche Behandlung: Vorschlag von drei bis höchstens zehn Unterrichtsstunden
- 1. und 2. Jgst.: Fragen der Kinder werden im Rahmen der vorgegebenen Themenbereiche behandelt
- 3. und 4. Jgst.: sexualpädagogische Unterrichtsgespräche in vorgegebenen Themenbereichen
- MS: Thema wird auf mehrere Fächer verteilt

Umwelterziehung

- ist eng verbunden mit nachhaltiger Entwicklung
- Kompetenzen bei Schüler:innen entwickeln, damit diese nachhaltige Entwicklungen erkennen und aktiv mitgestalten
- wechselseitige Abhängigkeit zwischen Mensch, Gesundheit und Umwelt
- Klimawandel, Auswirkung der Globalisierung
- ökologische und ökonomische Problemstellung erkennen
- altersangemessene und aktive Teilhabe am gesellschaftlichen Leben (Partizipation)
- gesellschaftliches Mitgestalten (Gestaltungskompetenz)
- Umweltbildung ist ein Teil der politischen Bildung.
- Werteerziehung: Situationsorientierung, Handlungsorientierung, fächerübergreifendes Unterrichten, Betroffenheit, Geschichtlichkeit, Projektorientierung
- konkrete Beispiele: Schaffung einer gesunden Schulumwelt, Abfallvermeidung und -trennung, Energie- und Wassersparmaßnahmen

Mobilitäts- und Verkehrserziehung

- Befähigung der Schüler:innen zu einer sicheren Teilhabe am Verkehr
- selbstverantwortliche und altersgerechte Mobilität
- Schulen der motorischen Fähigkeiten, des antizipatorischen Wahrnehmungs- und Reaktionsvermögens
- zukunftsfähige Mobilität: Anforderungen des heutigen Verkehrs
- selbstständige Mobilität: verantwortungsvolle Teilnahme am motorisierten Verkehr
- sicheres Verhalten im Verkehr: Erwerb von Regelwissen, verkehrsspezifischen und verkehrsrechtlichen Kenntnissen
- Sozialkompetenz im Verkehr: sozial angemessenes Handeln in Verkehrssituationen
- umweltbewusstes und gesundheitsbewusstes Verhalten im Verkehr: Erwerb von Kenntnissen zu Auswirkungen des Verkehrs auf Gesundheit, Umwelt und Klima
- Verkehrsraumgestaltung: Maßnahmen zur Erhöhung der Sicherheit im Straßenverehr
- innerschulische und außerschulische Kooperationen
- Radfahrausbildung in der GS

Claus Heiner studiert das Kompendium

… Nach der Prüfung: Claus Heiner ist euphorisiert. Was für ein Glück! Das Thema Aufsichtspflicht am Beispiel einer Klassenfahrt wurde gefragt. Er konnte aus dem Vollen schöpfen: Geistige Reife, Belehrungen, Erziehung zur Selbstständigkeit, Fürsorge … und persönliche Erfahrungen. Da geht die Tür auf, Claus Heiner wird hereingebeten. „Das war hervorragend, Herr L. Wir haben Ihre Ausführungen mit der Note 1 – sehr gut – bewertet. Wir waren beeindruckt von Ihrem Wissen und Ihren Erlebnisberichten." Für sich denkt Claus Heiner: „Danke Gabriela, danke Goethe, danke Horoskop und danke Kompendium!"

THE END

Literatur/Quellen

Gesetzestexte

BayBG Bayerisches Beamtengesetz (BayBG) vom 29. Juli 2008 (GVBl. S. 500, BayRS 2030-1-1-F), zuletzt geändert durch Gesetz vom 10. März 2023 (GVBl. S. 80)

BayEUG Bayerisches Gesetz über das Erziehungs- und Unterrichtswesen in der Fassung der Bekanntmachung vom 31. Mai 2000 (GVBl. S. 414, ber. S. 632, BayRS 2230-1-1-UK), zuletzt geändert durch Gesetz vom 24. März 2023 (GVBl. S. 102)

BayKiBiG Bayerisches Kinderbildungs- und -betreuungsgesetz vom 8. Juli 2005 (GVBl. S. 236, BayRS 2231-1-A), zuletzt geändert durch Gesetz vom 23. Dezember 2021 (GVBl. S. 671)

BayLBG Bayerisches Lehrerbildungsgesetz in der Fassung der Bekanntmachung vom 12. Dezember 1995 (GBVl. 1996 S. 16, ber. S. 40, BayRS 2238-1-UK), zuletzt geändert durch Gesetz vom 24. März 2023 (GVBl. S. 102)

BayPVG Bayerisches Personalvertretungsgesetz in der Fassung der Bekanntmachung vom 11. November 1986 (GVBl. S. 349, BayRS 2035-1-F), zuletzt geändert durch Gesetz vom 5. August 2022 (GVBl. S. 414)

BaySchO Schulordnung für schulartübergreifende Regelungen an Schulen in Bayern (Bayerische Schulordnung) vom 1. Juli 2016 (GVBl. S. 164, 2014 S. 639, BayRS 2230-1-1-1-K), zuletzt geändert durch Verordnung vom 6. April 2023 (GVBl. S. 161)

BeamtStG Gesetz zur Regelung des Statusrechts der Beamtinnen und Beamten in den Ländern (Beamtenstatusgesetz) vom 17. Juni 2008 (BGBl. I S. 1010), zuletzt geändert durch Gesetz vom 31. Mai 2023 (BGBl. 2023 I Nr. 140)

BV Verfassung des Freistaates Bayern in der Fassung der Bekanntmachung vom 15. Dezember 1998 (GVBl. S. 991, 992, BayRS 100-1-I), zuletzt geändert durch Gesetz vom 11. November 2013 (GVBl. S. 638, 639, 640, 641, 642)

GrSO Schulordnung für die Grundschulen in Bayern (Grundschulordnung) vom 11. September 2008 (GVBl. S. 684, BayRS 2232-2-K), zuletzt geändert durch Gesetz vom 8. Juli 2021 (GVBl. S. 479)

GSG Gesetz zum Schutz der Gesundheit (Gesundheitsschutzgesetz) vom 23. Juli 2010 (GVBl. S. 314, BayRS 2126-3-G)

JuSchG Jugendschutzgesetz vom 23. Juli 2002 (BGBl. I S. 2730), zuletzt geändert durch Gesetz vom 9. April 2021 (BGBl. I S. 742)

LDO Dienstordnung für Lehrkräfte an staatlichen Schulen in Bayern (Lehrerdienstordnung) vom 5. Juli 2014 (KWMBl. S. 112), zuletzt geändert durch Bekanntmachung vom 12. November 2019 (BayMBl. Nr. 517)

LPO II Ordnung der Zweiten Staatsprüfung für ein Lehramt an öffentlichen Schulen (Lehramtsprüfungsordnung II) vom 28. Oktober 2004 (GVBl. S. 428, BayRS 2038-3-4-8-11-K), zuletzt geändert durch Verordnung vom 23. November 2022 (GVBl. S. 685)

MSO Schulordnung für die Mittelschulen in Bayern (Mittelschulordnung) vom 4. März 2013 (GVBl. S. 116, BayRS 2232-3-K), zuletzt geändert durch Verordnung vom 6. April 2023 (GVBl. S. 161)

Lehrpläne, Rahmenpläne, weitere Literatur

BayBEP = Bayerisches Staatsministerium für Arbeit und Soziales, Familie und Integration & Staatsinstitut für Frühpädagogik (2019): Der Bayerische Bildungs- und Erziehungsplan für Kinder in Tageseinrichtungen bis zur Einschulung. Berlin: Cornelsen, 10. Auflage.

BayKM = Bayerisches Staatsministerium für Unterricht und Kultus (2019): Der beste Bildungsweg für Schülerinnen und Schüler mit sonderpädagogischem Förderbedarf. Stand: September 2019. https://www.km.bayern.de/epaper/Bester_Bildungsweg_sonderpaedagogischer_Foerderbedarf/files/assets/basic-html/page-1.html.

BayKM = Bayerisches Staatsministerium für Unterricht und Kultus (2022): Das bayerische Schulsystem. Flyer, Februar 2022. https://www.km.bayern.de/eltern/schularten.html.

Dubs, Rold (2002): Referat von Prof. Dr. Rolf Dubs am 16. Oktober 2002 in Kulmbach.

Dürr, H. G. (1996): „Mobile Sonderpädagogische Dienste und Hilfen". In: *gee-spectrum,* Heft 3/1996.

Gemeinsamer Rahmen: KMK = Kultusministerkonferenz: Gemeinsamer Rahmen der Länder für die frühe Bildung in Kindertageseinrichtungen. Beschluss der JMK vom 13./14.05.2004 und Beschluss der KMK vom 03./04.06.2004 i. d. F. vom 06.05.2021 (JFMK) und 24.03.2022 (KMK).

ISB = Staatsinstitut für Schulqualität und Bildungsforschung (2006): Impulse zur Beratung: Hausaufgaben 1. ISB MSD 10. München: Hintermaier. https://www.isb.bayern.de/download/8116/msd10.pdf (offline).

ISB = Staatsinstitut für Schulqualität und Bildungsforschung (2010): Leistung neu denken. 2010. Hamburg: Auer.

KWMBl. I: Bekanntmachung des Bayerischen Staatsministeriums für Unterricht und Kultus über die Aufgaben der Staatlichen Schulämter vom 6. Juli 2006 (KWMBl. I S. 183), zuletzt geändert durch Bekanntmachung vom 17. November 2020 (BayMBl. Nr. 691).

LehrplanPLUS: Staatsinstitut für Schulqualität und Bildungsforschung: LehrplanPLUS Bayern. https://www.lehrplanplus.bayern.de/.

Liepold, G. (1986): „Schulbuchzulassung in Bayern". In: *Pädagogische Welt,* Heft 7/1986, S. 318 ff.

Lott/Pirner/Unger (o. J.): „Schulleiter-ABC Bayern", Kulmbach: Buch- und Fachverlage.

Schiedermair, W. (o. J.): „Wirkungsmittel des Schulleiters. Die Stellung des Leiters einer staatlichen Schule in Bayern", in: *Schulreport,* hrsg. vom Bayerischen Staatsministerium für Unterricht und Kultus/Ref. Öffentlichkeitsarbeit, München.

Vorkurs 240: Vorkurs Deutsch in Bayern. http://www.stmas.bayern.de/kinderbetreuung/gaerten/koop.htm.